campusmad

La diferencia entre aprobar y sacar plaza

Curso *ONLINE*
Ley 40/2015, de 1 de octubre, de Régimen Jurídico del Sector Público. Test comentados para oposiciones

Accede a tu **Curso *ONLINE*** y disfruta de los siguientes recursos:

- Técnicas de Memoria 360.
- Test *online*.
- Vídeos de todos los Títulos.
- Esquemas de todos los Títulos.
- Actualizaciones legislativas (Boletines Oficiales).
- Enlace a Legislación consolidada de la Ley.
- Recursos y novedades exclusivas.

AF212362

Valida los código de acceso al CURSO *ONLINE** que encuentras en la última página de tus libros y disfruta de 180 días de acceso a recursos exclusivos.

Infórmate en: mad.es/registro-campus

NOTA IMPORTANTE:

* El acceso al CURSO *ONLINE* estará disponible desde marzo de 2024 (algunos recursos podrían estar disponibles en fecha posterior).

Tendrá una duración de 180 días con opción de RENOVAR, desde la validación de códigos o hasta el 31 de diciembre del 2025 lo que se cumpla antes.

MAD se reserva el derecho a ampliar dichas fechas.

Ley 40/2015, de 1 de octubre, de Régimen Jurídico del Sector Público

Marzo 2024

Ley 40/2015, de 1 de octubre, de Régimen Jurídico del Sector Público

Test comentados para oposiciones

Volumen 2

Autores

CLARA INÉS CARRILLO PARDO
Licenciada en Derecho

FRANCISCO JESÚS TORRES FONSECA
Licenciado en Derecho

JUAN CARLOS USERO LÓPEZ
Licenciado en Derecho
Funcionario de Cuerpo Superior de Administradores
Generales de Comunidad Autónoma
Consejero Técnico

JOSÉ LUIS GARRIDO VELA
Licenciado en Derecho

Mª VIRGINIA SÁENZ DE MIERA JAÉN
Profesora de Comercio y Marketing. Licenciada en Derecho

MAGALÍ RIERA ROCA
Licenciada en Derecho

ELENA GARCÍA FERNÁNDEZ
Licenciada en Derecho

© 7 Editores Recursos para la Cualificación Profesional y el Empleo, S.L. (7 Editores)
© Los autores
Primera edición, marzo 2024 (282 páginas)
Derechos de edición reservados a favor de 7 Editores
IMPRESO EN ESPAÑA
Diseño Portada: 7 Editores
Edita: 7 Editores
Avda. San Francisco Javier, 9 · Edificio Sevilla 2 · Planta 11 · Módulos 25-27 · 41018 Sevilla
Teléfono: 954 784 411 · WEB: www.mad.es · e-mail: administracion@7editores.com
ISBN: 978-84-142-8011-9
ISBN obra completa: 978-84-142-8012-6
© "Editorial Mad" y "Eduforma" son nombres comerciales registrados de
7 Editores Recursos para la Cualificación Profesional y el Empleo, S.L.

Presentación

Presentamos el segundo volumen de preguntas comentadas sobre la Ley 40/2015, de 1 de octubre, de Régimen Jurídico del Sector Público que constituye un recurso didáctico completo y eficaz para un conocimiento profundo de la Ley. La colección se completa con un primer volumen en el que incluimos preguntas diferentes.

La peculiaridad del libro radica en que las respuestas a todas las preguntas se encuentran comentadas con apoyo en la propia Ley, doctrina, sentencias u otro tipo de resoluciones, lo que lo convierte en un manual de uso imprescindible para favorecer la comprensión y un estudio realmente eficaz de la Norma.

Es por ello que está especialmente dirigido a opositores de todas las categorías ya que se trata de una Ley transversal que es requerida en la mayoría de los Programas de las Convocatorias, así como a profesionales del Derecho y empleados públicos que quieran profundizar en sus conocimientos sobre la Ley a efectos prácticos.

Asimismo, destacar que a través de nuestro Curso online le ofrecemos de forma gratuita por la compra del libro una serie de recursos didácticos para completar su preparación, como son la realización de los test online, esquemas o la consulta del texto literal de la Ley. En la página final del libro podrá ver el código de acceso y las condiciones generales de uso de dicho Curso.

Índice

Ley 40/2015, de 1 de octubre, de Régimen Jurídico del Sector Público

Ley 40/2015, de 1 de octubre, de Régimen Jurídico del Sector Público

https://www.boe.es/buscar/act.php?id=BOE-A-2015-10566

TÍTULO PRELIMINAR

Disposiciones generales, principios de actuación y funcionamiento del sector público

1. La Ley 40/2015 regula:

a) Las bases del régimen jurídico de las Administraciones públicas.
b) El sistema de responsabilidad de las Administraciones públicas.
c) Ambas son correctas.
d) Ninguna es cierta.

2. La Ley 40/2015 se aplica a:

a) La Administración General del Estado.
b) Las administraciones de las CC. AA.
c) El sector público institucional.
d) Todas son correctas.

3. El sector público institucional se integra por:

a) Cualesquiera organismos privados que mantengan relaciones laborales con la Administración.
b) Las Universidades privadas.
c) Las Universidades públicas.
d) Ninguna es correcta.

4. Las Administraciones públicas sirven con objetividad los intereses generales y actúan de acuerdo con los principios de:

a) Eficacia.
b) Centralización.
c) Soberanía.
d) Todas son correctas.

5. Las Administraciones públicas deben actuar según los siguientes principios:

a) Eficacia en el cumplimiento de los objetivos fijados.
b) Economía, suficiencia y adecuación estricta de los medios a los fines institucionales.
c) Buena fe.
d) Todas son correctas.

6. Las Administraciones públicas se relacionarán entre sí y con sus órganos, organismos públicos y entidades vinculados o dependientes a través de:

a) Medios electrónicos.
b) Notas simples.
c) Cartas certificadas.
d) Burofax.

7. Las Administraciones públicas que, en el ejercicio de sus respectivas competencias, establezcan medidas que limiten el ejercicio de derechos individuales o colectivos deberán:

a) Aplicar el principio de proporcionalidad.
b) Elegir la medida más restrictiva.
c) No motivar su necesidad para la protección del interés público.
d) Ninguna es correcta.

8. La creación de cualquier órgano administrativo exigirá, al menos, el cumplimiento de los siguientes requisitos:

a) Determinación de su forma de integración en la Administración pública de que se trate y su dependencia jerárquica.
b) Delimitación de sus funciones y competencias.
c) Dotación de los créditos necesarios para su puesta en marcha y funcionamiento.
d) Todas son correctas.

9. ¿Podrán crearse nuevos órganos que supongan duplicación de otros ya existentes?

a) Sí, si resulta necesario.
b) No.
c) Solo si lo determina un decreto ley.
d) Sí, si la Comunidad autónoma así lo considera.

10. Los órganos administrativos podrán dirigir las actividades de sus órganos jerárquicamente dependientes mediante:

a) Instrucciones.
b) Órdenes de servicio.

c) Ambas son correctas.
d) Ninguna es correcta.

11. La Administración consultiva podrá articularse mediante órganos específicos dotados de autonomía orgánica y funcional con respecto a la Administración activa y:

a) Estarán sujetos a dependencia jerárquica.
b) No podrán estar sujetos a dependencia jerárquica, ya sea orgánica o funcional.
c) Recibirán directrices de sus órganos superiores.
d) Ninguna es correcta.

12. Los órganos administrativos podrán dirigir las actividades de sus órganos jerárquicamente dependientes mediante instrucciones y órdenes de servicio. El incumplimiento de estas:

a) No afecta por sí solo a la validez de los actos dictados por los órganos administrativos.
b) Afecta a la validez de dichos actos.
c) Estos actos serán nulos de pleno derecho.
d) Los actos serán anulables.

13. La competencia de los órganos administrativos:

a) Es renunciable.
b) Es anulable.
c) Es irrenunciable.
d) Ninguna es correcta.

14. La delegación de competencias, las encomiendas de gestión, la delegación de firma y la suplencia:

a) No suponen alteración de la titularidad de la competencia.
b) Suponen alteración de la titularidad de la competencia.
c) Suponen dejación de funciones.
d) Ninguna es correcta.

15. La titularidad y el ejercicio de las competencias atribuidas a los órganos administrativos podrán ser:

a) Desconcentradas en otros jerárquicamente dependientes de aquellos.
b) Descentralizadas.
c) Convocadas en boletines oficiales.
d) Todas son correctas.

16. Si alguna disposición atribuye la competencia a una Administración, sin especificar el órgano que debe ejercerla, se entenderá que la facultad de instruir y resolver los expedientes corresponde a:

a) Los órganos superiores competentes por razón de la materia y del territorio.
b) Los órganos inferiores competentes por razón de la materia y del territorio.
c) Los órganos superiores competentes por razón de la materia.
d) Los órganos inferiores competentes por razón del territorio.

17. En el ámbito de la Administración General del Estado, la delegación de competencias deberá ser aprobada:

a) Previamente por el órgano ministerial de quien dependa el órgano delegante.
b) Posteriormente por el órgano ministerial de quien dependa el órgano delegante.
c) Por la comisión delegada del gobierno que corresponda.
d) Ninguna es correcta.

18. En ningún caso podrán ser objeto de delegación las competencias relativas a:

a) Los asuntos que se refieran a relaciones con la Jefatura del Estado.
b) La adopción de disposiciones de carácter general.
c) La resolución de recursos en los órganos administrativos que hayan dictado los actos objeto de recurso.
d) Todas son correctas.

19. En ningún caso podrán ser objeto de delegación las competencias relativas a:

a) Los asuntos que se refieran a relaciones con la Presidencia del Gobierno de la Nación.
b) Las materias en que así se determine por norma con rango de ley.
c) Las materias que se determinen reglamentariamente.
d) Las respuestas a) y b) son correctas.

20. No podrán delegarse las competencias que se ejerzan por delegación:

a) Salvo autorización expresa de una norma administrativa.
b) Salvo autorización expresa de una ley.
c) Salvo autorización expresa de un Reglamento.
d) En ningún caso.

21. La delegación será:

a) Revocable en cualquier momento por el órgano que la haya conferido.
b) Revocable en 30 días hábiles por el órgano que la haya conferido.
c) Irrevocable.
d) Revocable en 10 días hábiles por el órgano que la haya conferido.

22. La avocación se realizará mediante acuerdo motivado que deberá ser notificado a los interesados en el procedimiento:

a) Con anterioridad a la resolución final que se dicte.
b) Simultáneamente a la resolución final que se dicte.
c) Ambas son correctas.
d) Ninguna es cierta.

23. Las encomiendas de gestión no podrán tener por objeto:

a) Materias tributarias.
b) Prestaciones de la Seguridad Social.
c) Prestaciones propias de los contratos regulados en la legislación de contratos del sector público.
d) Ninguna es correcta.

24. La encomienda de gestión:

a) No supone cesión de la titularidad de la competencia.
b) Supone cesión de la titularidad de la competencia.
c) Supone la cesación de la competencia.
d) Ninguna es correcta.

25. Los titulares de los órganos administrativos podrán, en materias de su competencia, que ostenten, bien por atribución, bien por delegación de competencias:

a) Delegar la firma de sus resoluciones y actos administrativos en los titulares de los órganos o unidades administrativas que de ellos dependan sin límites de ninguna clase.
b) Delegar la firma de sus resoluciones y actos administrativos en los titulares de los órganos o unidades administrativas que de ellos dependan, siempre dentro de unos límites.
c) Delegar su competencia.
d) Ninguna es correcta.

26. La delegación de firma:

a) Alterará la competencia del órgano delegante.
b) Para su validez será necesaria su publicación.
c) Para su validez no será necesaria su publicación.
d) Ninguna es correcta.

27. Si no se designa suplente, la competencia del órgano administrativo se ejercerá:

a) Por quien designe el órgano administrativo inmediato superior de quien dependa.
b) Por el órgano inmediato inferior.
c) Por el órgano superior jerárquico.
d) Las respuestas a y c) son correctas.

28. En las resoluciones y actos que se dicten mediante suplencia:

a) Se hará constar esta circunstancia.
b) Se especificará el titular del órgano en cuya suplencia se adoptan.
c) Se determinará quien efectivamente está ejerciendo esta suplencia.
d) Todas son correctas.

29. Los conflictos de atribuciones solo podrán suscitarse entre:

a) Órganos de una misma Administración no relacionados jerárquicamente.
b) Respecto a asuntos sobre los que no haya finalizado el procedimiento administrativo.
c) Las respuestas a) y b) son correctas.
d) Ninguna es cierta.

30. El acuerdo de creación y las normas de funcionamiento de los órganos colegiados que dicten resoluciones que tengan efectos jurídicos frente a terceros deberán ser:

a) Publicados en el Boletín o Diario Oficial de la Administración Pública en que se integran.
b) Las Administraciones podrán publicarlos en otros medios de difusión que garanticen su conocimiento.
c) Las respuestas a) y b) son correctas.
d) Ninguna es cierta.

31. Los órganos colegiados tendrán un Secretario que podrá ser:

a) Un miembro del propio órgano.
b) Un miembro designado por el órgano superior jerárquico.
c) Un miembro designado por el órgano inferior jerárquico.
d) Ninguna es correcta.

32. Corresponderá al Secretario:

a) Velar por la legalidad formal y material de las actuaciones del órgano colegiado.
b) Certificar las actuaciones del mismo.
c) Garantizar que los procedimientos y reglas de constitución y adopción de acuerdos son respetadas.
d) Todas son correctas.

33. En las sesiones que celebren los órganos colegiados a distancia, sus miembros podrán encontrarse en distintos lugares siempre y cuando se asegure por medios electrónicos, considerándose entre ellos:

a) Videoconferencias.
b) Redes sociales.
c) Las sesiones requieren obligatoriamente de presencia física de sus miembros.
d) Ninguna es correcta.

34. Para la válida constitución del órgano, a efectos de la celebración de sesiones, deliberaciones y toma de acuerdos, se requerirá la asistencia, presencial o a distancia, del Presidente y Secretario o en su caso, de quienes les suplan, y la de:

a) La tercera parte al menos, de sus miembros.
b) La cuarta parte de sus miembros.
c) La mitad, al menos, de sus miembros.
d) Tres quintas partes de sus miembros.

35. No podrá ser objeto de deliberación o acuerdo ningún asunto que no figure incluido en el orden del día, salvo que:

a) Asistan todos los miembros del órgano colegiado o sea declarada la urgencia del asunto por el voto favorable de la mayoría.
b) Asistan todos los miembros del órgano colegiado y sea declarada la urgencia del asunto por el voto favorable de la mayoría.
c) Asistan todos los miembros del órgano colegiado y sea declarada la urgencia del asunto por el voto favorable de todos los miembros.
d) Asistan todos los miembros del órgano colegiado o sea declarada la urgencia del asunto por el voto favorable de la mayoría.

36. Cuando los miembros del órgano voten en contra o se abstengan:

a) Quedarán exentos de la responsabilidad que, en su caso, pueda derivarse de los acuerdos.
b) Quedarán obligados por los acuerdos adoptados.
c) En caso de abstención quedarán eximidos de responsabilidades.
d) Solo en caso de oposición quedarán exentos de responsabilidad.

37. Quienes acrediten la titularidad de un interés legítimo podrán dirigirse al Secretario de un órgano colegiado para que les sea expedida certificación de sus acuerdos. La certificación será expedida:

a) Por medio de correo electrónico, salvo que el interesado manifieste expresamente lo contrario.
b) Por medios electrónicos, salvo que el interesado manifieste expresamente lo contrario.
c) Por medio de carta certificada.
d) Por burofax.

38. De cada sesión que celebre el órgano colegiado se levantará acta por el Secretario, que especificará necesariamente:

a) Los asistentes.
b) El orden del día de la reunión.
c) Las circunstancias del lugar y tiempo en que se ha celebrado.
d) Todas son correctas.

39. En caso de grabación de una reunión:

a) Solo se usará como archivo.
b) No pueden grabarse las reuniones.
c) Podrá acompañar al acta de sesiones.
d) Ninguna es correcta.

40. El acta de cada sesión podrá aprobarse:

a) En la misma reunión.
b) En la inmediata siguiente.
c) Las respuestas a) y b) son correctas.
d) Ninguna es cierta.

41. Los miembros del órgano colegiado deberán:

a) Recibir, con una antelación mínima de dos días, la convocatoria conteniendo el orden del día de las reuniones.
b) Recibir, con una antelación mínima de tres días, la convocatoria conteniendo el orden del día de las reuniones.
c) Recibir, con una antelación mínima de un día, la convocatoria conteniendo el orden del día de las reuniones.
d) Recibir, con una antelación mínima de cuatro días, la convocatoria conteniendo el orden del día de las reuniones.

42. Efectuar la convocatoria de las sesiones del órgano colegiado corresponde al:

a) Presidente.
b) Secretario.
c) Vicepresidente.
d) Subsecretario.

43. Cualquier miembro tiene derecho a solicitar la transcripción íntegra de su intervención o propuesta, siempre que, en ausencia de grabación de la reunión aneja al acta:

a) Aporte en el acto, o en el plazo que señale el Presidente, el texto que se corresponda fielmente con su intervención.
b) Aporte en 48 horas un burofax con su intervención.
c) Exponga lo que desea transcribir.
d) Ninguna es correcta.

44. Los miembros que discrepen del acuerdo mayoritario podrán formular voto particular:

a) De forma oral en el plazo de dos días, que se incorporará al texto aprobado.
b) Por escrito en el plazo de tres días, que se incorporará al texto aprobado.

c) Por escrito en el plazo de dos días, que se incorporará al texto aprobado.

d) Por escrito en el plazo de un día, que se incorporará al texto aprobado.

45. Son órganos colegiados aquellos que se creen formalmente y estén integra-dos por:

a) Tres o más personas, a los que se atribuyan funciones administrativas de decisión, propuesta, asesoramiento, seguimiento o control, y que actúen integrados en la Administración General del Estado o alguno de sus Organismos públicos.

b) Dos o más personas, a los que se atribuyan funciones administrativas de decisión, propuesta, asesoramiento, seguimiento o control, y que actúen integrados en la Administración General del Estado o alguno de sus Organismos públicos.

c) 20 miembros con poder decisorio.

d) Ninguna es correcta.

46. La constitución de un órgano colegiado en la Administración General del Es-tado y en sus Organismos públicos debe mencionar en su norma de creación:

a) Sus fines u objetivos.

b) Su integración administrativa o dependencia jerárquica.

c) La composición y los criterios para la designación de su Presidente y de los restan-tes miembros.

d) Todas son correctas.

47. Son órganos colegiados interministeriales:

a) Aquellos que sus miembros no proceden de diferentes ministerios.

b) Aquellos cuyos miembros proceden de diferentes ministerios.

c) Aquellos que proceden de Comisiones Interministeriales.

d) Los Secretarios de Estado de diferentes ministerios.

48. En la composición de los órganos colegiados podrán participar:

a) Organizaciones representativas de intereses sociales.

b) Miembros que se designen por las especiales condiciones de experiencia o conocimientos.

c) Ambas son correctas.

d) Ninguna es cierta.

49. La creación de órganos colegiados de la Administración General del Estado y de sus Organismos públicos solo requerirá, de norma específica, con publicación en el «Boletín Oficial del Estado», en los casos en que se les atribuyan cualquiera de las siguientes competencias:

a) Competencias decisorias.

b) Competencias de propuesta.

c) Emisión de informes preceptivos que deban servir de base a decisiones de otros órganos administrativos.

d) Todas son correctas.

50. En los supuestos de órganos colegiados de la Administración General del Estado, la norma de creación deberá revestir la forma de.. en el caso de los órganos colegiados interministeriales cuyo Presidente sea un Secretario de Estado:

a) Orden Ministerial conjunta.

b) Orden Ministerial.

c) Real Decreto.

d) Ley ordinaria.

51. La modificación y supresión de los órganos colegiados y de los grupos o comisiones de trabajo de la Administración General del Estado y de los Organismos públicos se llevará a cabo:

a) En la misma forma dispuesta para su creación.

b) Mediante ley.

c) Mediante decreto.

d) Mediante ley orgánica.

52. Son causas de abstención:

a) Tener un parentesco de consanguinidad dentro del quinto grado.

b) Tener un parentesco de afinidad dentro del tercer grado.

c) Conocer al Presidente de la comisión del órgano administrativo.

d) Haber intervenido como perito o como testigo en el procedimiento de que se trate.

53. La actuación de autoridades y personal al servicio de las Administraciones públicas en los que concurran motivos de abstención:

a) No implicará, necesariamente, y en todo caso, la invalidez de los actos en que hayan intervenido.

b) Implicará, necesariamente, y en todo caso, la invalidez de los actos en que hayan intervenido.

c) No implicará la invalidez de los actos en que hayan intervenido si ha transcurrido más de un año.

d) Ninguna es correcta.

54. La recusación se planteará:

a) Por escrito.

b) Verbalmente.

c) Por correo electrónico.
d) Ninguna es correcta.

55. El recusado manifestará a su inmediato superior si se da o no en él la causa alegada:

a) En el plazo de 2 días hábiles.
b) En el plazo de 2 días naturales.
c) En el plazo de 3 días naturales.
d) Al día siguiente.

56. Si el recusado niega la causa de recusación, el superior resolverá en el plazo de:

a) 2 días.
b) 3 días.
c) 4 días.
d) 5 días.

57. Contra las resoluciones adoptadas en materia de recusación:

a) No cabrá recurso.
b) Cabrá recurso ante el superior jerárquico.
c) Cabrá recurso ante el mismo órgano.
d) Cabrá recurso ante el inferior jerárquico.

58. La potestad sancionadora de las Administraciones públicas se ejercerá cuando haya sido expresamente reconocida por:

a) Ley ordinaria.
b) Decreto ley.
c) Decreto legislativo.
d) Todas pueden ser correctas.

59. El ejercicio de la potestad sancionadora corresponde a los órganos administrativos que la tengan expresamente atribuida:

a) Por disposición de rango legal.
b) Por disposición reglamentaria.
c) Ambas son correctas.
d) Ninguna es cierta.

60. Las disposiciones sancionadoras producirán efecto retroactivo en cuanto:

a) Favorezcan al infractor en lo referido a la tipificación de la infracción.
b) Favorezcan al infractor en relación con la sanción.

c) Favorezcan al infractor en relación con los plazos de prescripción.
d) Todas son correctas.

61. Solo constituyen infracciones administrativas las vulneraciones del ordenamiento jurídico previstas como tales:

a) Siempre en una ley, sin excepciones.
b) Previstas en una ley, con excepciones.
c) Las previstas reglamentariamente.
d) Las previstas por el superior jerárquico.

62. Podrán introducir especificaciones o graduaciones al cuadro de las infracciones:

a) Las disposiciones reglamentarias de desarrollo.
b) Las disposiciones legales.
c) Las órdenes ministeriales.
d) Las órdenes interministeriales.

63. Las normas definidoras de infracciones y sanciones no serán susceptibles de aplicación:

a) Extensiva.
b) Intensiva.
c) Analógica.
d) Especial.

64. Podrán ser sancionadas por hechos constitutivos de infracción administrativa:

a) Las personas físicas y jurídicas.
b) Los grupos de afectados.
c) Las uniones y entidades sin personalidad jurídica.
d) Todas son correctas.

65. Cuando el cumplimiento de una obligación establecida por una norma con rango de ley corresponda a varias personas conjuntamente, responderán de las infracciones y sanciones de forma:

a) Solidaria.
b) Subsidiaria.
c) Compartida.
d) Ninguna es correcta.

66. Las sanciones administrativas, sean o no de naturaleza pecuniaria:

a) En ningún caso podrán implicar, directa o subsidiariamente, privación de libertad.
b) Podrán implicar, directa o subsidiariamente, privación de libertad.

c) Podrán implicar, directamente, privación de libertad.

d) No podrán implicar subsidiariamente privación de libertad.

67. El establecimiento de sanciones pecuniarias deberá prever que la comisión de las infracciones tipificadas:

a) Resulte más beneficioso para el infractor que el cumplimiento de las normas infringidas.

b) No resulte más beneficioso para el infractor que el cumplimiento de las normas infringidas.

c) Sean asumibles por el infractor.

d) Ninguna es correcta.

68. La graduación de la sanción considerará especialmente los siguientes criterios:

a) El grado de culpabilidad o la existencia de intencionalidad.

b) La continuidad o persistencia en la conducta infractora.

c) La naturaleza de los perjuicios causados.

d) Todas son correctas.

69. Cuando lo justifique la debida adecuación entre la sanción que deba aplicarse con la gravedad del hecho constitutivo de la infracción y las circunstancias concurrentes, el órgano competente para resolver podrá imponer la sanción:

a) En el grado superior.

b) Sin graduación.

c) En el grado superior o inferior, según estime.

d) En el grado inferior.

70. Cuando de la comisión de una infracción derive necesariamente la comisión de otra u otras, se deberá imponer únicamente la sanción correspondiente a la infracción:

a) Más grave cometida.

b) Más leve cometida.

c) A la suma de ambas sanciones.

d) Según estime el órgano que resuelva.

71. Las infracciones y sanciones prescribirán según lo dispuesto en las leyes que las establezcan. Si estas no fijan plazos de prescripción, las infracciones muy graves prescribirán:

a) Al año.

b) A los 2 años.

c) A los tres años.

d) A los 6 meses.

72. El plazo de prescripción de las infracciones comenzará a contarse:

a) Desde el día siguiente al que la infracción se hubiera cometido.
b) Desde el día en que la infracción se hubiera cometido.
c) Desde los tres días siguientes al que la infracción se hubiera cometido.
d) Ninguna es correcta.

73. Interrumpirá la prescripción la iniciación, con conocimiento del interesado, de un procedimiento administrativo de naturaleza sancionadora, reiniciándose el plazo de prescripción si el expediente sancionador estuviera paralizado durante más de:

a) Un mes por causa no imputable al presunto responsable.
b) Dos meses por causa no imputable al presunto responsable.
c) Tres meses por causa no imputable al presunto responsable.
d) Un año por causa no imputable al presunto responsable.

74. Interrumpirá la prescripción la iniciación, con conocimiento del interesado, del procedimiento de ejecución, volviendo a transcurrir el plazo si aquel está paralizado durante:

a) Más de dos meses por causa no imputable al infractor.
b) Más de tres meses por causa no imputable al infractor.
c) Más de un mes por causa no imputable al infractor.
d) Ninguna es correcta.

75. No podrán sancionarse los hechos que lo hayan sido penal o administrativamente, en los casos en que se aprecie:

a) Identidad del sujeto.
b) Mismo hecho.
c) Igual fundamento.
d) Todas son correctas.

76. De acuerdo con la LRJSP, podrán ser sancionadas por hechos constitutivos de infracción administrativa:

a) Solo las personas físicas o las personas jurídicas, que resulten responsables de los citados hechos a título de dolo o culpa.
b) Las personas físicas y jurídicas, así como, cuando una norma reglamentaria les reconozca capacidad de obrar, los grupos de afectados, las uniones y entidades con personalidad jurídica y los patrimonios dependientes o autónomos, que resulten responsables de los mismos a título de dolo o culpa.
c) Solo las personas físicas, las personas jurídicas, así como las entidades sin personalidad, cuando una norma reglamentaria les reconozca capacidad de obrar, que resulten responsables de los mismos a título de dolo.
d) Las personas físicas y jurídicas, así como, cuando una ley les reconozca capacidad de obrar, los grupos de afectados, las uniones y entidades sin personalidad jurídica y los patrimonios independientes o autónomos, que resulten responsables de los mismos a título de dolo o culpa.

77. Las responsabilidades administrativas que se deriven de la comisión de una infracción serán compatibles con:

a) La exigencia al infractor de la reposición de la situación alterada por el mismo a su estado originario, así como con la indemnización por los daños y perjuicios causados, que será determinada y exigida por el órgano al que corresponda el ejercicio de la potestad sancionadora.

b) La exigencia a la Administración de la reposición de la situación alterada a su estado originario, así como con la indemnización por los daños y perjuicios causados, que será determinada y exigida por el órgano al que corresponda el ejercicio de la potestad sancionadora.

c) La exigencia al infractor de la reposición de la situación alterada en condiciones similares a su estado originario, así como con la indemnización por los daños y perjuicios causados, que será determinada por el órgano judicial correspondiente.

d) La exigencia a la Administración de la reposición de la situación alterada a su estado originario, así como con la indemnización por los daños y perjuicios causados, que será determinada por el órgano judicial correspondiente.

78. Cuando el cumplimiento de una obligación establecida por una norma con rango de ley corresponda a varias personas conjuntamente, responderán:

a) De forma mancomunada de las infracciones que, en su caso, se cometan y de las sanciones que se impongan.

b) De forma solidaria de las infracciones que, en su caso, se cometan y de las sanciones que se impongan. No obstante, cuando la sanción sea pecuniaria y sea posible se individualizará en la resolución en función del grado de participación de cada responsable.

c) De forma mancomunada de las infracciones que, en su caso, se cometan y de las sanciones que se impongan. No obstante, cuando la sanción sea pecuniaria y sea posible se individualizará en la resolución en función del grado de participación y el poder adquisitivo de cada responsable.

d) De forma solidaria de las infracciones que, en su caso, se cometan y de las sanciones que se impongan. No obstante, cuando la sanción no sea pecuniaria, se individualizará en la resolución en función del grado de participación de cada responsable.

79. De no satisfacerse la indemnización por los daños y perjuicios causados por la comisión de una infracción, en el plazo que al efecto se determine en función de su cuantía, se procederá:

a) Aplicando las garantías de las aseguradoras.

b) Por medio del procedimiento de apremio sobre el patrimonio.

c) Por medio del decomiso.

d) Por medio de la expropiación forzosa.

80. Los supuestos en que determinadas personas responderán del pago de las sanciones pecuniarias impuestas a quienes de ellas dependan se podrán determinar:

a) En los reglamentos reguladoras de los distintos regímenes sancionadores.

b) En las leyes penales.

c) En las leyes reguladoras de los distintos regímenes sancionadores.

d) En la LRJSP.

81. Las sanciones administrativas:

a) Podrán implicar, subsidiariamente, privación de libertad, cuando la sanción sea de naturaleza pecuniaria.

b) Podrán implicar, directa o subsidiariamente, privación de libertad, cuando la sanción sea de naturaleza no pecuniaria.

c) Podrán implicar, subsidiariamente, privación de libertad, cuando la sanción sea de naturaleza no pecuniaria.

d) En ningún caso podrán implicar, directa o subsidiariamente, privación de libertad.

82. En la determinación normativa del régimen sancionador, así como en la imposición de sanciones por las Administraciones públicas se deberá observar:

a) La adecuación a la gravedad del hecho constitutivo de la infracción.

b) El grado de culpabilidad o la existencia de intencionalidad.

c) La debida idoneidad y necesidad de la sanción a imponer y su adecuación a la gravedad del hecho constitutivo de la infracción.

d) La debida idoneidad y necesidad de la sanción a imponer, así como la existencia de intencionalidad.

83. En la determinación normativa del régimen sancionador, la graduación de la sanción considerará algunos de los siguientes criterios:

a) La continuidad o persistencia en la conducta infractora.

b) La reincidencia, por comisión en el término de cinco años de más de una infracción de la misma naturaleza cuando así haya sido declarado por resolución en vía penal o administrativa.

c) La existencia de culpabilidad.

d) La naturaleza de la conducta infractora.

84. El órgano competente para resolver un procedimiento que dé lugar a la imposición de una sanción administrativa:

a) Deberá imponer la sanción en el grado inferior, cuando lo justifique la debida adecuación entre la sanción que deba aplicarse con la gravedad del hecho constitutivo de la infracción y las circunstancias concurrentes.

b) Podrá imponer la sanción en el grado inferior, cuando lo justifique la debida adecuación entre la sanción que deba aplicarse con la gravedad del hecho constitutivo de la infracción y las circunstancias concurrentes.

c) Cuando lo justifique la debida adecuación entre la sanción que deba aplicarse con la gravedad del hecho constitutivo de la infracción y las circunstancias concurrentes, deberá imponer una sanción pecuniaria.

d) Cuando lo justifique la debida adecuación entre la sanción que deba aplicarse con la gravedad del hecho constitutivo de la infracción y las circunstancias concurrentes, solo podrá imponer una sanción pecuniaria.

85. Cuando de la comisión de una infracción derive necesariamente la comisión de otras:

a) Se deberá imponer únicamente la sanción correspondiente a la infracción más grave cometida.

b) Se deberá imponer la suma de las sanciones correspondiente a cada una de las infracciones cometidas, en el grado inferior.

c) Se podrá imponer la sanción correspondiente a la infracción más grave cometida en el grado inferior.

d) Se podrá imponer la sanción correspondiente a la infracción más grave cometida en el grado superior.

86. La realización de una pluralidad de acciones que infrinjan el mismo o semejantes preceptos administrativos, aprovechando idéntica ocasión:

a) Supondrá una sanción por cada una de las acciones realizas.

b) Será sancionable con el agravante de persistencia.

c) Será sancionable como infracción continuada.

d) Será sancionable, cuando en el término de un año se produce la comisión de más de una infracción de la misma naturaleza.

87. Las infracciones administrativas prescribirán:

a) Según lo dispuesto en los reglamentos de las leyes que las establezcan.

b) Según lo dispuesto en las leyes que las establezcan. Si estas no fijan plazos de prescripción, las infracciones muy graves prescribirán a los tres años, las graves a los dos años y las leves a los seis meses.

c) Siempre, las infracciones muy graves prescribirán a los tres años, las graves a los dos años y las leves a los seis meses.

d) Las muy graves prescribirán a los dos años, las graves al año y las leves a los tres meses.

88. El plazo de prescripción de las infracciones continuadas comenzará a correr:

a) Desde que finalizó la primera de las infracciones.

b) Desde que finalizó la conducta infractora.

c) Desde que se inició la última de las conductas infractoras.

d) Desde que se inició la segunda de las conductas infractoras.

89. El plazo de prescripción de una infracción administrativa se interrumpirá:

a) Con la iniciación de un procedimiento administrativo de naturaleza sancionadora, reiniciándose el plazo de prescripción si el expediente sancionador estuviera paralizado durante más de un año por causa no imputable al presunto responsable.

b) Con la iniciación, con conocimiento del interesado, de un procedimiento administrativo de naturaleza penal, reiniciándose el plazo de prescripción si el expediente sancionador estuviera paralizado durante más de tres meses por causa no imputable al presunto responsable.

c) Con la iniciación, con conocimiento del interesado, de un procedimiento administrativo de naturaleza sancionadora, reiniciándose el plazo de prescripción si el expediente sancionador estuviera paralizado durante más de un mes por causa no imputable al presunto responsable.

d) Con la iniciación de un procedimiento penal, reiniciándose el plazo de prescripción si el expediente sancionador estuviera paralizado durante más de tres meses por causa no imputable al presunto responsable.

90. El plazo de prescripción de las sanciones administrativas comenzará a contarse:

a) Desde el día en que sea ejecutable la resolución por la que se impone la sanción.

b) Desde el día en que sea ejecutable la resolución por la que se impone la sanción o desde el día que sea posible recurrir la sanción.

c) Desde el día siguiente a aquel en que sea ejecutable la resolución por la que se impone la sanción o haya transcurrido el plazo para recurrirla.

d) Desde el día que sea posible recurrir la sanción.

91. No podrán sancionarse los hechos que lo hayan sido penal o administrativamente, en los casos en que se aprecie:

a) Identidad del sujeto y hecho.

b) Identidad del sujeto y fundamento.

c) Identidad del sujeto, hecho y fundamento.

d) Identidad del sujeto, naturaleza y sanción.

92. Los particulares tendrán derecho a ser indemnizados por las Administraciones públicas correspondientes, de toda lesión que sufran:

a) En cualquiera de sus derechos, siempre que la lesión sea consecuencia del funcionamiento normal o anormal de los servicios públicos, salvo en los casos de fuerza mayor o de daños que el propio particular haya causado.

b) En cualquiera de sus bienes y derechos como consecuencia de la aplicación de actos legislativos de naturaleza expropiatoria de derechos que no tengan el deber jurídico de soportar cuando así se establezca en los propios actos legislativos y en los términos que en ellos se especifiquen.

c) En cualquiera de sus bienes, siempre que la lesión sea consecuencia del funcionamiento anormal del patrimonio público, salvo en los casos de fuerza mayor, de acuerdo con la LRJSP.

d) En cualquiera de sus bienes y derechos, siempre que la lesión sea consecuencia del funcionamiento normal o anormal de los servicios públicos salvo en los casos de fuerza mayor o de daños que el particular tenga el deber jurídico de soportar de acuerdo con la ley.

93. La responsabilidad patrimonial del Estado por el funcionamiento de la Administración de Justicia se regirá:

a) Por la Ley Orgánica 6/1985, de 1 de julio, del Poder Judicial.
b) Por la LRJSP y por la LPACAP.
c) Por la Ley 1/2000, de 7 de enero, de Enjuiciamiento Civil.
d) Por la Ley 29/1998, de 13 de julio, reguladora de la Jurisdicción Contencioso-administrativa.

94. Cuando de la gestión dimanante de fórmulas conjuntas de actuación entre varias Administraciones públicas se derive responsabilidad en los términos previstos en la LRJSP, las Administraciones intervinientes responderán frente al particular:

a) En todo caso, de forma mancomunada.
b) En todo caso, de forma solidaria.
c) De forma solidaria o mancomunada, de acuerdo con lo dispuesto en el instrumento jurídico regulador de la actuación conjunta.
d) Atendiendo a los criterios de competencia, interés público tutelado e intensidad de la intervención. En todo caso, la responsabilidad será mancomunada cuando no sea posible dicha determinación.

95. Serán indemnizables por parte de la Administración:

a) Las lesiones producidas al particular, aunque provengan de daños que el particular tenga el deber jurídico de soportar de acuerdo con la ley.
b) Cualquier daño producido al particular, aunque deriven de hechos o circunstancias que se hubiesen podido prever.
c) Cualquier daño producido al particular, aunque deriven de hechos o circunstancias que se hubiesen podido evitar según el estado de los conocimientos de la técnica existentes en el momento de producción de aquellos.
d) Las lesiones producidas al particular, solo si provenientes de daños que este no tenga el deber jurídico de soportar de acuerdo con la ley.

96. ¿Ante quién deben exigir los particulares la responsabilidad patrimonial que establece la LRJSP?

a) Los particulares deben exigir la responsabilidad patrimonial directa a las autoridades y personal al servicio de las Administraciones públicas.
b) Los particulares exigirán directamente a la Administración pública correspondiente las indemnizaciones por los daños y perjuicios causados por las autoridades y personal a su servicio.
c) Los particulares exigirán las indemnizaciones por los daños y perjuicios causados, de forma mancomunada, a la Administración pública correspondiente y a las autoridades y personal a su servicio.
d) Los particulares exigirán las indemnizaciones por los daños y perjuicios causados, de forma solidaria, a la Administración pública correspondiente y a las autoridades y personal a su servicio.

97. ¿Cuándo exigirá la Administración a sus autoridades y demás personal a su servicio la responsabilidad en que hubieran incurrido por dolo o culpa o negligencia grave?

a) Cuando la Administración correspondiente hubiere indemnizado a los lesionados, exigirá a instancia de los lesionados, en vía administrativa, la responsabilidad en que hubieran incurrido, por dolo, o culpa o negligencia grave, sus autoridades y demás personal a su servicio, previa instrucción del correspondiente procedimiento.

b) Antes de que la Administración indemnice a los lesionados, exigirá de oficio en vía administrativa, la correspondiente responsabilidad en que hubieran incurrido por dolo, o culpa o negligencia grave, sus autoridades y demás personal a su servicio, previa instrucción del correspondiente procedimiento. Concluido dicho procedimiento, si corresponde, se abonará la indemnización de daños y perjuicios a los lesionados.

c) Cuando la Administración correspondiente hubiere indemnizado a los lesionados, exigirá de oficio en vía administrativa de sus autoridades y demás personal a su servicio la responsabilidad en que hubieran incurrido por dolo, o culpa o negligencia grave, previa instrucción del correspondiente procedimiento.

d) Mientras que se instruye el procedimiento para proceder a la indemnización por los daños y perjuicios causados al particular reclamante, se exigirá, a instancia del citado particular, en vía administrativa la responsabilidad en que hubieran incurrido sus autoridades y demás personal a su servicio, por dolo, o culpa o negligencia graves. La instrucción se realiza en una pieza separada del procedimiento principal.

98. ¿Qué criterios se utilizan para ponderar la responsabilidad en que hubieran incurrido las autoridades y demás personal a su servicio, por dolo, o culpa o negligencia graves?

a) En todos los procedimientos que se instruyan se ponderarán los siguientes criterios: el resultado dañoso producido, el grado de culpabilidad, la responsabilidad profesional del personal al servicio de las Administraciones públicas, la persistencia en la conducta infractora y la reincidencia.

b) Se ponderarán, entre otros, los siguientes criterios: el resultado dañoso producido, el grado de culpabilidad, la responsabilidad profesional del personal al servicio de las Administraciones públicas y su relación con la producción del resultado dañoso.

c) En todos los procedimientos que se instruyan se ponderarán los siguientes criterios: el resultado dañoso producido, el grado de culpabilidad, la responsabilidad profesional del personal al servicio de las Administraciones públicas y su relación con la producción del resultado dañoso.

d) Se ponderarán, entre otros, los siguientes criterios: el grado de culpabilidad, la existencia de intencionalidad, la persistencia en la conducta infractora, la naturaleza de los perjuicios causados y la reincidencia.

99. ¿Cómo se iniciará el procedimiento para la exigencia de la responsabilidad de las autoridades y demás personal al servicio de la Administración y qué norma regula dicho procedimiento?

a) El procedimiento para la exigencia de la responsabilidad de las autoridades y demás personal al servicio de la Administración, por la responsabilidad en que hubieran incurrido por dolo, o culpa o negligencia grave, se sustanciará conforme a lo dispuesto en la LPACAP y se iniciará, de oficio, por acuerdo del órgano competente que se notificará a los interesados.

b) El procedimiento para la exigencia de la responsabilidad de las autoridades y demás personal al servicio de la Administración por la responsabilidad en que hubieran incurrido por dolo, o culpa o negligencia grave se sustanciará conforme a lo dispuesto en la LRJSP y se iniciará, a instancia del lesionado, por acuerdo del órgano competente que se notificará a los interesados.

c) El procedimiento para la exigencia de la responsabilidad de las autoridades y demás personal al servicio de la Administración por la responsabilidad en que hubieran incurrido por dolo, o culpa o negligencia grave se sustanciará conforme a lo dispuesto en el Estatuto Básico del Empleado Público y se iniciará, de oficio, por acuerdo del órgano competente que se notificará a los interesados.

d) El procedimiento para la exigencia de la responsabilidad de las autoridades y demás personal al servicio de la Administración por la responsabilidad en que hubieran incurrido por dolo, o culpa o negligencia grave se sustanciará conforme a lo dispuesto en la normativa relativa a la función pública y se iniciará, a instancia del lesionado, por acuerdo del órgano competente que se notificará a los interesados.

100. En el procedimiento para la exigencia de la responsabilidad de las autoridades y demás personal al servicio de la Administración, ¿qué plazo tendrá la audiencia?

a) Un plazo de quince días.
b) Un plazo de diez días.
c) Un plazo de cinco días.
d) Un plazo de tres días.

101. La exigencia de responsabilidad penal del personal al servicio de las Administraciones públicas:

a) Suspenderá los procedimientos de reconocimiento de responsabilidad patrimonial que se instruyan, pero continuarán los procedimientos civiles que correspondan, para fijar la cuantía de la indemnización por los daños y perjuicios causados.

b) No suspenderá los procedimientos de reconocimiento de responsabilidad patrimonial que se instruyan, salvo que la determinación de los hechos en el orden jurisdiccional civil sea necesaria para la fijación de la responsabilidad patrimonial.

c) No suspenderá los procedimientos de reconocimiento de responsabilidad patrimonial que se instruyan, salvo que la determinación de los hechos en el orden jurisdiccional penal sea necesaria para la fijación de la responsabilidad patrimonial.

d) Suspenderá los procedimientos de reconocimiento de responsabilidad patrimonial que se instruyan, hasta la resolución firme de la jurisdicción penal.

102. Cada Administración pública determinará las condiciones e instrumentos de creación de las sedes electrónicas, con sujeción a los siguientes principios:

a) Los principios de transparencia, publicidad, responsabilidad, calidad, seguridad, disponibilidad, accesibilidad, neutralidad e interoperabilidad. En todo caso deberá garantizarse la identificación del órgano titular de la sede, así como los medios disponibles para la formulación de sugerencias y quejas.

b) Los principios de transparencia, accesibilidad, seguridad y uso de acuerdo con las normas establecidas al respecto, estándares abiertos y, en su caso, aquellos otros que sean de uso generalizado por los ciudadanos.

c) Los principios de neutralidad, accesibilidad y uso de acuerdo con las normas establecidas al respecto, estándares abiertos y, en su caso, aquellos otros que sean de uso generalizado por los ciudadanos.

d) Los principios de accesibilidad, transparencia, responsabilidad, calidad, seguridad, disponibilidad, accesibilidad, neutralidad e interoperabilidad. En todo caso deberá garantizarse la identificación del órgano titular de la sede, así como los medios disponibles para la formulación de sugerencias y quejas.

103. A los efectos del funcionamiento electrónico del sector público, ¿qué se entiende por portal de internet?

a) La Administración pública, órgano, organismo público o entidad de derecho público, con certificado electrónico reconocido o cualificado que reúna los requisitos exigidos por la legislación de firma electrónica.

b) El código seguro de verificación vinculado a la Administración pública, órgano, organismo público o entidad de derecho público, en los términos y condiciones establecidos, que permite en todo caso la comprobación de la integridad de los documentos mediante el acceso a la sede electrónica correspondiente.

c) El punto de acceso electrónico cuya titularidad corresponda a una Administración pública, organismo público o entidad de derecho público que permite el acceso a través de internet a la información publicada y, en su caso, a la sede electrónica correspondiente.

d) La dirección electrónica, disponible para los ciudadanos a través de redes de telecomunicaciones, cuya titularidad corresponde a una Administración pública, o bien a una o varios organismos públicos o entidades de Derecho público en el ejercicio de sus competencias.

104. Las sedes electrónicas utilizarán para identificarse y garantizar una comunicación segura entre ellas:

a) Certificados reconocidos o cualificados de autenticación de sitio web o medio equivalente.

b) Sellos electrónicos, con códigos seguros de verificación.

c) Códigos seguros de verificación vinculados, en los términos y condiciones establecidos en la LRJSP.

d) Sellos electrónicos, basados en certificado electrónico que reúna los requisitos exigidos por la legislación de firma electrónica.

105. No tienen la consideración de convenios, pudiendo ser considerados protocolos generales de actuación o instrumentos similares:

a) Los Protocolos Generales de Actuación que comporten meras declaraciones de intención de contenido general o que expresen la voluntad de las Administraciones y partes suscriptoras para actuar con un objetivo común, en los que se formalizan compromisos jurídicos concretos y exigibles.

b) Los Protocolos Generales de Actuación que comporten meras declaraciones de intención de contenido específicos o que expresen la voluntad concreta de las Administraciones y partes suscriptoras para actuar con un objetivo similar, pero formalización de compromisos jurídicos concretos.

c) Los Protocolos Generales de Actuación o instrumentos similares que comporten meras declaraciones que expresen la voluntad de las Administraciones y partes suscriptoras para actuar con varios objetivos diversos.

d) Los Protocolos Generales de Actuación que comporten meras declaraciones de intención de contenido general o que expresen la voluntad de las Administraciones y partes suscriptoras para actuar con un objetivo común, siempre que no supongan la formalización de compromisos jurídicos concretos y exigibles.

106. Los convenios:

a) No podrán tener por objeto prestaciones propias de los contratos. En tal caso, su naturaleza y régimen jurídico se ajustará a lo previsto en la legislación de contratos del sector público.

b) Podrán tener por objeto prestaciones propias de los contratos, pero se suscribirán por dos partes con un fin común. En tal caso, su naturaleza y régimen jurídico se ajustará a lo previsto en la LRSP y en la legislación de contratos del sector público.

c) No podrán tener por objeto prestaciones propias de las encomiendas de gestión. En tal caso, su naturaleza y régimen jurídico se ajustará a lo previsto en la legislación de contratos del sector público.

d) No podrán tener por objeto prestaciones propias de las encomiendas de gestión. En tal caso, su naturaleza y régimen jurídico se ajustará a lo previsto en la legislación específica.

107. Las normas del Capítulo VI del Título Preliminar de la LRJSP:

a) No serán de aplicación a los convenios.

b) No serán de aplicación a las encomiendas de gestión.

c) No serán de aplicación a los acuerdos de terminación convencional de los procedimientos administrativos.

d) Las respuestas b) y c) son correctas.

108. Los convenios intradministrativos son:

a) Los convenios firmados entre dos o más Administraciones públicas, o bien entre dos o más organismos públicos o entidades de derecho público vinculados o dependientes de distintas Administraciones públicas, y que podrán incluir la utilización de medios, servicios y recursos de otra Administración pública, organismo público o entidad de derecho público vinculado o dependiente, para el ejercicio de competencias propias o delegadas.

b) Los convenios firmados entre organismos públicos y entidades de derecho público vinculados o dependientes de una misma Administración pública.

c) Los convenios firmados entre una Administración pública u organismo o entidad de derecho público y un sujeto de derecho privado.

d) Los convenios no constitutivos ni de Tratado internacional, ni de Acuerdo internacional administrativo, ni de Acuerdo internacional no normativo, firmados entre las Administraciones Públicas y los órganos, organismos públicos o entes de un sujeto de derecho internacional, que estarán sometidos al ordenamiento jurídico interno que determinen las partes.

109. En el ámbito de la Administración General del Estado y sus organismos públicos y entidades de derecho público vinculados o dependientes, podrán celebrar convenios:

a) Los titulares de los Departamentos Ministeriales y los Presidentes o Directores de las citadas entidades y organismos públicos.

b) Los titulares de las Jefaturas de los Servicios de los Ministerios y de las citadas entidades y organismos públicos.

c) Los titulares de los Departamentos Ministeriales y los Directores y Subdirectores de las citadas entidades y organismos públicos.

d) Los titulares de las Secretarias Técnicas de los Ministerios y los altos cargos de las citadas entidades y organismos públicos.

110. La suscripción de convenios:

a) Deberá mejorar la eficiencia de la gestión local, facilitar la utilización coordinada de medios y servicios públicos, contribuir a la realización de actividades de utilidad pública o privada y cumplir con la legislación específica que resulte de aplicación.

b) Podrá mejorar la eficiencia de la gestión pública, facilitar la utilización conjunta de medios y servicios públicos, contribuir a la realización de actividades de utilidad pública y cumplir con la legislación de estabilidad financiera y sostenibilidad presupuestaria.

c) Deberá mejorar la eficiencia de la gestión pública, facilitar la utilización conjunta de medios y servicios públicos, contribuir a la realización de actividades de utilidad pública y cumplir con la legislación de estabilidad presupuestaria y sostenibilidad financiera.

d) Podrá mejorar la eficiencia de la gestión municipal, facilitar la utilización conjunta de medios y servicios públicos, contribuir a la realización de actividades comunes y cumplir con la legislación de estabilidad financiera.

111. Las aportaciones financieras que se comprometan a realizar los firmantes de un convenio:

a) No podrán ser superiores al coste de los recursos humanos y materiales necesarios para ejecución del convenio.

b) No podrán ser superiores a los gastos derivados de la ejecución del convenio.

c) Podrán ser superiores a los gastos derivados de la ejecución del convenio, liquidándose el remante cuando concluya la ejecución del convenio.

d) Podrán ser superiores al coste de los recursos para la ejecución del convenio y el remanente se aplicará al fondo de garantía del convenio.

112. Un convenio:

a) Podrá instrumentar una subvención y en ese caso deberá cumplir con lo previsto en la Ley General de Subvenciones y en la normativa autonómica de desarrollo que, en su caso, resulte aplicable.

b) Nunca podrá instrumentar una subvención. Las subvenciones se rigen por lo previsto en la Ley General de Subvenciones y en la normativa autonómica de desarrollo que, en su caso, resulte aplicable.

c) Podrá instrumentar una subvención y en ese caso deberá cumplir con lo previsto en la Ley General de Subvenciones y en la Ley Básica de Régimen Local.

d) Solo podrá instrumentar una subvención cuando se trate de convenios interadministrativos suscritos entre dos o más Comunidades Autónomas para la gestión y prestación de servicios propios de las mismas. En ese caso deberá cumplir con lo previsto en los Estatutos de Autonómica de las Comunidades Autónomas, la Ley General de Subvenciones y la Ley Básica de Régimen Local.

113. Los convenios se perfeccionan:

a) Por la prestación del consentimiento de las partes.

b) Por la publicación en el Boletín Oficial del Estado, sin perjuicio de su publicación facultativa en el boletín oficial de la comunidad autónoma o de la provincia que corresponda.

c) Cuando se comunica la suscripción del convenio al Registro Electrónico de Órganos e Instrumentos de Cooperación.

d) Por la publicación en el Boletín Oficial correspondiente y la inscripción en el Registro Electrónico de Órganos e Instrumentos de Cooperación.

114. Respecto al plazo de vigencia de los convenios, la LRJSP establece que:

a) No es necesario que los convenios tengan una duración determinada, dependerá de lo acordado por las partes.

b) Los convenios deberán tener una duración determinada, que no podrá ser superior a cuatro años, salvo que normativamente se prevea un plazo superior. En cualquier momento antes de la finalización dicho plazo, los firmantes del convenio podrán acordar unánimemente su prórroga por un periodo de hasta cuatro años adicionales o su extinción.

c) Los convenios tendrán una duración de cinco años, salvo que normativamente se prevea un plazo inferior. En cualquier momento antes de la finalización dicho plazo, los firmantes del convenio podrán acordar unánimemente su prórroga por un periodo de hasta cinco años adicionales o su extinción.

d) Los convenios tendrán una duración entre cuatro y diez años, salvo que normativamente se prevea un plazo inferior.

115. Cuando un órgano de la Unión Europea hubiera impuesto una sanción por los mismos hechos objeto de un procedimiento sancionador a nivel nacional, el órgano competente para resolver este segundo procedimiento deberá tener en cuenta la sanción impuesta, a los efectos de graduar la que, en su caso, deba imponer, pudiendo minorarla:

a) Siempre que concurra la identidad de fundamento.

b) Cuando no exista, en relación con los hechos, identidad de fundamento.

c) Cuando no exista, en relación con los hechos, identidad de sujeto y fundamento.

d) Siempre que concurra la identidad de sujeto.

116. Para la tramitación de un convenio, el texto del convenio se deberá acompañar de:

a) Una memoria justificativa donde se analice su necesidad y oportunidad, su impacto económico, el carácter no contractual de la actividad en cuestión, así como el cumplimiento de lo previsto en la LRJSP, sin perjuicio de las especialidades que la legislación autonómica pueda prever.

b) Una memoria de necesidad y oportunidad, que analizará su contribución a la realización de actividades de utilidad pública y el cumplimiento de la legislación de estabilidad presupuestaria y sostenibilidad financiera.

c) Una memoria justificativa donde se analice su necesidad y el impacto económico del convenio.

d) Una memoria justificativa donde se analice el impacto económico y el carácter no contractual de la actividad en cuestión, sin perjuicio de las peculiaridades que la legislación autonómica pueda prever.

117. ¿Será necesario solicitar el informe del servicio jurídico cuando se tramita un convenio que suscribe un organismo público vinculado a la Administración General del Estado?

a) Siempre se debe solicitar el informe del servicio jurídico correspondiente, que deberá emitirse en un plazo máximo de siete días hábiles desde su solicitud. Dicho informe será el primer documento que se incorpore al expediente relativo a la tramitación del convenio.

b) Siempre se debe solicitar el informe del servicio jurídico correspondiente, que deberá emitirse en un plazo máximo de diez días naturales desde su solicitud, transcurridos los cuales se continuará la tramitación. Dicho informe deberá emitirse e incorporarse al expediente antes de proceder al perfeccionamiento del convenio.

c) No será necesario solicitar el informe del servicio jurídico correspondiente cuando el convenio se ajuste a un modelo normalizado informado previamente por el citado servicio jurídico. En caso contrario, deberá solicitarse el informe del servicio jurídico, que deberá emitirse en un plazo máximo de siete días hábiles desde su solicitud, transcurridos los cuales se continuará la tramitación. Dicho informe deberá emitirse e incorporarse al expediente antes de proceder al perfeccionamiento del convenio.

d) No será necesario solicitar este informe cuando el convenio que se tramita fuera idéntico a otro ya formalizado con anterioridad y que se hubiera extinguido por cumplimiento del plazo de vigencia. En este caso, se incorporará al expediente el informe emitido, en su día, en relación al convenio extinguido. En los demás casos, se debe solicitar el informe del servicio jurídico correspondiente, que deberá emitirse en un plazo máximo de siete días hábiles desde su solicitud.

118. Los convenios se extinguen:

a) Por el cumplimiento de las actuaciones que constituyen su objeto o por incurrir en causa de resolución.
b) Por el cumplimiento de las actuaciones que constituyen su objeto o por cumplimiento del plazo de vigencia.
c) Por cumplimiento del plazo de vigencia o por incurrir en causa de resolución.
d) Por el cumplimiento de las actuaciones que constituyen su objeto o por acuerdo unánime de todos los firmantes.

119. ¿Cómo se denomina un acto o actuación realizada íntegramente a través de medios electrónicos por una Administración Pública en el marco de un procedimiento administrativo y en la que no haya intervenido de forma directa un empleado público?

a) Actuación electrónica automatizada.
b) Actuación administrativa certificada.
c) Actuación electrónica interoperable.
d) Actuación administrativa automatizada.

120. ¿La resolución del convenio conlleva una indemnización de los perjuicios causados?

a) Nunca, dado que un convenio es un acuerdo con efectos jurídicos adoptados por las Administraciones públicas, los organismos públicos y entidades de derecho público vinculados o dependientes o las Universidades públicas entre sí o con sujetos de derecho privado para un fin común.
b) Solo cuando el convenio se resuelve por incumplimiento de las obligaciones y compromisos asumidos por parte de alguno de los firmantes.
c) Solo cuando el convenio se resuelve por incumplimiento de las obligaciones y compromisos asumidos por parte de alguno de los firmantes y así se hubiera previsto en el propio convenio.
d) Solo cuando el convenio se resuelve por el transcurso del plazo de vigencia del convenio sin haberse acordado su prórroga y así se hubiera previsto en el propio convenio.

121. De acuerdo con la LRJSP, entre las causas de resolución de un convenio podemos citar la siguiente:

a) La falta de formalización de los mecanismos de seguimiento, vigilancia y control de la ejecución del convenio.
b) El acuerdo unilateral de alguna de las partes firmantes.
c) El cumplimiento de las actuaciones que constituyen su objeto.
d) Cualquier causa de resolución prevista en una ley que resulte de aplicación al convenio.

122. La concurrencia de sanciones supone que:

a) No podrán sancionarse los hechos que lo hayan sido penal o administrativamente, en los casos en que se aprecie identidad del sujeto, hecho y fundamento.

b) Podrán sancionarse los hechos que lo hayan sido penal o administrativamente, en los casos en que se aprecie identidad del sujeto.

c) Podrán sancionarse los hechos que lo hayan sido penal o administrativamente, en los casos en que se aprecie identidad de fundamento.

d) No podrán sancionarse los hechos que lo hayan sido civil, penal o administrativamente, en los casos en que se aprecie identidad del sujeto.

123. Los principios de la potestad sancionadora se encuentran regulados en:

a) Los artículos del 24 al 30 de la LRJSP.

b) Los artículos del 25 al 31 de la LRJSP.

c) Los artículos del 32 al 38 de la LRJSP.

d) Los artículos del 31 al 38 de la LRJSP.

124. El principio de proporcionalidad supone que:

a) Las disposiciones sancionadoras que deben ser aplicadas por las Administraciones públicas en el ejercicio de esta potestad serán las que se encuentren vigentes en el momento de acaecer los hechos constitutivos de infracción administrativa.

b) No podrán sancionarse los hechos que lo hayan sido penal o administrativamente, en los casos en que se aprecie identidad del sujeto, hecho y fundamento.

c) Las Administraciones públicas puedan ejercer la potestad sancionadora, siempre que haya sido expresamente reconocida la citada potestad por una norma con rango de ley, de acuerdo con el procedimiento establecido para su ejercicio y de conformidad con la LRJSP y la LPACAP, sin perjuicio de que, en el caso de las entidades locales, estas actuarán de acuerdo con lo consagrado en el título décimo primero de la ley reguladora de las Bases del Régimen Local, destinado a la regulación de la tipificación de las infracciones y sanciones por las entidades locales en materias determinadas.

d) En la determinación normativa del régimen sancionador, así como en la imposición de sanciones por las Administraciones Públicas se deberá observar la debida idoneidad y necesidad de la sanción a imponer y su adecuación a la gravedad del hecho constitutivo de la infracción.

125. Podrán ser sancionadas por hechos constitutivos de infracción administrativa:

a) Las personas físicas, que resulten responsables de los mismos a título de dolo o culpa.

b) Las personas físicas y las personas jurídicas, que resulten responsables de los mismos a título de dolo, salvo, las uniones y entidades sin personalidad jurídica y los patrimonios independientes o autónomos, que resulten responsables de los mismos a título de dolo o culpa.

c) Las personas físicas y jurídicas, así como, cuando una Ley les reconozca capacidad de obrar, los grupos de afectados, las uniones y entidades sin personalidad jurídica y los patrimonios independientes o autónomos, que resulten responsables de los mismos a título de dolo o culpa.

d) Las respuestas a) y c) son correctas.

126. El incumplimiento de la obligación de prevenir la comisión de infracciones administrativas por quienes se hallen sujetos a una relación de vinculación:

a) Se podrá tipificar como una infracción, en las leyes reguladoras de los distintos regímenes sancionadores.

b) No se podrán tipificar como infracción, por vulnerar el principio de culpabilidad.

c) No se podrán tipificar como infracción, por vulnerar el principio de personalidad de la sanción.

d) Se podrá tipificar como una infracción, solo en las leyes penales.

127. En la determinación normativa del régimen sancionador, la graduación de la sanción administrativa considerará especialmente alguno de los siguientes criterios:

a) El grado de intencionalidad.

b) La continuidad o reincidencia en la conducta infractora.

c) La naturaleza de los perjuicios causados.

d) La reincidencia, por comisión en el término de un año de más de una infracción de la misma naturaleza cuando así haya sido declarado por resolución firme en vía penal.

128. La realización de una pluralidad de omisiones que infrinjan el mismo o semejantes preceptos administrativos:

a) Serán sancionables como infracción constante, las omisiones que se establezcan en las leyes reguladores de los distintos regímenes sancionadores.

b) Las omisiones no podrán ser sancionables.

c) Solo serán sancionables las acciones como infracción continuada, en ejecución de un plan preconcebido o aprovechando idéntica ocasión.

d) Serán sancionables como infracción continuada, las omisiones en ejecución de un plan preconcebido o aprovechando idéntica ocasión.

129. El plazo de prescripción de las infracciones administrativas comenzará a contarse:

a) Desde el día en que la infracción se hubiera cometido.

b) Desde el día que la Administración tiene conocimiento de la infracción cometida.

c) Transcurrido un año desde que la infracción se hubiera cometido.

d) Desde el día que cualquier persona pone en conocimiento de la Administración la infracción cometida.

130. El establecimiento de una sede electrónica conlleva:

a) La potestad administrativa del titular respecto de la seguridad, disponibilidad, accesibilidad, neutralidad e interoperabilidad de los servicios a los que pueda accederse a través de la misma.

b) La competencia administrativa respecto de la integridad, disponibilidad y actualización de la información y los servicios a los que pueda accederse a través de la misma.

c) La responsabilidad del titular respecto de la integridad, veracidad y actualización de la información y los servicios a los que pueda accederse a través de la misma.

d) La potestad administrativa respecto de la integridad, seguridad, veracidad y actualización de la información y los servicios a los que pueda accederse a través de la misma.

131. Los sistemas de información y comunicaciones para la recogida, almacenamiento, procesamiento y gestión del censo electoral deberán ubicarse y prestarse:

a) Dentro del territorio de la Unión Europea.

b) Dentro del territorio nacional.

c) En cualquier territorio, siempre que respete las obligaciones internacionales asumidas por el Reino de España.

d) En cualquier territorio, siempre que respete las obligaciones establecidas por la Unión Europea.

132. Los documentos no electrónicos de las actuaciones administrativas, ¿deben ser almacenados por la Administración en soporte electrónico?

a) Sí. Todos los documentos utilizados en las actuaciones administrativas se almacenarán por medios electrónicos, salvo cuando no sea posible.

b) No. Solo existe obligación de almacenar electrónicamente los documentos que hayan entrado a la Administración de forma electrónica.

c) No. Cada documento se almacenará en el soporte de origen.

d) La Administración actuante solo está obligada a almacenar electrónicamente aquellos documentos que haya generado la propia Administración, durante la actuación administrativa.

133. Los documentos electrónicos que contengan actos administrativos que afecten a derechos o intereses de los particulares deberán conservarse:

a) En cualquier soporte, siempre que se asegurará la posibilidad de trasladar los datos a otros formatos y soportes que garanticen la integridad del documento.

b) En soportes de esta naturaleza, ya sea en el mismo formato a partir del que se originó el documento o en otro cualquiera que asegure la identidad e integridad de la información necesaria para reproducirlo.

c) En soportes de esta naturaleza y siempre en el mismo formato a partir de aquel en el que se originó el documento.

d) En cualquier soporte, siempre que se asegure la integridad de la información necesaria para reproducirlo.

134. El plazo de prescripción de las sanciones administrativas se interrumpirá:

a) Con la iniciación del procedimiento de ejecución de la sanción, volviendo a transcurrir el plazo si aquel está paralizado durante más de tres meses por causa no imputable al infractor.

b) Con la iniciación, con conocimiento del interesado, del procedimiento de ejecución de la sanción, volviendo a transcurrir el plazo si aquel está paralizado durante más de un mes por causa no imputable al infractor.

c) Con la iniciación del procedimiento de ejecución de la sanción, volviendo a transcurrir el plazo si aquel está paralizado durante más de un año por causa no imputable al infractor.

d) Con la iniciación, con conocimiento del interesado, del procedimiento de ejecución de la sanción, volviendo a transcurrir el plazo si aquel está paralizado durante más de un año por causa no imputable al infractor.

135. Los principios de prescripción y de concurrencia de sanciones en el ejercicio de la potestad sancionadora de la Administración se encuentran regulados en:

a) Los artículos 27 y 29 de la LRSJP.
b) Los artículos 29 y 31 de la LRSJP.
c) Los artículos 29 y 30 de la LRSJP.
d) Los artículos 30 y 31 de la LRSJP.

136. En supuesto de convenios de los que deriven compromisos financieros, ¿cuándo se liquida el convenio?

a) Solo cuando el convenio concluye en virtud de alguna de las causas de resolución.

b) Cuando la resolución del convenio se produce por incumplimiento de las obligaciones y compromisos asumidos por parte de alguno de los firmantes y así se hubiera previsto en el propio convenio.

c) Tanto en casos de cumplimiento (cuando su objeto se haya realizado en los términos y a satisfacción de ambas partes, de acuerdo con sus respectivas competencias), como en los casos de resolución del convenio, se procederá a liquidar el convenio, con el objeto de determinar las obligaciones y compromisos de cada una de las partes.

d) Solo cuando se hubiera previsto en el propio convenio.

137. ¿Qué convenios se deben remitir al Tribunal de Cuentas u órgano externo de fiscalización de la Comunidad Autónoma, según corresponda?

a) Cualquier convenio de cesión o adquisición de la titularidad de infraestructuras, dentro de los seis meses siguientes a la suscripción del mismo.

b) Cualquier convenio que tengan por objeto la creación de consorcios previstos en el artículo 123 de la LRJSP, dentro de los seis meses siguientes a la suscripción del mismo.

c) Cualquier convenio cuyos compromisos económicos asumidos superen los 600.000 euros, dentro de los tres meses siguientes a la suscripción del mismo.

d) Cualquier convenio del que se deriven compromisos financieros, dentro de los tres meses siguientes a la suscripción del mismo.

138. Los datos fiscales relacionados con tributos propios o cedidos:

a) Solo podrán ser objeto de transferencia a la Comisión Europea o a una organización internacional.

b) Solo podrán ser objeto de transferencia dentro del territorio de la Unión Europea o a una organización internacional reconocida por la Comisión Europea.

c) No podrán ser objeto de transferencia a un tercer país u organización internacional, con excepción de los que hayan sido objeto de una decisión de adecuación de la Comisión Europea o cuando así lo exija el cumplimiento de las obligaciones internacionales asumidas por el Reino de España.

d) En ningún caso podrán ser objeto de transferencia.

139. Las condiciones e instrumentos de creación de las sedes electrónicas están sujetas a los principios de:

a) Transparencia, publicidad, responsabilidad, calidad, seguridad, disponibilidad, accesibilidad, neutralidad e interoperabilidad. En todo caso deberá garantizarse la identificación del órgano titular de la sede, así como los medios disponibles para la formulación de sugerencias y quejas.

b) Transparencia y publicidad. En todo caso deberá garantizarse la identificación del órgano titular de la sede, así como los medios disponibles para la formulación de reclamaciones.

c) Transparencia, publicidad, calidad, seguridad, accesibilidad, neutralidad e interoperabilidad. En todo caso deberá garantizarse la identificación del órgano ante el que deberán titular formularse las sugerencias y quejas.

d) Transparencia, publicidad, responsabilidad, disponibilidad, accesibilidad, neutralidad e interoperabilidad. En todo caso deberá garantizarse la identificación del órgano ante el que deberán titular formularse las sugerencias y quejas.

140. ¿Cuáles son los sistemas de firma electrónica del personal al servicio de las Administraciones Públicas?

a) Los sistemas de firma electrónica del personal al servicio de las Administraciones Públicas quedan determinados en el Esquema Nacional de Seguridad, al objeto de garantizar la integridad, autenticidad, confidencialidad, calidad, protección y conservación de los documentos almacenados.

b) Cada Administración pública determinará los sistemas de firma electrónica que debe utilizar su personal.

c) Los sistemas de firma electrónica del personal al servicio de las Administraciones Públicas quedarán determinados en la legislación específica.

d) Los sistemas de firma electrónica del personal al servicio de las Administraciones públicas quedan determinados en el Esquema Nacional de Interoperabilidad y Esquema Nacional de Seguridad.

141. En relación con los sistemas de identificación de las Administraciones públicas, ¿cuáles son los sistemas de identificación de las Administraciones públicas?

a) Las Administraciones públicas podrán identificarse mediante el uso de un sello electrónico basado en un certificado electrónico reconocido o cualificado que reúna los requisitos exigidos por la legislación de firma electrónica. También se entenderá identificada la Administración pública respecto de la información que se publique como propia en su portal de internet.

b) Las Administraciones públicas podrán identificarse mediante el uso de la firma digital.

c) Las Administraciones públicas podrán identificarse mediante el uso del certificado digital. También se entenderá identificada la Administración pública respecto de la información que se publique en su portal de internet.

d) Las Administraciones públicas podrán identificarse mediante el uso de un sello electrónico basado en un certificado electrónico verificable o autenticado que reúna los requisitos exigidos por la legislación de los sellos electrónicos. También se entenderá identificada la Administración pública respecto de la información que se publique como propia en su portal de internet.

142. La publicación en las sedes electrónicas de informaciones, servicios y transacciones respetará los principios de:

a) Accesibilidad, interoperabilidad y uso de acuerdo con las normas establecidas al respecto, estándares abiertos y, en su caso, aquellos otros que sean de uso generalizado por los ciudadanos.

b) Accesibilidad y uso de acuerdo con las normas establecidas al respecto, estándares abiertos y, en su caso, aquellos otros que sean de uso generalizado por los ciudadanos.

c) Accesibilidad, tipicidad y uso de acuerdo con las normas establecidas al respecto, estándares abiertos o semiabierto y, en su caso, aquellos otros que sean de uso individualizado por los ciudadanos.

d) Accesibilidad, legalidad, proporcionalidad y uso de acuerdo con las normas establecidas al respecto, estándares cerrados y, en su caso, aquellos otros que sean de uso individualizado por los ciudadanos.

143. En el ejercicio de la competencia en la actuación administrativa automatizada, cada Administración Pública podrá determinar los supuestos de utilización de los siguientes sistemas de firma electrónica:

a) Sello electrónico de Administración pública, basado un código seguro de verificación vinculado a la Administración pública, que reúna los requisitos exigidos por la legislación de firma electrónica.

b) Certificado electrónico de Administración pública, basado en un sello electrónico que reúna los requisitos exigidos por la legislación del sello electrónico o código seguro de verificación vinculado a la Administración pública, en los términos y condiciones establecidos, permitiéndose en todo caso la comprobación de la integridad del documento mediante el acceso a la sede electrónica correspondiente.

c) Certificado electrónico de Administración pública, basado en un sello electrónico que reúna los requisitos exigidos por la legislación específica o código de verificación segura vinculado a la Administración pública, en los términos y condiciones establecidos, permitiéndose en todo caso la comprobación de la integridad del documento mediante el acceso a la firma electrónica correspondiente.

d) Sello electrónico de Administración pública, basado en certificado electrónico reconocido o cualificado que reúna los requisitos exigidos por la legislación de firma electrónica o código seguro de verificación vinculado a la Administración pública, en los términos y condiciones establecidos, permitiéndose en todo caso la comprobación de la integridad del documento mediante el acceso a la sede electrónica correspondiente.

144. Las sedes electrónicas dispondrán de sistemas que permitan el establecimiento de comunicaciones:

a) Transparentes siempre que sean necesario.
b) Neutrales siempre que sean necesario.
c) Accesibles siempre que sean necesarias.
d) Seguras siempre que sean necesarias.

145. En la determinación normativa del régimen sancionador, la graduación de la sanción considerará especialmente alguno de los siguientes criterios:

a) La persistencia, por comisión en el término de un año de más de una infracción de la misma naturaleza cuando así haya sido declarado por resolución firme en vía administrativa.
b) La reincidencia, por comisión en el término de un año de más de una infracción de la misma naturaleza cuando así haya sido declarado por resolución firme en vía administrativa.
c) La continuidad o persistencia en el perjuicio causado.
d) La continuidad o persistencia en la intencionalidad.

146. Será sancionable, como infracción continuada:

a) La realización de una pluralidad de acciones u omisiones que infrinjan el mismo o semejantes preceptos penales o administrativos, en ejecución de un plan preconcebido o aprovechando idéntica ocasión.
b) La realización de una pluralidad de acciones que infrinjan distintos preceptos administrativos, pero en ejecución de un plan preconcebido o aprovechando idéntica ocasión.
c) La realización de una pluralidad de omisiones que infrinjan distintos preceptos administrativos, por una pluralidad de sujetos.
d) La realización de una pluralidad de acciones u omisiones que infrinjan el mismo precepto administrativo, en ejecución con otros autores, en momentos distintos.

147. Las sanciones administrativas impuestas por faltas prescribirán:

a) Las muy graves prescribirán a los tres años, las impuestas por faltas graves a los dos años y las impuestas por faltas leves al año.

b) Según lo dispuesto en las leyes que las establezcan. Si estas no fijan plazos de prescripción, las sanciones impuestas por faltas muy graves prescribirán a los tres años, las impuestas por faltas graves a los dos años y las impuestas por faltas leves a los seis meses.

c) Las muy graves prescribirán a los tres años, las impuestas por faltas graves a los dos años y las impuestas por faltas leves a los seis meses.

d) Según lo dispuesto en las leyes que las establezcan. Si estas no fijan plazos de prescripción, las sanciones impuestas por faltas muy graves prescribirán a los tres años, las impuestas por faltas graves a los dos años y las impuestas por faltas leves al año.

148. En el caso de desestimación presunta del recurso de alzada interpuesto contra la resolución por la que se impone una sanción administrativa, el plazo de prescripción de la sanción comenzará a contarse:

a) Desde el día siguiente a aquel en que finalice el plazo legalmente previsto para la resolución de dicho recurso.

b) Desde el día en que finalice el plazo legalmente previsto para la resolución de dicho recurso.

c) Desde el día a siguiente a aquel en que finalice el plazo legalmente previsto para la interposición del recurso.

d) Desde el día en que finalice el plazo legalmente previsto para la interposición del recurso.

149. Los convenios suscritos entre dos o más Comunidades Autónomas para la gestión y prestación de servicios propios de las mismas:

a) Son convenios intradministrativos y se regirán por lo dispuesto en el Capítulo VI del Título Preliminar de la LRJSP (artículos 48 a 52 de la LRJSP).

b) Son convenios interadministrativos y se regirán por lo dispuesto en el Capítulo VI del Título Preliminar de la LRJSP (artículos 46 a 53 de la LRJSP), salvo en cuanto a sus requisitos y términos que se regirán por lo previsto en los respectivos Estatutos de Autonomía.

c) Son convenios intradministrativos y se regirán por lo dispuesto en la Ley Básica de Régimen Local (artículos 46 a 53 de la LBRL).

d) Son convenios interadministrativos y se regirán por lo dispuesto en el Capítulo VI del Título Preliminar de la LRJSP (artículos 47 a 53 de la LRJSP), salvo en cuanto a sus supuestos, requisitos y términos que se regirán por lo previsto en los respectivos Estatutos de Autonomía.

150. Las infracciones administrativas graves prescribirán:

a) A los tres años, en aquellos casos en que las leyes que las establezcan no determinen concretamente el tiempo de prescripción.

b) A los dos años, en aquellos casos en que las leyes que las establezcan no determinen concretamente el tiempo de prescripción.

c) Al año.

d) A los seis meses.

Soluciones comentadas

1.c) Ambas son correctas.

Art 1.

La presente ley establece y regula las bases del régimen jurídico de las Administraciones públicas, los principios del sistema de responsabilidad de las Administraciones públicas y de la potestad sancionadora, así como la organización y funcionamiento de la Administración General del Estado y de su sector público institucional para el desarrollo de sus actividades.

2.d) Todas son correctas.

Art 2.1.

La presente ley se aplica al sector público que comprende:

a) La Administración General del Estado.

b) Las Administraciones de las Comunidades autónomas.

c) Las Entidades que integran la Administración local.

d) El sector público institucional.

3.c) Las Universidades públicas.

Art 2.3.

a) Cualesquiera organismos públicos y entidades de derecho público vinculados o dependientes de las Administraciones públicas.

b) Las entidades de derecho privado vinculadas o dependientes de las Administraciones Públicas que quedarán sujetas a lo dispuesto en las normas de esta ley que específicamente se refieran a las mismas, en particular a los principios previstos en el artículo 3, y en todo caso, cuando ejerzan potestades administrativas.

c) Las Universidades públicas que se regirán por su normativa específica y supletoriamente por las previsiones de la presente ley.

4. a) Eficacia.

Art. 3.1.

Las Administraciones públicas sirven con objetividad los intereses generales y actúan de acuerdo con los principios de eficacia, jerarquía, descentralización, desconcentración y coordinación, con sometimiento pleno a la Constitución, a la Ley y al Derecho.

5. d) Todas son correctas.

Art. 3.1.

Las Administraciones públicas sirven con objetividad los intereses generales y actúan de acuerdo con los principios de eficacia, jerarquía, descentralización, desconcentración y coordinación, con sometimiento pleno a la Constitución, a la Ley y al Derecho.

Deberán respetar en su actuación y relaciones los siguientes principios:

a) Servicio efectivo a los ciudadanos.

b) Simplicidad, claridad y proximidad a los ciudadanos.

c) Participación, objetividad y transparencia de la actuación administrativa.

d) Racionalización y agilidad de los procedimientos administrativos y de las actividades materiales de gestión.

e) Buena fe, confianza legítima y lealtad institucional.

f) Responsabilidad por la gestión pública.

g) Planificación y dirección por objetivos y control de la gestión y evaluación de los resultados de las políticas públicas.

h) Eficacia en el cumplimiento de los objetivos fijados.

i) Economía, suficiencia y adecuación estricta de los medios a los fines institucionales.

j) Eficiencia en la asignación y utilización de los recursos públicos.

k) Cooperación, colaboración y coordinación entre las Administraciones públicas.

6. a) Medios electrónicos.

Art. 3.2.

Las Administraciones públicas se relacionarán entre sí y con sus órganos, organismos públicos y entidades vinculados o dependientes a través de medios electrónicos, que aseguren la interoperabilidad y seguridad de los sistemas y soluciones adoptadas por cada una de ellas, garantizarán la protección de los datos de carácter personal, y facilitarán preferentemente la prestación conjunta de servicios a los interesados.

7. a) Aplicar el principio de proporcionalidad.

Art. 4.1.

Las Administraciones públicas que, en el ejercicio de sus respectivas competencias, establezcan medidas que limiten el ejercicio de derechos individuales o colectivos o exijan el cumplimiento de requisitos para el desarrollo de una actividad, deberán aplicar el principio de proporcionalidad y elegir la medida menos restrictiva, motivar su necesidad para la protección del interés público así como justificar su adecuación para lograr los fines que se persiguen, sin que en ningún caso se produzcan diferencias de trato discriminatorias. Asimismo deberán evaluar periódicamente los efectos y resultados obtenidos.

8. d) Todas son correctas.

Art. 5.3.

La creación de cualquier órgano administrativo exigirá, al menos, el cumplimiento de los siguientes requisitos:

a) Determinación de su forma de integración en la Administración pública de que se trate y su dependencia jerárquica.

b) Delimitación de sus funciones y competencias.

c) Dotación de los créditos necesarios para su puesta en marcha y funcionamiento.

9. b) No.

Art. 5.4.

No podrán crearse nuevos órganos que supongan duplicación de otros ya existentes si al mismo tiempo no se suprime o restringe debidamente la competencia de estos. A este objeto, la creación de un nuevo órgano solo tendrá lugar previa comprobación de que no existe otro en la misma Administración pública que desarrolle igual función sobre el mismo territorio y población.

10. c) Ambas son correctas.

Art. 6.1.

Los órganos administrativos podrán dirigir las actividades de sus órganos jerárquicamente dependientes mediante instrucciones y órdenes de servicio.

11. b) No podrán estar sujetos a dependencia jerárquica, ya sea orgánica o funcional.

Art. 7.

La Administración consultiva podrá articularse mediante órganos específicos dotados de autonomía orgánica y funcional con respecto a la Administración activa, o a través de los servicios de esta última que prestan asistencia jurídica.

En tal caso, dichos servicios no podrán estar sujetos a dependencia jerárquica, ya sea orgánica o funcional, ni recibir instrucciones, directrices o cualquier clase de indicación de los órganos que hayan elaborado las disposiciones o producido los actos objeto de consulta, actuando para cumplir con tales garantías de forma colegiada.

12. a) No afecta por sí solo a la validez de los actos dictados por los órganos administrativos.

Art. 6.

Los órganos administrativos podrán dirigir las actividades de sus órganos jerárquicamente dependientes mediante instrucciones y órdenes de servicio.

El incumplimiento de las instrucciones u órdenes de servicio no afecta por sí solo a la validez de los actos dictados por los órganos administrativos, sin perjuicio de la responsabilidad disciplinaria en que se pueda incurrir.

13. c) Es irrenunciable.

Art. 8.1.

La competencia es irrenunciable y se ejercerá por los órganos administrativos que la tengan atribuida como propia, salvo los casos de delegación o avocación, cuando se efectúen en los términos previstos en esta u otras leyes.

14. a) No suponen alteración de la titularidad de la competencia.

Art. 8.

La competencia es irrenunciable y se ejercerá por los órganos administrativos que la tengan atribuida como propia, salvo los casos de delegación o avocación, cuando se efectúen en los términos previstos en esta u otras leyes.

La delegación de competencias, las encomiendas de gestión, la delegación de firma y la suplencia no suponen alteración de la titularidad de la competencia, aunque sí de los elementos determinantes de su ejercicio que en cada caso se prevén.

15. a) Desconcentradas en otros jerárquicamente dependientes de aquellos.

Art. 8.2.

La titularidad y el ejercicio de las competencias atribuidas a los órganos administrativos podrán ser desconcentradas en otros jerárquicamente dependientes de aquellos en los términos y con los requisitos que prevean las propias normas de atribución de competencias.

16. b) Los órganos inferiores competentes por razón de la materia y del territorio.

Art. 8.3.

Si alguna disposición atribuye la competencia a una Administración, sin especificar el órgano que debe ejercerla, se entenderá que la facultad de instruir y resolver los expedientes corresponde a los órganos inferiores competentes por razón de la materia y del territorio.

17. a) Previamente por el órgano ministerial de quien dependa el órgano delegante.

Art. 9.1.

En el ámbito de la Administración General del Estado, la delegación de competencias deberá ser aprobada previamente por el órgano ministerial de quien dependa el órgano delegante y en el caso de los Organismos públicos o Entidades vinculados o dependientes, por el órgano máximo de dirección, de acuerdo con sus normas de creación.

18.d) Todas son correctas.

Art. 9.2.

En ningún caso podrán ser objeto de delegación las competencias relativas a:

a) Los asuntos que se refieran a relaciones con la Jefatura del Estado, la Presidencia del Gobierno de la Nación, las Cortes Generales, las Presidencias de los Consejos de Gobierno de las Comunidades Autónomas y las Asambleas Legislativas de las Comunidades Autónomas.

b) La adopción de disposiciones de carácter general.

c) La resolución de recursos en los órganos administrativos que hayan dictado los actos objeto de recurso.

d) Las materias en que así se determine por norma con rango de ley.

19. d) Las respuestas a) y b) son correctas.

Art. 9.2.

En ningún caso podrán ser objeto de delegación las competencias relativas a:

a) Los asuntos que se refieran a relaciones con la Jefatura del Estado, la Presidencia del Gobierno de la Nación, las Cortes Generales, las Presidencias de los Consejos de Gobierno de las Comunidades autónomas y las Asambleas Legislativas de las Comunidades autónomas.

b) La adopción de disposiciones de carácter general.

c) La resolución de recursos en los órganos administrativos que hayan dictado los actos objeto de recurso.

d) Las materias en que así se determine por norma con rango de ley.

20. b) Salvo autorización expresa de una ley.

Art. 9.5.

Salvo autorización expresa de una ley, no podrán delegarse las competencias que se ejerzan por delegación.

21. a) Revocable en cualquier momento por el órgano que la haya conferido.

Art 9.6. La delegación será revocable en cualquier momento por el órgano que la haya conferido.

22. c) Ambas son correctas.

Art. 10 . En todo caso, la avocación se realizará mediante acuerdo motivado que deberá ser notificado a los interesados en el procedimiento, si los hubiere, con anterioridad o simultáneamente a la resolución final que se dicte.

23. c) Prestaciones propias de los contratos regulados en la legislación de contratos del sector público.

Art. 11.

Las encomiendas de gestión no podrán tener por objeto prestaciones propias de los contratos regulados en la legislación de contratos del sector público. En tal caso, su naturaleza y régimen jurídico se ajustará a lo previsto en esta.

24. a) No supone cesión de la titularidad de la competencia.

Art. 11.2.

La encomienda de gestión no supone cesión de la titularidad de la competencia ni de los elementos sustantivos de su ejercicio, siendo responsabilidad del órgano o Entidad encomendante dictar cuantos actos o resoluciones de carácter jurídico den soporte o en los que se integre la concreta actividad material objeto de encomienda.

En todo caso, la Entidad u órgano encomendado tendrá la condición de encargado del tratamiento de los datos de carácter personal a los que pudiera tener acceso en ejecución de la encomienda de gestión, siéndole de aplicación lo dispuesto en la normativa de protección de datos de carácter personal.

25. b) Delegar la firma de sus resoluciones y actos administrativos en los titulares de los órganos o unidades administrativas que de ellos dependan, siempre dentro de unos límites.

Art. 12.

Los titulares de los órganos administrativos podrán, en materias de su competencia, que ostenten, bien por atribución, bien por delegación de competencias, delegar la firma de sus resoluciones y actos administrativos en los titulares de los órganos o unidades administrativas que de ellos dependan, dentro de los límites señalados en el artículo 9.

26. c) Para su validez no será necesaria su publicación.

Art. 12.2.

La delegación de firma no alterará la competencia del órgano delegante y para su validez no será necesaria su publicación.

27. a) Por quien designe el órgano administrativo inmediato superior de quien dependa.

Art. 13.1.

En la forma que disponga cada Administración pública, los titulares de los órganos administrativos podrán ser suplidos temporalmente en los supuestos de vacante, ausencia o enfermedad, así como en los casos en que haya sido declarada su abstención o recusación.

Si no se designa suplente, la competencia del órgano administrativo se ejercerá por quien designe el órgano administrativo inmediato superior de quien dependa.

28. d) Todas son correctas.

Art. 13.4.

En las resoluciones y actos que se dicten mediante suplencia, se hará constar esta circunstancia y se especificará el titular del órgano en cuya suplencia se adoptan y quien efectivamente está ejerciendo esta suplencia.

29. c) Las respuestas a) y b) son correctas.

Art. 14.3. Los conflictos de atribuciones solo podrán suscitarse entre órganos de una misma Administración no relacionados jerárquicamente, y respecto a asuntos sobre los que no haya finalizado el procedimiento administrativo.

30. c) Las respuestas a) y b) son correctas.

Art. 15.3.

El acuerdo de creación y las normas de funcionamiento de los órganos colegiados que dicten resoluciones que tengan efectos jurídicos frente a terceros deberán ser publicados en el Boletín o Diario Oficial de la Administración pública en que se integran. Adicionalmente, las Administraciones podrán publicarlos en otros medios de difusión que garanticen su conocimiento.

31. a) Un miembro del propio órgano.

Art. 16.

1. Los órganos colegiados tendrán un Secretario que podrá ser un miembro del propio órgano o una persona al servicio de la Administración pública correspondiente.

32. d) Todas son correctas.

Art. 16.

2. Corresponderá al Secretario velar por la legalidad formal y material de las actuaciones del órgano colegiado, certificar las actuaciones del mismo y garantizar que los procedimientos y reglas de constitución y adopción de acuerdos son respetadas.

33. a) Videoconferencias.

Art. 17.

Todos los órganos colegiados se podrán constituir, convocar, celebrar sus sesiones, adoptar acuerdos y remitir actas tanto de forma presencial como a distancia, salvo que su reglamento interno recoja expresa y excepcionalmente lo contrario.

En las sesiones que celebren los órganos colegiados a distancia, sus miembros podrán encontrarse en distintos lugares siempre y cuando se asegure por medios electrónicos, considerándose también tales los telefónicos, y audiovisuales, la identidad de los miembros o personas que los suplan, el contenido de sus manifestaciones, el momento en que éstas se producen, así como la interactividad e intercomunicación entre ellos en tiempo real y la disponibilidad de los medios durante la sesión. Entre otros, se considerarán incluidos entre los medios electrónicos válidos, el correo electrónico, las audioconferencias y las videoconferencias.

34. c) La mitad, al menos, de sus miembros.

Art. 17.

2. Para la válida constitución del órgano, a efectos de la celebración de sesiones, deliberaciones y toma de acuerdos, se requerirá la asistencia, presencial o a distancia, del Presidente y Secretario o en su caso, de quienes les suplan, y la de la mitad, al menos, de sus miembros.

35. b) Asistan todos los miembros del órgano colegiado y sea declarada la urgencia del asunto por el voto favorable de la mayoría.

Art. 17.

4. No podrá ser objeto de deliberación o acuerdo ningún asunto que no figure inclui- do en el orden del día, salvo que asistan todos los miembros del órgano colegiado y sea declarada la urgencia del asunto por el voto favorable de la mayoría.

36. a) Quedarán exentos de la responsabilidad que, en su caso, pueda derivarse de los acuerdos.

Art. 17.

5. Los acuerdos serán adoptados por mayoría de votos. Cuando se asista a distancia, los acuerdos se entenderán adoptados en el lugar donde tenga la sede el órgano colegiado y, en su defecto, donde esté ubicada la presidencia.

6. Cuando los miembros del órgano voten en contra o se abstengan, quedarán exen- tos de la responsabilidad que, en su caso, pueda derivarse de los acuerdos.

37. b) Por medios electrónicos, salvo que el interesado manifieste expresamente lo contrario.

Art. 17.

7. Quienes acrediten la titularidad de un interés legítimo podrán dirigirse al Secretario de un órgano colegiado para que les sea expedida certificación de sus acuerdos. La certificación será expedida por medios electrónicos, salvo que el interesado manifieste expresamente lo contrario y no tenga obligación de relacionarse con las Administraciones por esta vía.

38. d) Todas son correctas.

Art. 18.

De cada sesión que celebre el órgano colegiado se levantará acta por el Secretario, que especificará necesariamente los asistentes, el orden del día de la reunión, las cir- cunstancias del lugar y tiempo en que se ha celebrado, los puntos principales de las deliberaciones, así como el contenido de los acuerdos adoptados.

39. c) Podrá acompañar al acta de sesiones.

Art. 18.

Podrán grabarse las sesiones que celebre el órgano colegiado. El fichero resul- tante de la grabación, junto con la certificación expedida por el Secretario de la autenticidad e integridad del mismo, y cuantos documentos en soporte electró- nico se utilizasen como documentos de la sesión, podrán acompañar al acta de las sesiones, sin necesidad de hacer constar en ella los puntos principales de las deliberaciones.

40. c) Las respuestas a) y b) son correctas.

Art. 18.2.

El acta de cada sesión podrá aprobarse en la misma reunión o en la inmediata siguiente. El Secretario elaborará el acta con el visto bueno del Presidente y lo remitirá a través de medios electrónicos, a los miembros del órgano colegiado, quienes podrán manifestar por los mismos medios su conformidad o reparos al texto, a efectos de su aprobación, considerándose, en caso afirmativo, aprobada en la misma reunión.

41. a) Recibir, con una antelación mínima de dos días, la convocatoria conteniendo el orden del día de las reuniones.

Art. 19.3.

Los miembros del órgano colegiado deberán:

a) Recibir, con una antelación mínima de dos días, la convocatoria conteniendo el orden del día de las reuniones. La información sobre los temas que figuren en el orden del día estará a disposición de los miembros en igual plazo.

b) Participar en los debates de las sesiones.

c) Ejercer su derecho al voto y formular su voto particular, así como expresar el sentido de su voto y los motivos que lo justifican. No podrán abstenerse en las votaciones quienes por su cualidad de autoridades o personal al servicio de las Administraciones públicas, tengan la condición de miembros natos de órganos colegiados, en virtud del cargo que desempeñan.

d) Formular ruegos y preguntas.

e) Obtener la información precisa para cumplir las funciones asignadas.

f) Cuantas otras funciones sean inherentes a su condición.

42. b) Secretario.

Art. 19.4.

Corresponde al Secretario del órgano colegiado:

a) Asistir a las reuniones con voz pero sin voto, y con voz y voto si la Secretaría del órgano la ostenta un miembro del mismo.

b) Efectuar la convocatoria de las sesiones del órgano por orden del Presidente, así como las citaciones a los miembros del mismo.

c) Recibir los actos de comunicación de los miembros con el órgano, sean notificaciones, peticiones de datos, rectificaciones o cualquiera otra clase de escritos de los que deba tener conocimiento.

d) Preparar el despacho de los asuntos, redactar y autorizar las actas de las sesiones.

e) Expedir certificaciones de las consultas, dictámenes y acuerdos aprobados.

f) Cuantas otras funciones sean inherentes a su condición de Secretario.

43. a) Aporte en el acto, o en el plazo que señale el Presidente, el texto que se corresponda fielmente con su intervención.

Art. 19.5.

5. En el acta figurará, a solicitud de los respectivos miembros del órgano, el voto contrario al acuerdo adoptado, su abstención y los motivos que la justifiquen o el sentido de su voto favorable.

Asimismo, cualquier miembro tiene derecho a solicitar la transcripción íntegra de su intervención o propuesta, siempre que, en ausencia de grabación de la reunión aneja al acta, aporte en el acto, o en el plazo que señale el Presidente, el texto que se corresponda fielmente con su intervención, haciéndose así constar en el acta o uniéndose copia a la misma.

44. c) Por escrito en el plazo de dos días, que se incorporará al texto aprobado.

Art. 19.5.

Los miembros que discrepen del acuerdo mayoritario podrán formular voto particular por escrito en el plazo de dos días, que se incorporará al texto aprobado.

45. a) Tres o más personas, a los que se atribuyan funciones administrativas de decisión, propuesta, asesoramiento, seguimiento o control, y que actúen integrados en la Administración General del Estado o alguno de sus Organismos públicos.

Art. 20.

Son órganos colegiados aquellos que se creen formalmente y estén integrados por tres o más personas, a los que se atribuyan funciones administrativas de decisión, propuesta, asesoramiento, seguimiento o control, y que actúen integrados en la Administración General del Estado o alguno de sus Organismos públicos.

46. d) Todas son correctas.

Art. 20.

2. La constitución de un órgano colegiado en la Administración General del Estado y en sus Organismos públicos tiene como presupuesto indispensable la determinación en su norma de creación o en el convenio con otras Administraciones Públicas por el que dicho órgano se cree, de los siguientes extremos:

   a) Sus fines u objetivos.

   b) Su integración administrativa o dependencia jerárquica.

   c) La composición y los criterios para la designación de su Presidente y de los restantes miembros.

   d) Las funciones de decisión, propuesta, informe, seguimiento o control, así como cualquier otra que se le atribuya.

   e) La dotación de los créditos necesarios, en su caso, para su funcionamiento.

47. b) Aquellos cuyos miembros proceden de diferentes ministerios.

Art. 21.

Los órganos colegiados de la Administración General del Estado y de sus Organismos públicos, por su composición, se clasifican en:

a) Órganos colegiados interministeriales, si sus miembros proceden de diferentes Ministerios.

b) Órganos colegiados ministeriales, si sus componentes proceden de los órganos de un solo Ministerio.

48. c) Ambas son correctas.

Art. 21.

2. En los órganos colegiados a los que se refiere el apartado anterior, podrá haber representantes de otras Administraciones públicas, cuando estas lo acepten voluntariamente, cuando un convenio así lo establezca o cuando una norma aplicable a las Administraciones afectadas lo determine.

En la composición de los órganos colegiados podrán participar, cuando así se determine, organizaciones representativas de intereses sociales, así como otros miembros que se designen por las especiales condiciones de experiencia o conocimientos que concurran en ellos, en atención a la naturaleza de las funciones asignadas a tales órganos.

49. d) Todas son correctas.

Art. 22.

La creación de órganos colegiados de la Administración General del Estado y de sus Organismos públicos sólo requerirá de norma específica, con publicación en el «Boletín Oficial del Estado», en los casos en que se les atribuyan cualquiera de las siguientes competencias:

a) Competencias decisorias.

b) Competencias de propuesta o emisión de informes preceptivos que deban servir de base a decisiones de otros órganos administrativos.

c) Competencias de seguimiento o control de las actuaciones de otros órganos de la Administración General del Estado.

50. c) Real Decreto.

Art. 22.

2. En los supuestos enunciados en el apartado anterior, la norma de creación deberá revestir la forma de Real Decreto en el caso de los órganos colegiados interministeriales cuyo Presidente tenga rango superior al de Director general; Orden ministerial conjunta para los restantes órganos colegiados interministeriales, y Orden ministerial para los de este carácter.

El Secretario de estado tiene rango superior a Director General.

51. a) En la misma forma dispuesta para su creación.

Art. 22.

4. La modificación y supresión de los órganos colegiados y de los grupos o comisiones de trabajo de la Administración General del Estado y de los Organismos públicos se llevará a cabo en la misma forma dispuesta para su creación, salvo que ésta hubiera fijado plazo previsto para su extinción, en cuyo caso ésta se producirá automáticamente en la fecha señalada al efecto.

52. d) Haber intervenido como perito o como testigo en el procedimiento de que se trate.

Art. 23.

Las autoridades y el personal al servicio de las Administraciones en quienes se den algunas de las circunstancias señaladas en el apartado siguiente se abstendrán de intervenir en el procedimiento y lo comunicarán a su superior inmediato, quien resolverá lo procedente.

2. Son motivos de abstención los siguientes:

    a) Tener interés personal en el asunto de que se trate o en otro en cuya resolución pudiera influir la de aquél; ser administrador de sociedad o entidad interesada, o tener cuestión litigiosa pendiente con algún interesado.

    b) Tener un vínculo matrimonial o situación de hecho asimilable y el parentesco de consanguinidad dentro del cuarto grado o de afinidad dentro del segundo, con cualquiera de los interesados, con los administradores de entidades o sociedades interesadas y también con los asesores, representantes legales o mandatarios que intervengan en el procedimiento, así como compartir despacho profesional o estar asociado con éstos para el asesoramiento, la representación o el mandato.

    c) Tener amistad íntima o enemistad manifiesta con alguna de las personas mencionadas en el apartado anterior.

    d) Haber intervenido como perito o como testigo en el procedimiento de que se trate.

    e) Tener relación de servicio con persona natural o jurídica interesada directamente en el asunto, o haberle prestado en los dos últimos años servicios profesionales de cualquier tipo y en cualquier circunstancia o lugar.

53. a) No implicará, necesariamente, y en todo caso, la invalidez de los actos en que hayan intervenido.

Art. 23.4.

4. La actuación de autoridades y personal al servicio de las Administraciones Públicas en los que concurran motivos de abstención no implicará, necesariamente, y en todo caso, la invalidez de los actos en que hayan intervenido.

54. a) Por escrito.

Art. 24.

En los casos previstos en el artículo anterior, podrá promoverse recusación por los interesados en cualquier momento de la tramitación del procedimiento.

2. La recusación se planteará por escrito en el que se expresará la causa o causas en que se funda.

55. d) Al día siguiente.

Art. 24.

3. En el día siguiente el recusado manifestará a su inmediato superior si se da o no en él la causa alegada. En el primer caso, si el superior aprecia la concurrencia de la causa de recusación, acordará su sustitución acto seguido.

56. c) 4 días.

Art. 24.

4. Si el recusado niega la causa de recusación, el superior resolverá en el plazo de tres días, previos los informes y comprobaciones que considere oportunos.

57. a) No cabrá recurso.

Art. 25.

5. Contra las resoluciones adoptadas en esta materia no cabrá recurso, sin perjuicio de la posibilidad de alegar la recusación al interponer el recurso que proceda contra el acto que ponga fin al procedimiento.

58. d) Todas pueden ser correctas.

Art. 25.

La potestad sancionadora de las Administraciones públicas se ejercerá cuando haya sido expresamente reconocida por una norma con rango de ley, con aplicación del procedimiento previsto para su ejercicio y de acuerdo con lo establecido en esta ley y en la Ley de Procedimiento Administrativo Común de las Administraciones Públicas y, cuando se trate de Entidades Locales, de conformidad con lo dispuesto en el Título XI de la Ley 7/1985, de 2 de abril.

Todas las normas indicadas en la respuesta son normas con rango de ley.

59. c) Ambas son correctas.

Art. 25.

2. El ejercicio de la potestad sancionadora corresponde a los órganos administrativos que la tengan expresamente atribuida, por disposición de rango legal o reglamentario.

60. d) Todas son correctas.

Art. 26.

Serán de aplicación las disposiciones sancionadoras vigentes en el momento de producirse los hechos que constituyan infracción administrativa.

Las disposiciones sancionadoras producirán efecto retroactivo en cuanto favorezcan al presunto infractor o al infractor, tanto en lo referido a la tipificación de la infracción como a la sanción y a sus plazos de prescripción, incluso respecto de las sanciones pendientes de cumplimiento al entrar en vigor la nueva disposición.

61. b) Previstas en una ley, con excepciones.

Art. 27.

Solo constituyen infracciones administrativas las vulneraciones del ordenamiento jurídico previstas como tales infracciones por una ley, sin perjuicio de lo dispuesto para la Administración Local en el Título XI de la Ley 7/1985, de 2 de abril.

Las infracciones administrativas se clasificarán por la ley en leves, graves y muy graves.

62. a) Las disposiciones reglamentarias de desarrollo.

Art. 27.

3. Las disposiciones reglamentarias de desarrollo podrán introducir especificaciones o graduaciones al cuadro de las infracciones o sanciones establecidas legalmente que, sin constituir nuevas infracciones o sanciones, ni alterar la naturaleza o límites de las que la Ley contempla, contribuyan a la más correcta identificación de las conductas o a la más precisa determinación de las sanciones correspondientes.

63. c) Analógica.

Art. 27.

4. Las normas definidoras de infracciones y sanciones no serán susceptibles de aplicación analógica.

64. d) Todas son correctas.

Art. 28.

Solo podrán ser sancionadas por hechos constitutivos de infracción administrativa las personas físicas y jurídicas, así como, cuando una ley les reconozca capacidad de obrar, los grupos de afectados, las uniones y entidades sin personalidad jurídica y los patrimonios independientes o autónomos, que resulten responsables de los mismos a título de dolo o culpa.

65. a) Solidaria.

Art. 28.

3. Cuando el cumplimiento de una obligación establecida por una norma con rango de ley corresponda a varias personas conjuntamente, responderán de forma solidaria de las infracciones que, en su caso, se cometan y de las sanciones que se impongan. No obstante, cuando la sanción sea pecuniaria y sea posible se individualizará en la resolución en función del grado de participación de cada responsable.

66. a) En ningún caso podrán implicar, directa o subsidiariamente, privación de libertad.

Art. 29.

Las sanciones administrativas, sean o no de naturaleza pecuniaria, en ningún caso podrán implicar, directa o subsidiariamente, privación de libertad.

67. b) No resulte más beneficioso para el infractor que el cumplimiento de las normas infringidas.

Art. 29.

2. El establecimiento de sanciones pecuniarias deberá prever que la comisión de las infracciones tipificadas no resulte más beneficioso para el infractor que el cumplimiento de las normas infringidas.

68. d) Todas son correctas.

Art. 29.

3. En la determinación normativa del régimen sancionador, así como en la imposición de sanciones por las Administraciones públicas se deberá observar la debida idoneidad y necesidad de la sanción a imponer y su adecuación a la gravedad del hecho constitutivo de la infracción. La graduación de la sanción considerará especialmente los siguientes criterios:

a) El grado de culpabilidad o la existencia de intencionalidad.

b) La continuidad o persistencia en la conducta infractora.

c) La naturaleza de los perjuicios causados.

d) La reincidencia, por comisión en el término de un año de más de una infracción de la misma naturaleza cuando así haya sido declarado por resolución firme en vía administrativa.

69. d) En el grado inferior.

Art. 29.

4. Cuando lo justifique la debida adecuación entre la sanción que deba aplicarse con la gravedad del hecho constitutivo de la infracción y las circunstancias concurrentes, el órgano competente para resolver podrá imponer la sanción en el grado inferior.

70. a) Más grave cometida.

Art. 29.

5. Cuando de la comisión de una infracción derive necesariamente la comisión de otra u otras, se deberá imponer únicamente la sanción correspondiente a la infracción más grave cometida.

71. c) A los tres años.

Art. 30.

Las infracciones y sanciones prescribirán según lo dispuesto en las leyes que las establezcan. Si estas no fijan plazos de prescripción, las infracciones muy graves prescribirán a los tres años, las graves a los dos años y las leves a los seis meses; las sanciones impuestas por faltas muy graves prescribirán a los tres años, las impuestas por faltas graves a los dos años y las impuestas por faltas leves al año.

72. b) Desde el día en que la infracción se hubiera cometido.

Art. 30.

2. El plazo de prescripción de las infracciones comenzará a contarse desde el día en que la infracción se hubiera cometido. En el caso de infracciones continuadas o permanentes, el plazo comenzará a correr desde que finalizó la conducta infractora.

73. a) Un mes por causa no imputable al presunto responsable.

Art. 30.

Interrumpirá la prescripción la iniciación, con conocimiento del interesado, de un procedimiento administrativo de naturaleza sancionadora, reiniciándose el plazo de prescripción si el expediente sancionador estuviera paralizado durante más de un mes por causa no imputable al presunto responsable.

74. c) Más de un mes por causa no imputable al infractor.

Art. 30.

Interrumpirá la prescripción la iniciación, con conocimiento del interesado, del procedimiento de ejecución, volviendo a transcurrir el plazo si aquel está paralizado durante más de un mes por causa no imputable al infractor.

75. d) Todas son correctas.

Art. 31.

No podrán sancionarse los hechos que lo hayan sido penal o administrativamente, en los casos en que se aprecie identidad del sujeto, hecho y fundamento.

76. d) Las personas físicas y jurídicas, así como, cuando una ley les reconozca capacidad de obrar, los grupos de afectados, las uniones y entidades sin personalidad jurídica y los patrimonios independientes o autónomos, que resulten responsables de los mismos a título de dolo o culpa.

En relación con la potestad sancionadora, el artículo 28.1 de la LRJSP extiende el ejercicio de la potestad sancionadora no solo a las personas físicas y jurídicas, sino también sobre "los grupos de afectados, las uniones y entidades sin personalidad jurídica y los patrimonios independientes o autónomos", que resulten responsables de los mismos a título de dolo o culpa, "cuando una ley les reconozca capacidad de obrar".

Esta previsión es consecuencia de lo dispuesto en el artículo 3.c) de la LPACAP, que atribuye la capacidad de obrar en el procedimiento administrativo, a los grupos de afectados, las uniones y entidades sin personalidad jurídica y los patrimonios independientes o autónomos, cuando una previsión legal así lo establezca.

77. a) La exigencia al infractor de la reposición de la situación alterada por el mismo a su estado originario, así como con la indemnización por los daños y perjuicios causados, que será determinada y exigida por el órgano al que corresponda el ejercicio de la potestad sancionadora.

Las responsabilidades administrativas que se deriven de la comisión de una infracción serán compatibles con la exigencia al infractor de la reposición de la situación alterada por el mismo a su estado originario, así como con la indemnización por los daños y perjuicios causados, que será determinada y exigida por el órgano al que corresponda el ejercicio de la potestad sancionadora. De no satisfacerse la indemnización en el plazo que al efecto se determine en función de su cuantía, se procederá en la forma prevista en el artículo 101 de la LPACAP (la Administración tramitará el procedimiento "apremio sobre el patrimonio" para el cobro de la indemnización).

78. b) De forma solidaria de las infracciones que, en su caso, se cometan y de las sanciones que se impongan. No obstante, cuando la sanción sea pecuniaria y sea posible se individualizará en la resolución en función del grado de participación de cada responsable.

El artículo 28.3 de la LRJSP establece el principio de responsabilidad solidaria por infracciones y sanciones derivadas de obligaciones conjuntas. Sin embargo, se introduce, en el caso de las sanciones pecuniarias, la posibilidad de individualización de la sanción en función del grado de participación de cada responsable. Dicha individualización se fijará en la resolución.

Concretamente, se indica que cuando el cumplimiento de una obligación establecida por una norma con rango de ley corresponda a varias personas conjuntamente, responderán de forma solidaria de las infracciones que, en su caso, se cometan y de las sanciones que se impongan. No obstante, cuando la sanción sea pecuniaria y sea posible se individualizará en la resolución en función del grado de participación de cada responsable.

79. b) Por medio del procedimiento de apremio sobre el patrimonio.

Las responsabilidades administrativas que se deriven de la comisión de una infracción serán compatibles con la exigencia al infractor de la reposición de la situación alterada por el mismo a su estado originario, así como con la indemnización por los daños y perjuicios causados, que será determinada y exigida por el órgano al que corresponda el ejercicio de la potestad sancionadora. De no satisfacerse la indemnización en el plazo que al efecto se determine en función de su cuantía, se procederá en la forma prevista en el artículo 101 de la Ley del Procedimiento Administrativo Común de las Administraciones públicas, es decir, por el procedimiento de apremio sobre el patrimonio.

80. c) En las leyes reguladoras de los distintos regímenes sancionadores.

Como regla general, solo serán castigados por hechos constitutivos de infracción administrativa aquellos sujetos que resulten responsables de los mismos "a título de dolo o culpa", como indica el artículo 28.1 de la LRJSP, lo que implicaría, entre otros efectos, que no se pueda sancionar a personas que no hayan participado en la comisión de los citados hechos.

Por tanto, solo podrían considerarse responsables de una infracción y, en consecuencia, ser sancionados, aquellos sujetos que fueran los" autores" de los hechos constitutivos de la citada infracción, entendiendo por tales a "quienes realizan el hecho por sí solos, conjuntamente o por medio de otro del que se sirven como instrumento", así como a "los que inducen directamente a otro u otros a ejecutarlo" y "los que cooperan a su ejecución con un acto sin el cual no se habría efectuado",

En este sentido, se considerarían responsables de una infracción administrativa a los autores *stricto sensu*, a los inductores y a los cooperadores necesarios, siempre que pueda imputárseles su comisión "a título de dolo o culpa". Normalmente, "autor" y "responsable" de una infracción administrativa son condiciones que recaen sobre una misma persona. Sin embargo, los conceptos de "autor" y "responsable" de una infracción administrativa parecen disociarse en el caso de la denominada "culpa *in vigilando*" contemplada en el artículo 28.4 de la LRJSP.

Cuando el inciso final del artículo 28.4 de la LRJSP establece que las leyes reguladoras de los distintos regímenes sancionadores contemplen "los supuestos en que determinadas personas responderán del pago de las sanciones pecuniarias impuestas a quienes de ellos dependan o estén vinculadas", parece establecer una responsabilidad de tipo objetivo, es decir, independiente de la culpabilidad del sujeto, pues admite que quien no ha participado en absoluto en la comisión de una infracción como autor, inductor o cooperador necesario, se vea legalmente abocado a afrontar sus consecuencias, exigiéndosele el pago de la sanción y de la oportuna reparación. Por lo tanto, en estos casos se es responsable de una infracción no por ser culpable de su comisión, sino porque así lo establece la ley. En estos casos, actúa la figura del "garante".

En este sentido, el ordenamiento jurídico impone a ciertas personas la obligación legal de evitar que "otros que se hallan bajo su dependencia o con los que tiene una vinculación especial" cometan infracciones, por lo que, si se llegaran a producirse tales infracciones, aquellos serían responsables de estos comportamientos por incumplir su "deber de vigilancia". En este sentido, la infracción se produce porque la persona a quien la ley coloca en la posición de "garante" incurre en "culpa *in vigilando*", al desatender su obligación de prevenirla, con lo que se convierte en "cooperador necesario" de su comisión.

81. d) En ningún caso podrán implicar, directa o subsidiariamente, privación de libertad.

La LRJSP desarrolla el principio de proporcionalidad de la potestad sancionadora, partiendo de la premisa de prohibición de imponer penas privativas de libertad, que establece el artículo 25.3 de la CE, cuando dice que "La Administración civil no podrá imponer sanciones que, directa o subsidiariamente, impliquen privación de libertad".

En este sentido, el artículo 29.1 de la LRJSP dispone que las sanciones administrativas, sean o no de naturaleza pecuniaria, en ningún caso podrán implicar, directa o subsidiariamente, privación de libertad.

En todo caso, el establecimiento de sanciones pecuniarias deberá prever que la comisión de las infracciones tipificadas no resulte más beneficioso para el infractor que el cumplimiento de las normas infringidas.

82. c) La debida idoneidad y necesidad de la sanción a imponer y su adecuación a la gravedad del hecho constitutivo de la infracción.

El principio de proporcionalidad tiene como función ajustar las sanciones administrativas a la infracción que se haya cometido y opera teniendo en cuenta que, el artículo 25.1 de la CE, establece la obligatoriedad de la existencia de una norma legal que tipifique las sanciones e infracciones, cuando dice que: "Nadie puede ser condenado o sancionado por acciones u omisiones que en el momento de producirse no constituyan delito, falta o infracción administrativa, según la legislación vigente en aquel momento".

En este marco, el artículo 29.3 de la LRJSP establece que en la determinación normativa del régimen sancionador, así como en la imposición de sanciones por las Administraciones públicas se deberá observar la debida idoneidad y necesidad de la sanción a imponer y su adecuación a la gravedad del hecho constitutivo de la infracción.

83. a) La continuidad o persistencia en la conducta infractora.

En la determinación normativa del régimen sancionador, así como en la imposición de sanciones por las Administraciones públicas se deberá observar la debida idoneidad y necesidad de la sanción a imponer y su adecuación a la gravedad del hecho constitutivo de la infracción.

La graduación de la sanción considerará especialmente los siguientes criterios:

a) El grado de culpabilidad o la existencia de intencionalidad.

b) La continuidad o persistencia en la conducta infractora.

c) La naturaleza de los perjuicios causados.

d) La reincidencia, por comisión en el término de un año de más de una infracción de la misma naturaleza cuando así haya sido declarado por resolución firme en vía administrativa.

84. b) Podrá imponer la sanción en el grado inferior, cuando lo justifique la debida adecuación entre la sanción que deba aplicarse con la gravedad del hecho constitutivo de la infracción y las circunstancias concurrentes.

Cuando lo justifique la debida adecuación entre la sanción que deba aplicarse con la gravedad del hecho constitutivo de la infracción y las circunstancias concurrentes, el órgano competente para resolver podrá imponer la sanción en el grado inferior.

85. a) Se deberá imponer únicamente la sanción correspondiente a la infracción más grave cometida.

Cuando de la comisión de una infracción derive necesariamente la comisión de otra u otras, se deberá imponer únicamente la sanción correspondiente a la infracción más grave cometida.

86. c) Será sancionable como infracción continuada.

El artículo 29.6 de la LRJSP se refiere a la infracción continuada, estableciendo que será sancionable, como infracción continuada, la realización de una pluralidad de acciones u omisiones que infrinjan el mismo o semejantes preceptos administrativos, en ejecución de un plan preconcebido o aprovechando idéntica ocasión.

En el mismo sentido, el artículo 63.3 de la LPACAP dispone que: "No se podrán iniciar nuevos procedimientos sancionadores por hechos o conductas tipificadas como infracciones en cuya comisión el infractor persista de forma continuada, en tanto no haya recaído una primera resolución sancionadora de los mismos, con carácter ejecutivo".

La infracción continuada, entre otros aspectos, persigue evitar que el infractor pueda verse favorecido por la escasa entidad de la sanción correspondiente a cada una de las acciones ilícitas singularmente consideradas.

87. b) Según lo dispuesto en las leyes que las establezcan. Si estas no fijan plazos de prescripción, las infracciones muy graves prescribirán a los tres años, las graves a los dos años y las leves a los seis meses.

Las infracciones y sanciones prescribirán según lo dispuesto en las leyes que las establezcan. Si estas no fijan plazos de prescripción, las infracciones muy graves prescribirán a los tres años, las graves a los dos años y las leves a los seis meses; las sanciones impuestas por faltas muy graves prescribirán a los tres años, las impuestas por faltas graves a los dos años y las impuestas por faltas leves al año.

88. b) Desde que finalizó la conducta infractora.

Como regla general, el plazo de prescripción de las infracciones comenzará a contarse desde el día en que la infracción se hubiera cometido.

Sin embargo, en el caso de "infracciones continuadas o permanentes", la consumación se produce con la realización del último acto, por eso el plazo de prescripción comenzará a correr "desde que finalizó la conducta infractora".

89. c) Con la iniciación, con conocimiento del interesado, de un procedimiento administrativo de naturaleza sancionadora, reiniciándose el plazo de prescripción si el expediente sancionador estuviera paralizado durante más de un mes por causa no imputable al presunto responsable.

El plazo de prescripción de una infracción administrativa se inicia desde el momento en que la infracción se comete, o desde que cesa, si es permanente o continuada, y no se interrumpe hasta que se le comunica al administrado el inicio del procedimiento sancionador.

Por tanto, se interrumpirá la prescripción con la iniciación, con conocimiento del interesado, de un procedimiento administrativo de naturaleza sancionadora, reiniciándose el plazo de prescripción si el expediente sancionador estuviera paralizado durante más de un mes por causa no imputable al presunto responsable.

90. c) Desde el día siguiente a aquel en que sea ejecutable la resolución por la que se impone la sanción o haya transcurrido el plazo para recurrirla.

El plazo de prescripción de las sanciones comenzará a contarse desde el día siguiente a aquel en que sea ejecutable la resolución por la que se impone la sanción o haya transcurrido el plazo para recurrirla.

Interrumpirá la prescripción la iniciación, con conocimiento del interesado, del procedimiento de ejecución, volviendo a transcurrir el plazo si aquel está paralizado durante más de un mes por causa no imputable al infractor.

En el caso de desestimación presunta del recurso de alzada interpuesto contra la resolución por la que se impone la sanción, el plazo de prescripción de la sanción comenzará a contarse desde el día siguiente a aquel en que finalice el plazo legalmente previsto para la resolución de dicho recurso.

91. c) Identidad del sujeto, hecho y fundamento.

El artículo 31 de la LRJSP se refiere a la "concurrencia de sanciones" y consagra el "principio de *non bis in idem* que es una garantía con la que cuenta todo ciudadano para no ser perseguido o sancionado dos veces por el mismo hecho punible.

El principio de *non bis in idem* solo podrá ser aplicado cuando concurra la "triple identidad" entre los siguientes elementos:

1. Identidad subjetiva, de forma que el sujeto afectado tiene que ser el mismo.

2. Identidad fáctica, lo que implica que los hechos enjuiciados han de ser los mismos.

3. Identidad de fundamento, es decir, que las medidas sancionadoras respondan de una misma naturaleza.

92. d) En cualquiera de sus bienes y derechos, siempre que la lesión sea consecuencia del funcionamiento normal o anormal de los servicios públicos salvo en los casos de fuerza mayor o de daños que el particular tenga el deber jurídico de soportar de acuerdo con la ley.

Los particulares tendrán derecho a ser indemnizados por las Administraciones públicas correspondientes, de toda lesión que sufran en cualquiera de sus "bienes y derechos", siempre que la lesión sea consecuencia del "funcionamiento normal o anormal" de los servicios públicos salvo en los casos de fuerza mayor o de daños que el particular tenga el deber jurídico de soportar de acuerdo con la ley.

Asimismo, los particulares tendrán derecho a ser indemnizados por las Administraciones públicas de toda lesión que sufran en sus bienes y derechos como consecuencia de la aplicación de actos legislativos de naturaleza "no expropiatoria" de derechos que no tengan el deber jurídico de soportar cuando así se establezca en los propios actos legislativos y en los términos que en ellos se especifiquen.

93. a) Por la Ley Orgánica 6/1985, de 1 de julio, del Poder Judicial.

La responsabilidad patrimonial del Estado por el funcionamiento de la Administración de Justicia se regirá por la Ley Orgánica 6/1985, de 1 de julio, del Poder Judicial.

94. b) En todo caso, de forma solidaria.

Cuando de la gestión dimanante de fórmulas conjuntas de actuación entre varias Administraciones públicas se derive responsabilidad en los términos previstos en la presente ley, las Administraciones intervinientes responderán frente al particular, en todo caso, de forma solidaria. El instrumento jurídico regulador de la actuación conjunta podrá determinar la distribución de la responsabilidad entre las diferentes Administraciones públicas.

En otros supuestos de concurrencia de varias Administraciones en la producción del daño, la responsabilidad se fijará para cada Administración atendiendo a los criterios de competencia, interés público tutelado e intensidad de la intervención. La responsabilidad será solidaria cuando no sea posible dicha determinación.

95. d) Las lesiones producidas al particular, solo si provenientes de daños que este no tenga el deber jurídico de soportar de acuerdo con la ley.

Solo serán indemnizables las lesiones producidas al particular provenientes de daños que este no tenga el deber jurídico de soportar de acuerdo con la ley. No serán indemnizables los daños que se deriven de hechos o circunstancias que no se hubiesen podido prever o evitar según el estado de los conocimientos de la ciencia o de la técnica existentes en el momento de producción de aquellos, todo ello sin perjuicio de las prestaciones asistenciales o económicas que las leyes puedan establecer para estos casos.

96. b) Los particulares exigirán directamente a la Administración pública correspondiente las indemnizaciones por los daños y perjuicios causados por las autoridades y personal a su servicio.

Los particulares no pueden exigir la responsabilidad patrimonial que establece la LRJSP a las autoridades y personal al servicio de las Administraciones públicas, ya que la responsabilidad patrimonial de la Administración es "directa" tal y como establece el artículo 36. 1 de la LRJSP, que dispone que "para hacer efectiva la responsabilidad patrimonial a que se refiere esta ley, los particulares exigirán "directamente a la Administración pública correspondiente" las indemnizaciones por los daños y perjuicios causados por las autoridades y personal a su servicio".

97.c) Cuando la Administración correspondiente hubiere indemnizado a los lesionados, exigirá de oficio en vía administrativa de sus autoridades y demás personal a su servicio la responsabilidad en que hubieran incurrido por dolo, o culpa o negligencia grave, previa instrucción del correspondiente procedimiento.

La responsabilidad patrimonial de la Administración pública por los daños y perjuicios causados a terceros por las autoridades y personal al servicio de la misma es de carácter directo. Los particulares exigirán directamente a la Administración pública las indemnizaciones que procedan para la reparación de los daños sufridos por las actuaciones de las autoridades y de los empleados públicos.

Una vez que la Administración correspondiente hubiere indemnizado a los lesionados, ella misma "exigirá de oficio en vía administrativa de sus autoridades y demás personal a su servicio la responsabilidad en que hubieran incurrido por dolo, o culpa o negligencia graves, previa instrucción del correspondiente procedimiento".

Por tanto, los particulares no pueden exigir la responsabilidad patrimonial a las autoridades y personal al servicio de las Administraciones públicas, sino que deberán exigirán las indemnizaciones por los daños y perjuicios causados, directamente, a la Administración pública correspondiente.

Cuestión distinta es el deber que pesa sobre la Administración, de exigir de oficio, en vía administrativa, a las autoridades y demás personal a su servicio la responsabilidad en que estos hubieran incurrido e, una vez que hubieran sido determinada la indemnización a abonar.

Esta acción se denomina "acción de regreso" y supone que: la Administración perjudicada tiene el derecho-deber legal de reclamar la oportuna compensación, por vía de repetición, frente a la autoridad o empleado público causante del daño, siempre que en su actuación, a la vista de las circunstancias que concurren en el caso concreto, pueda apreciarse dolo, o culpa o negligencia graves. La Administración no tiene la potestad discrecional de decidir si exige, o no, la pertinente responsabilidad, sino que, en la medida en que es gestora de intereses públicos, viene obligada a su exigencia.

98. b) Se ponderarán, entre otros, los siguientes criterios: el resultado dañoso producido, el grado de culpabilidad, la responsabilidad profesional del personal al servicio de las Administraciones públicas y su relación con la producción del resultado dañoso.

Para la exigencia de dicha responsabilidad y, en su caso, para su cuantificación, se ponderarán, entre otros, los siguientes criterios: el resultado dañoso producido, el grado de culpabilidad, la responsabilidad profesional del personal al servicio de las Administraciones públicas y su relación con la producción del resultado dañoso.

99. a) El procedimiento para la exigencia de la responsabilidad de las autoridades y demás personal al servicio de la Administración, por la responsabilidad en que hubieran incurrido por dolo, o culpa o negligencia grave se sustanciará conforme a lo dispuesto en la LPACAP y se iniciará, de oficio, por acuerdo del órgano competente que se notificará a los interesados.

Para dar cumplimiento a la exigencia que tiene la Administración, de exigir, de oficio, en vía administrativa, la responsabilidad en que hubieran incurrido las autoridades y demás personal a su servicio, por dolo o culpa o negligencia grave, se deberá instruir el correspondiente procedimiento administrativo, debiendo ponderar para su fijación, entre otros, los criterios previstos en el párrafo segundo del artículo 36.2 de la LRJSP, es decir, el resultado dañoso producido, el grado de culpabilidad, la responsabilidad profesional del personal al servicio de las Administraciones públicas y su relación con la producción del resultado dañoso.

El procedimiento para la exigencia de la responsabilidad en que hubieran incurrido las citadas autoridades y/o el personal a su servicio (así como el procedimiento por los daños y perjuicios causados en los bienes o derechos) se sustanciará conforme a lo dispuesto en la LPACAP y se iniciará por acuerdo del órgano competente que se notificará a los interesados y que constará, como mínimo, de una serie de trámites establecidos en el artículo 36.4 de la LRJSP (alegaciones, pruebas, audiencia, propuesta de resolución y resolución).

100. b) Un plazo de diez días.

Como pautas procedimentales para el ejercicio de la denominada "acción de regreso" para exigir la responsabilidad patrimonial en que hubiesen incurrido las autoridades y el personal al servicio de la Administración, el artículo 36.4 de la LRJSP se remite, en cuanto a la sustanciación de este procedimiento, a la LPACAP (en concreto, a las disposiciones sobre el procedimiento administrativo común), sin perjuicio de las cuales, resultarán de aplicación las reglas procedimentales específicas contempladas en el citado artículo 36.4 de la LRJSP, que dispone que:

El procedimiento se iniciará por acuerdo del órgano competente, que se notificará a los interesados y que constará, al menos, de los siguientes trámites:

a) Alegaciones durante un plazo de quince días.

b) Práctica de las pruebas admitidas y cualesquiera otras que el órgano competente estime oportunas durante un plazo de quince días.

c) Audiencia durante un plazo de diez días.

d) Formulación de la propuesta de resolución en un plazo de cinco días a contar desde la finalización del trámite de audiencia.

e) Resolución por el órgano competente en el plazo de cinco días, que pondrá fin a la vía administrativa, sin perjuicio de su posible impugnación en la vía jurisdiccional contencioso–administrativa.

101. c) No suspenderá los procedimientos de reconocimiento de responsabilidad patrimonial que se instruyan, salvo que la determinación de los hechos en el orden jurisdiccional penal sea necesaria para la fijación de la responsabilidad patrimonial.

La responsabilidad penal del personal al servicio de las Administraciones públicas, así como la responsabilidad civil derivada del delito se exigirá de acuerdo con lo previsto en la legislación correspondiente.

La exigencia de responsabilidad penal del personal al servicio de las Administraciones públicas no suspenderá los procedimientos de reconocimiento de responsabilidad patrimonial que se instruyan, salvo que la determinación de los hechos en el orden jurisdiccional penal sea necesaria para la fijación de la responsabilidad patrimonial.

102. a) Los principios de transparencia, publicidad, responsabilidad, calidad, seguridad, disponibilidad, accesibilidad, neutralidad e interoperabilidad. En todo caso deberá garantizarse la identificación del órgano titular de la sede, así como los medios disponibles para la formulación de sugerencias y quejas.

Cada Administración pública determinará las condiciones e instrumentos de creación de las sedes electrónicas, con sujeción a los principios de transparencia, publicidad, responsabilidad, calidad, seguridad, disponibilidad, accesibilidad, neutralidad e interoperabilidad. En todo caso deberá garantizarse la identificación del órgano titular de la sede, así como los medios disponibles para la formulación de sugerencias y quejas.

La publicación en las sedes electrónicas de informaciones, servicios y transacciones respetará los principios de accesibilidad y uso de acuerdo con las normas establecidas al respecto, estándares abiertos y, en su caso, aquellos otros que sean de uso generalizado por los ciudadanos.

103. c) El punto de acceso electrónico cuya titularidad corresponda a una Administración pública, organismo público o entidad de derecho público que permite el acceso a través de internet a la información publicada y, en su caso, a la sede electrónica correspondiente.

Se entiende por portal de internet el punto de acceso electrónico cuya titularidad corresponda a una Administración pública, organismo público o entidad de derecho público que permite el acceso a través de internet a la información publicada y, en su caso, a la sede electrónica correspondiente.

104. a) Certificados reconocidos o cualificados de autenticación de sitio web o medio equivalente.

Las sedes electrónicas utilizarán, para identificarse y garantizar una comunicación segura con las mismas, certificados reconocidos o cualificados de autenticación de sitio web o medio equivalente.

105. d) Los Protocolos Generales de Actuación que comporten meras declaraciones de intención de contenido general o que expresen la voluntad de las Administraciones y partes suscriptoras para actuar con un objetivo común, siempre que no supongan la formalización de compromisos jurídicos concretos y exigibles.

Son convenios los acuerdos con efectos jurídicos adoptados por las Administraciones públicas, los organismos públicos y entidades de derecho público vinculados o dependientes o las Universidades públicas entre sí o con sujetos de derecho privado para un fin común.

No tienen la consideración de convenios, los Protocolos Generales de Actuación o instrumentos similares que comporten meras declaraciones de intención de contenido general o que expresen la voluntad de las Administraciones y partes suscriptoras para actuar con un objetivo común, siempre que no supongan la formalización de compromisos jurídicos concretos y exigibles.

106. a) No podrán tener por objeto prestaciones propias de los contratos. En tal caso, su naturaleza y régimen jurídico se ajustará a lo previsto en la legislación de contratos del sector público.

Los convenios no podrán tener por objeto prestaciones propias de los contratos. En tal caso, su naturaleza y régimen jurídico se ajustará a lo previsto en la legislación de contratos del sector público.

107. d) Las respuestas b) y c) son correctas.

Las normas del presente Capítulo VI del Título Preliminar de la LRJSP, relativo a los convenios (artículos 47 a 53 de la LRJSP), no serán de aplicación a las encomiendas de gestión y ni a los acuerdos de terminación convencional de los procedimientos administrativos.

108. b) Los convenios firmados entre organismos públicos y entidades de derecho público vinculados o dependientes de una misma Administración pública.

Los convenios intradministrativos son los firmados entre organismos públicos y entidades de derecho público vinculados o dependientes de una misma Administración pública.

El artículo 47.2 de la LRJSP dispone que los convenios que suscriban las Administraciones públicas, los organismos públicos y las entidades de derecho público vinculados o dependientes y las Universidades públicas, deberán corresponder a alguno de los siguientes tipos:

a) Convenios interadministrativos.

b) Convenios intradministrativos.

c) Convenios firmados entre una Administración pública u organismo o entidad de derecho público y un sujeto de derecho privado.

d) Convenios no constitutivos ni de Tratado internacional, ni de Acuerdo internacional administrativo, ni de Acuerdo internacional no normativo, firmados entre las Administraciones públicas y los órganos, organismos públicos o entes de un sujeto de derecho internacional, que estarán sometidos al ordenamiento jurídico interno que determinen las partes.

109. a) Los titulares de los Departamentos Ministeriales y los Presidentes o Directores de las citadas entidades y organismos públicos.

En el ámbito de la Administración General del Estado y sus organismos públicos y entidades de derecho público vinculados o dependientes, podrán celebrar convenios los titulares de los Departamentos Ministeriales y los Presidentes o Directores de las dichas entidades y organismos públicos.

110. c) Deberá mejorar la eficiencia de la gestión pública, facilitar la utilización conjunta de medios y servicios públicos, contribuir a la realización de actividades de utilidad pública y cumplir con la legislación de estabilidad presupuestaria y sostenibilidad financiera.

La suscripción de convenios "deberá" mejorar la eficiencia de la gestión pública, facilitar la utilización conjunta de medios y servicios públicos, contribuir a la realización de actividades de utilidad pública y cumplir con la legislación de estabilidad presupuestaria y sostenibilidad financiera.

111. b) No podrán ser superiores a los gastos derivados de la ejecución del convenio.

Los convenios que incluyan compromisos financieros deberán ser financieramente sostenibles, debiendo quienes los suscriban tener capacidad para financiar los asumidos durante la vigencia del convenio.

Las aportaciones financieras que se comprometan a realizar los firmantes no podrán ser superiores a los gastos derivados de la ejecución del convenio.

112. a) Podrá instrumentar una subvención y en ese caso deberá cumplir con lo previsto en la Ley General de Subvenciones y en la normativa autonómica de desarrollo que, en su caso, resulte aplicable.

Cuando el convenio instrumente una subvención deberá cumplir con lo previsto en la Ley 38/2003, de 17 de noviembre, General de Subvenciones y en la normativa autonómica de desarrollo que, en su caso, resulte aplicable.

113. a) Por la prestación del consentimiento de las partes.

Los convenios se perfeccionan por la prestación del consentimiento de las partes.

Los convenios suscritos por la Administración General del Estado o alguno de sus organismos públicos o entidades de derecho público vinculados o dependientes resultarán eficaces una vez inscritos, en el plazo de 5 días hábiles desde su formalización, en el Registro Electrónico estatal de Órganos e Instrumentos de Cooperación del sector público estatal, al que se refiere la disposición adicional séptima. Asimismo, serán publicados en el plazo de 10 días hábiles desde su formalización en el «Boletín Oficial del Estado», sin perjuicio de su publicación facultativa en el boletín oficial de la comunidad autónoma o de la provincia que corresponda a la otra administración firmante.

114. b) Los convenios deberán tener una duración determinada, que no podrá ser superior a cuatro años, salvo que normativamente se prevea un plazo superior. En cualquier momento antes de la finalización dicho plazo, los firmantes del convenio podrán acordar unánimemente su prórroga por un periodo de hasta cuatro años adicionales o su extinción.

Las reglas relativas al plazo de vigencia de los convenios son las siguientes:

1.º Los convenios deberán tener una duración determinada, que no podrá ser superior a cuatro años, salvo que normativamente se prevea un plazo superior.

2.º En cualquier momento antes de la finalización del plazo previsto en el apartado anterior, los firmantes del convenio podrán acordar unánimemente su prórroga por un periodo de hasta cuatro años adicionales o su extinción.

115. c) Cuando no exista, en relación con los hechos, identidad de sujeto y fundamento.

La concurrencia de sanciones se encuentra regulada en el artículo 31 de la LRJSP y consagra el principio *non bis in idem*, que implica que no podrán sancionarse los hechos que ya lo han sido penal o administrativamente cuando exista identidad del sujeto, del hecho y del fundamento.

No obstante, en aquellos casos en que un órgano de la Unión Europea haya sancionado unos hechos, el órgano nacional competente para resolver deberá tener en cuenta aquella sanción a efectos de graduar la que, en su caso, deba imponerse, y podrá reducirla, sin perjuicio de declarar la comisión de la infracción, siempre y cuando no exista, en relación con los hechos, identidad de sujeto y fundamento.

116. a) Una memoria justificativa donde se analice su necesidad y oportunidad, su impacto económico, el carácter no contractual de la actividad en cuestión, así como el cumplimiento de lo previsto en la LRJSP, sin perjuicio de las especialidades que la legislación autonómica pueda prever.

Sin perjuicio de las especialidades que la legislación autonómica pueda prever, será necesario que el convenio se acompañe de una memoria justificativa donde se analice su necesidad y oportunidad, su impacto económico, el carácter no contractual de la actividad en cuestión, así como el cumplimiento de lo previsto en esta ley.

117. c) No será necesario solicitar el informe del servicio jurídico correspondiente cuando el convenio se ajuste a un modelo normalizado informado previamente por el citado servicio jurídico. En caso contrario, deberá solicitarse el informe del servicio jurídico, que deberá emitirse en un plazo máximo de siete días hábiles desde su solicitud, transcurridos los cuales se continuará la tramitación. Dicho informe deberá emitirse e incorporarse al expediente antes de proceder al perfeccionamiento del convenio.

Los convenios que suscriba la Administración General del Estado o sus organismos públicos y entidades de derecho público vinculados o dependientes se acompañarán, entre otros documentos, del informe de su servicio jurídico, que deberá emitirse en un plazo máximo de siete días hábiles desde su solicitud, transcurridos los cuales se continuará la tramitación. En todo caso, dicho informe deberá emitirse e incorporarse al expediente antes de proceder al perfeccionamiento del convenio.

Sin embargo, no será necesario solicitar este informe cuando el convenio se ajuste a un modelo normalizado informado previamente por el servicio jurídico que corresponda.

118. a) Por el cumplimiento de las actuaciones que constituyen su objeto o por incurrir en causa de resolución.

Los convenios se extinguen por el cumplimiento de las actuaciones que constituyen su objeto o por incurrir en causa de resolución.

119. d) Actuación administrativa automatizada.

Se entiende por actuación administrativa automatizada, cualquier acto o actuación realizada íntegramente a través de medios electrónicos por una Administración pública en el marco de un procedimiento administrativo y en la que no haya intervenido de forma directa un empleado público.

En caso de actuación administrativa automatizada deberá establecerse previamente el órgano u órganos competentes, según los casos, para la definición de las especificaciones, programación, mantenimiento, supervisión y control de calidad y, en su caso, auditoría del sistema de información y de su código fuente. Asimismo, se indicará el órgano que debe ser considerado responsable a efectos de impugnación.

120. c) Solo cuando el convenio se resuelve por incumplimiento de las obligaciones y compromisos asumidos por parte de alguno de los firmantes y así se hubiera previsto en el propio convenio.

Entre las causas de resolución de los convenios, el artículo 51.2 c) de la LRJSP cita: "El incumplimiento de las obligaciones y compromisos asumidos por parte de alguno de los firmantes".

En este caso, cualquiera de las partes podrá notificar a la parte incumplidora un requerimiento para que cumpla en un determinado plazo con las obligaciones o compromisos que se consideran incumplidos. Este requerimiento será comunicado al responsable del mecanismo de seguimiento, vigilancia y control de la ejecución del convenio y a las demás partes firmantes.

Si trascurrido el plazo indicado en el requerimiento persistiera el incumplimiento, la parte que lo dirigió notificará a las partes firmantes la concurrencia de la causa de resolución y se entenderá resuelto el convenio.

La resolución del convenio por esta causa "podrá" conllevar la indemnización de los perjuicios causados "si así se hubiera previsto".

121. d) Cualquier causa de resolución prevista en una ley que resulte de aplicación al convenio.

La LRJSP establece una serie de causas de resolución de los convenios, pero añade que será causa de resolución "cualquier otra causa distinta de las contempladas en el artículo 51.2 de la LRJSP, prevista en el convenio o en otras leyes".

El artículo 51.2 de la LRJSP establece que son causas de resolución:

– El transcurso del plazo de vigencia del convenio sin haberse acordado la prórroga del mismo.

– El acuerdo unánime de todos los firmantes.

– El incumplimiento de las obligaciones y compromisos asumidos por parte de alguno de los firmantes.

– Por decisión judicial declaratoria de la nulidad del convenio.

– Por cualquier otra causa distinta de las anteriores prevista en el convenio o en otras leyes.

La LRJSP establece una relación de causas de resolución, pero no es una lista cerrada, el propio convenio o las leyes de aplicación al convenio pueden establecer otras causas de resolución diferentes de las previstas en el artículo 51.2 de la LRJSP.

El cumplimiento de las actuaciones que constituyen su objeto es una "causa de extinción" del convenio (que no una "causa de resolución"), por haberse agotado el objeto del convenio y todas las actuaciones previstas en el mismo.

122. a) No podrán sancionarse los hechos que lo hayan sido penal o administrativamente, en los casos en que se aprecie identidad del sujeto, hecho y fundamento.

La concurrencia de sanciones supone que no podrán sancionarse los hechos que lo hayan sido penal o administrativamente, en los casos en que se aprecie identidad del sujeto, hecho y fundamento.

La concurrencia de sanciones enmascara el principio jurídico *non bis in idem*, que supone que:

– No se podrá sancionar dos veces el mismo hecho.

– Nadie sea castigado dos veces por la misma infracción.

– No podrán coexistir dos procesos que tengan el mismo objeto.

– No se podrá juzgar a alguien dos veces por hechos idénticos.

Para que rija el principio *non bis in idem* ha de concurrir la "triple identidad", es decir, deben coincidir sujeto, hecho y fundamento. En cualquier caso, cuando unos mismos hechos pudieran dar lugar a penas judiciales y sanciones administrativas, tiene preferencia el orden penal para enjuiciar esos hechos.

123. b) Los artículos del 25 al 31 de la LRJSP.

Los principios de la potestad sancionadora se encuentran regulados en los artículos del 25 al 31 de la LRJSP: Principio de legalidad; Irretroactividad; Principio de tipicidad; Responsabilidad; Principio de proporcionalidad; Prescripción y Concurrencia de sanciones.

Estas disposiciones no serán de aplicación al ejercicio por las Administraciones Públicas de la potestad sancionadora respecto de quienes estén vinculados a ellas por relaciones reguladas por la legislación de contratos del sector público o por la legislación patrimonial de las Administraciones públicas.

124. d) En la determinación normativa del régimen sancionador, así como en la imposición de sanciones por las Administraciones públicas se deberá observar la debida idoneidad y necesidad de la sanción a imponer y su adecuación a la gravedad del hecho constitutivo de la infracción.

El artículo 29.3 de la LRJSP supone la máxima manifestación del principio de proporcionalidad, ya que establece que tanto en la determinación normativa del régimen sancionador como en la imposición de sanciones por las Administraciones públicas debe observarse la debida idoneidad y la necesidad de la sanción que se imponga, así como su adecuación a la gravedad del hecho constitutivo de la infracción.

Debe destacarse que, en ningún caso, las sanciones administrativas pueden implicar privación de libertad, ni de forma directa ni de forma subsidiaria, y esto con independencia de que la naturaleza de la sanción, sea o no económica. Además, el establecimiento de las sanciones monetarias debe evitar que la comisión de las infracciones administrativas tipificadas resulte más beneficiosa para el infractor que el cumplimiento de las normas infringidas.

125. d) Las respuestas a) y c) son correctas.

En relación con la potestad sancionadora de las Administraciones públicas, el artículo 28.1 de la LRJSP dispone que solo podrán ser sancionadas por hechos constitutivos de infracción administrativa las personas físicas y jurídicas, así como, cuando una ley les reconozca capacidad de obrar, los grupos de afectados, las uniones y entidades sin personalidad jurídica y los patrimonios independientes o autónomos, que resulten responsables de los mismos a título de dolo o culpa.

126. a) Se podrá tipificar como una infracción, en las leyes reguladoras de los distintos regímenes sancionadores.

El artículo 28.4 de la LRJSP introduce la facultad de tipificar como infracción, en el seno de relaciones de dependencia o vinculación, el incumplimiento de la obligación de prevenir la comisión de infracciones administrativas e incluso, la posibilidad de atribuir el pago de las sanciones pecuniarias a determinados sujetos, por las infracciones cometidas por personas vinculadas o dependientes de los mismos.

Las leyes reguladoras de los distintos regímenes sancionadores podrán tipificar como infracción el incumplimiento de la obligación de prevenir la comisión de infracciones administrativas por quienes se hallen sujetos a una relación de dependencia o vinculación. Asimismo, podrán prever los supuestos en que determinadas personas responderán del pago de las sanciones pecuniarias impuestas a quienes de ellas dependan o estén vinculadas.

El principio de personalidad de las sanciones administrativas y el principio de culpabilidad inspira la potestad sancionadora de las Administraciones públicas. Sin embargo, el artículo 28.4 de la LRJSP establece una responsabilidad de tipo objetivo, con independencia de la culpabilidad del sujeto, pues admite que quien no ha participado en la comisión de una infracción como autor, inductor o cooperador necesario, se vea legalmente abocado a afrontar sus consecuencias, exigiéndosele el pago de la sanción y la oportuna reparación. Por lo tanto, en estos casos una persona será considerado responsable de una infracción no por ser culpable de su comisión, sino porque así lo establece la ley, lo que *a priori* parecería que estaría vulnerando los "principios de culpabilidad" y de "personalidad de la sanción". Para salvar esta contradicción se crea la figura del "garante".

En estos casos, la infracción se produce porque la persona a quien la ley coloca en la posición de "garante" incurre en "culpa *in vigilando*", por desatender su obligación de prevenirla, con lo que se convierte en cooperador necesario de su comisión.

127. c) La naturaleza de los perjuicios causados.

En la determinación normativa del régimen sancionador, así como en la imposición de sanciones por las Administraciones públicas se deberá observar la debida idoneidad y necesidad de la sanción a imponer y su adecuación a la gravedad del hecho constitutivo de la infracción.

La graduación de la sanción considerará especialmente los siguientes criterios:

a) El grado de culpabilidad o la existencia de intencionalidad.

b) La continuidad o persistencia en la conducta infractora.

c) La naturaleza de los perjuicios causados.

d) La reincidencia, por comisión en el término de un año de más de una infracción de la misma naturaleza cuando así haya sido declarado por resolución firme en "vía administrativa".

128. d) Serán sancionables como infracción continuada, las omisiones en ejecución de un plan preconcebido o aprovechando idéntica ocasión.

El artículo 29.6 de la LRJSP se refiere a la infracción continuada, estableclendo que será sancionable, como infracción continuada, la realización de una pluralidad de acciones u omisiones que infrinjan el mismo o semejantes preceptos administrativos, en ejecución de un plan preconcebido o aprovechando idéntica ocasión.

No es suficiente la existencia de una pluralidad de acciones u omisiones, también es necesario, como requisito acumulativo, la existencia de una especie de unidad psicológica y material, es decir que exista un "plan preconcebido" o se "aproveche idéntica ocasión".

129. a) Desde el día en que la infracción se hubiera cometido.

El plazo de prescripción de las infracciones comenzará a contarse desde el día en que la infracción se hubiera cometido.

Sin embargo, en el caso de infracciones continuadas o permanentes, el plazo comenzará a correr desde que finalizó la conducta infractora. Interrumpirá la prescripción la iniciación, con conocimiento del interesado, de un procedimiento administrativo de naturaleza sancionadora, reiniciándose el plazo de prescripción si el expediente sancionador estuviera paralizado durante más de un mes por causa no imputable al presunto responsable.

130. c) La responsabilidad del titular respecto de la integridad, veracidad y actualización de la información y los servicios a los que pueda accederse a través de la misma.

El establecimiento de una sede electrónica conlleva la responsabilidad del titular respecto de la integridad, veracidad y actualización de la información y los servicios a los que pueda accederse a través de la misma.

131. a) Dentro del territorio de la Unión Europea.

Los sistemas de información y comunicaciones para la recogida, almacenamiento, procesamiento y gestión del censo electoral, los padrones municipales de habitantes y otros registros de población, datos fiscales relacionados con tributos propios o cedidos y datos de los usuarios del sistema nacional de salud, así como los correspondientes tratamientos de datos personales, deberán ubicarse y prestarse dentro del territorio de la Unión Europea.

132. a) Sí. Todos los documentos utilizados en las actuaciones administrativas se almacenarán por medios electrónicos, salvo cuando no sea posible.

Todos los documentos utilizados en las actuaciones administrativas se almacenarán por medios electrónicos, salvo cuando no sea posible.

133. b) En soportes de esta naturaleza, ya sea en el mismo formato a partir del que se originó el documento o en otro cualquiera que asegure la identidad e integridad de la información necesaria para reproducirlo.

Los documentos electrónicos que contengan actos administrativos que afecten a derechos o intereses de los particulares deberán conservarse en soportes de esta naturaleza, ya sea en el mismo formato a partir del que se originó el documento o en otro cualquiera que asegure la identidad e integridad de la información necesaria para reproducirlo. Se asegurará en todo caso la posibilidad de trasladar los datos a otros formatos y soportes que garanticen el acceso desde diferentes aplicaciones.

134. b) Con la iniciación, con conocimiento del interesado, del procedimiento de ejecución de la sanción, volviendo a transcurrir el plazo si aquel está paralizado durante más de un mes por causa no imputable al infractor.

El plazo de prescripción de las sanciones comenzará a contarse desde el día siguiente a aquel en que sea ejecutable la resolución por la que se impone la sanción o haya transcurrido el plazo para recurrirla.

Interrumpirá la prescripción la iniciación, con conocimiento del interesado, del procedimiento de ejecución, volviendo a transcurrir el plazo si aquel está paralizado durante más de un mes por causa no imputable al infractor.

En el caso de desestimación presunta del recurso de alzada interpuesto contra la resolución por la que se impone la sanción, el plazo de prescripción de la sanción comenzará a contarse desde el día siguiente a aquel en que finalice el plazo legalmente previsto para la resolución de dicho recurso.

135. d) Los artículos 30 y 31 de la LRSJP.

Los principios de prescripción y de concurrencia de sanciones en el ejercicio de la potestad sancionadora de la Administración se encuentran regulados en los artículos 30 y 31 de la LRSJP.

Mediante la prescripción se establece que, una vez transcurrido un tiempo concreto, el posible infractor queda exento de su responsabilidad frente a los presuntos actos ilícitos que ha cometido. De esta forma se limita el poder sancionador y se refuerza la seguridad jurídica ya que, aunque la Administración puede ejercer dicha potestad, lo ha de hacer durante un tiempo concreto.

La concurrencia de sanciones enmascara el principio jurídico de *non bis in idem,* desde dos vertientes: por un lado, no se podrá sancionar dos veces el mismo hecho y que alguien sea castigado dos veces por la misma infracción y por otro, se prohíbe la coexistencia de dos procesos que tengan el mismo objeto y que se juzgue a alguien dos veces por hechos idénticos.

136. c) Tanto en casos de cumplimiento (cuando su objeto se haya realizado en los términos y a satisfacción de ambas partes, de acuerdo con sus respectivas competencias), como en los casos de resolución del convenio, se procederá a liquidar el convenio, con el objeto de determinar las obligaciones y compromisos de cada una de las partes.

El cumplimiento y la resolución de los convenios dará lugar a la liquidación de los mismos con el objeto de determinar las obligaciones y compromisos de cada una de las partes.

En supuesto de convenios de los que deriven compromisos financieros, se entenderán cumplidos cuando su objeto se haya realizado en los términos y a satisfacción de ambas partes, de acuerdo con sus respectivas competencias.

Con independencia de la liquidación, la resolución conllevará una indemnización de los perjuicios causados, cuando la resolución del convenio se produce por incumplimiento de las obligaciones y compromisos asumidos por parte de alguno de los firmantes y así se hubiera previsto en el propio convenio (artículo 51.2 de la LRJSP).

137. c) Cualquier convenio cuyos compromisos económicos asumidos superen los 600.000 euros, dentro de los tres meses siguientes a la suscripción del mismo.

Dentro de los tres meses siguientes a la suscripción de cualquier convenio cuyos compromisos económicos asumidos superen los 600.000 euros, estos deberán remitirse electrónicamente al Tribunal de Cuentas u órgano externo de fiscalización de la Comunidad Autónoma, según corresponda.

Igualmente se comunicarán al Tribunal de Cuentas u órgano externo de fiscalización de la Comunidad Autónoma, según corresponda, las modificaciones, prórrogas o variaciones de plazos, alteración de los importes de los compromisos económicos asumidos y la extinción de los convenios indicados.

138. c) No podrán ser objeto de transferencia a un tercer país u organización internacional, con excepción de los que hayan sido objeto de una decisión de adecuación de la Comisión Europea o cuando así lo exija el cumplimiento de las obligaciones internacionales asumidas por el Reino de España.

Los datos de los sistemas de información y comunicaciones para la recogida, almacenamiento, procesamiento y gestión del censo electoral, los padrones municipales de habitantes y otros registros de población, datos fiscales relacionados con tributos propios o cedidos y datos de los usuarios del sistema nacional de salud, así como los correspondientes tratamientos de datos personales, no podrán ser objeto de transferencia a un tercer país u organización internacional, con excepción de los que hayan sido objeto de una decisión de adecuación de la Comisión Europea o cuando así lo exija el cumplimiento de las obligaciones internacionales asumidas por el Reino de España.

139.a) Transparencia, publicidad, responsabilidad, calidad, seguridad, disponibilidad, accesibilidad, neutralidad e interoperabilidad. En todo caso deberá garantizarse la identificación del órgano titular de la sede, así como los medios disponibles para la formulación de sugerencias y quejas.

Cada Administración pública determinará las condiciones e instrumentos de creación de las sedes electrónicas, con sujeción a los principios de transparencia, publicidad, responsabilidad, calidad, seguridad, disponibilidad, accesibilidad, neutralidad e interoperabilidad. En todo caso deberá garantizarse la identificación del órgano titular de la sede, así como los medios disponibles para la formulación de sugerencias y quejas.

140. b) Cada Administración pública determinará los sistemas de firma electrónica que debe utilizar su personal.

Cada Administración pública determinará los sistemas de firma electrónica que debe utilizar su personal, los cuales podrán identificar de forma conjunta al titular del puesto de trabajo o cargo y a la Administración u órgano en la que presta sus servicios. Por razones de seguridad pública los sistemas de firma electrónica podrán referirse solo el número de identificación profesional del empleado público.

141. a) Las Administraciones públicas podrán identificarse mediante el uso de un sello electrónico basado en un certificado electrónico reconocido o cualificado que reúna los requisitos exigidos por la legislación de firma electrónica. También se entenderá identificada la Administración Pública respecto de la información que se publique como propia en su portal de internet.

La identidad digital abarca todos los procesos, mecanismos, tecnologías que sirven a un individuo u organización para identificarse y para reconocer o descubrir la identidad de otros en medios y por medios digitales.

La LRJSP contemplan dos sistemas de identificación de las Administraciones públicas, por un lado, a través del sello electrónico de la Administración y por otro, a través de la información que publica la citada Administración en su portal de internet.

De conformidad con el artículo 40 de la LRJSP, las Administraciones públicas podrán identificarse mediante el uso de un sello electrónico basado en un certificado electrónico reconocido o cualificado que reúna los requisitos exigidos por la legislación de firma electrónica. Estos certificados electrónicos incluirán el número de identificación fiscal y la denominación correspondiente, así como, en su caso, la identidad de la persona titular en el caso de los sellos electrónicos de órganos administrativos. La relación de sellos electrónicos utilizados por cada Administración pública, incluyendo las características de los certificados electrónicos y los prestadores que los expiden, deberá ser pública y accesible por medios electrónicos. Además, cada Administración pública adoptará las medidas adecuadas para facilitar la verificación de sus sellos electrónicos.

Se entenderá identificada la Administración pública respecto de la información que se publique como propia en su portal de internet.

142. b) Accesibilidad y uso de acuerdo con las normas establecidas al respecto, estándares abiertos y, en su caso, aquellos otros que sean de uso generalizado por los ciudadanos.

La publicación en las sedes electrónicas de informaciones, servicios y transacciones respetará los principios de accesibilidad y uso de acuerdo con las normas establecidas al respecto, estándares abiertos y, en su caso, aquellos otros que sean de uso generalizado por los ciudadanos.

143. d) Sello electrónico de Administración Pública, basado en certificado electrónico reconocido o cualificado que reúna los requisitos exigidos por la legislación de firma electrónica o código seguro de verificación vinculado a la Administración Pública, en los términos y condiciones establecidos, permitiéndose en todo caso la comprobación de la integridad del documento mediante el acceso a la sede electrónica correspondiente.

En el ejercicio de la competencia en la actuación administrativa automatizada, cada Administración Pública podrá determinar los supuestos de utilización de los siguientes sistemas de firma electrónica:

– Sello electrónico de Administración pública, órgano, organismo público o entidad de derecho público, basado en certificado electrónico reconocido o cualificado que reúna los requisitos exigidos por la legislación de firma electrónica.

– Código seguro de verificación vinculado a la Administración Pública, órgano, organismo público o entidad de derecho público, en los términos y condiciones establecidos, permitiéndose en todo caso la comprobación de la integridad del documento mediante el acceso a la sede electrónica correspondiente.

144. d) Seguras siempre que sean necesarias.

Las sedes electrónicas dispondrán de sistemas que permitan el establecimiento de comunicaciones seguras siempre que sean necesarias.

145. b) La reincidencia, por comisión en el término de un año de más de una infracción de la misma naturaleza cuando así haya sido declarado por resolución firme en vía administrativa.

La graduación de la sanción administrativa considerará especialmente los siguientes criterios:

a) El grado de culpabilidad o la existencia de intencionalidad.

b) La continuidad o "persistencia" en la conducta infractora.

c) La naturaleza de los perjuicios causados.

d) La "reincidencia", por comisión en el término de un año de más de una infracción de la misma naturaleza cuando así haya sido declarado por resolución firme en vía administrativa.

Las diferencias entre reincidencia y persistencia (o reiteración) tienen bastante que ver con el tiempo transcurrido entre las infracciones, quedando acotada la reincidencia al período de un año que establece la ley mientras que la reiteración tiene un ámbito temporal más extenso.

146. b) La realización de una pluralidad de acciones u omisiones que infrinjan el mismo o semejantes preceptos administrativos, en ejecución de un plan preconcebido o aprovechando idéntica ocasión.

La infracción continuada es un "concurso" de infracciones administrativas consistente en la realización de una pluralidad de acciones u omisiones, constitutivas cada una de ellas de otras tantas infracciones, que infrinjan el mismo o semejantes preceptos administrativos, en ejecución de un plan preconcebido o aprovechando idéntica ocasión, y que se castiga con una única sanción, más grave de la que correspondería a una sola de las infracciones en concurso, en virtud del principio de proporcionalidad.

Por tanto, las infracciones continuadas son "conductas antijurídicas que persisten en el tiempo y no se agotan con un solo acto, determinando el mantenimiento de la situación antijurídica a voluntad del autor", en ejecución de un plan preconcebido o aprovechando idéntica ocasión.

147. d) Según lo dispuesto en las leyes que las establezcan. Si estas no fijan plazos de prescripción, las sanciones impuestas por faltas muy graves prescribirán a los tres años, las impuestas por faltas graves a los dos años y las impuestas por faltas leves al año.

Las infracciones y sanciones prescribirán según lo dispuesto en las leyes que las establezcan. Si estas no fijan plazos de prescripción, las infracciones muy graves prescribirán a los tres años, las graves a los dos años y las leves a los seis meses; las sanciones impuestas por faltas muy graves prescribirán a los tres años, las impuestas por faltas graves a los dos años y las impuestas por faltas leves al año

148. a) Desde el día siguiente a aquel en que finalice el plazo legalmente previsto para la resolución de dicho recurso.

El plazo de prescripción de las sanciones comenzará a contarse desde el día siguiente a aquel en que sea ejecutable la resolución por la que se impone la sanción o haya transcurrido el plazo para recurrirla.

Interrumpirá la prescripción la iniciación, con conocimiento del interesado, del procedimiento de ejecución, volviendo a transcurrir el plazo si aquel está paralizado durante más de un mes por causa no imputable al infractor.

En el caso de desestimación presunta del recurso de alzada interpuesto contra la resolución por la que se impone la sanción, el plazo de prescripción de la sanción comenzará a contarse desde el día siguiente a aquel en que finalice el plazo legalmente previsto para la resolución de dicho recurso.

149. d) Son convenios interadministrativos y se regirán por lo dispuesto en el Capítulo VI del Título Preliminar de la LRJSP (artículos 47 a 53 de la LRJSP), salvo en cuanto a sus supuestos, requisitos y términos que se regirán por lo previsto en los respectivos Estatutos de Autonomía.

El art. 47.2 de la LRJSP relaciona los distintos tipos de convenios e indica que los convenios interadministrativos suscritos entre dos o más Comunidades Autónomas para la gestión y prestación de servicios propios de las mismas, se regirán en cuanto a sus supuestos, requisitos y términos por lo previsto en sus respectivos Estatutos de Autonomía de las Comunidades Autónomas, dado que el artículo 145.2 de la CE establece que:

"Los Estatutos podrán prever los supuestos, requisitos y términos en que las Comunidades Autónomas podrán celebrar convenios entre sí para la gestión y prestación de servicios propios de las mismas, así como el carácter y efectos de la correspondiente comunicación a las Cortes Generales …."

150. b) A los dos años, en aquellos casos en que las leyes que las establezcan no determinen concretamente el tiempo de prescripción.

Las leyes que regulan las infracciones y sanciones administrativas son las que determinarán el plazo de prescripción de las mismas. En aquellos casos en que tales leyes no determinen concretamente el tiempo de prescripción, las infracciones prescribirán:

- A los tres años, si son muy graves.
- A los dos años, si son graves.
- A los seis meses, si son leves.

En el caso de las sanciones administrativas, a falta de estipulación expresa sobre el plazo de prescripción, lo harán del siguiente modo:

- A los tres años, si son impuestas por faltas muy graves.
- A los dos años, si son impuestas por faltas graves.
- Al año, si son impuestas por faltas leves.

TÍTULO I

Administración General del Estado

1. ¿Cómo se denomina el Título I de la Ley 40/2015, de 1 de octubre, de Régimen Jurídico del Sector Público ?

a) Relaciones interadministrativas.
b) Organización y funcionamiento del sector público institucional.
c) Administración General del Estado.
d) Disposiciones generales, principios de actuación y funcionamiento del sector público.

2. ¿Cuántos capítulos tiene el Título I de la Ley 40/2015, de 1 de octubre, de Régimen Jurídico del Sector Público?

a) Cinco.
b) Cuatro.
c) Tres.
d) Dos.

3. A tenor de lo dispuesto en el artículo 54.2 de la Ley 40/2015, de 1 de octubre, de Régimen Jurídico del Sector Público, las competencias en materia de organización administrativa, régimen de personal, procedimientos e inspección de servicios, no atribuidas específicamente conforme a una ley a ningún otro órgano de la Administración General del Estado, ni al Gobierno, corresponderán:

a) A la Presidencia del Gobierno.
b) Al Consejo de Ministros.
c) Al Ministerio de Hacienda y Administraciones Públicas.
d) Al Ministerio de la Presidencia, Justicia y Relaciones con las Cortes.

4. Según dispone el art. 54.1 de la Ley 40/2015, de 1 de octubre, de Régimen Jurídico del Sector Público, la Administración General del Estado actúa y se organiza de acuerdo con los principios establecidos en el artículo 3, así como los de:

a) Descentralización territorial y desconcentración funcional.
b) Descentralización territorial y funcional y desconcentración territorial.

c) Centralización territorial y funcional y desconcentración territorial.
d) Descentralización funcional y desconcentración funcional y territorial.

5. A tenor de la Ley de Régimen Jurídico del Sector Público, la Administración General del Estado comprende:

a) La Organización Territorial.
b) La Administración General del Estado en el exterior.
c) La Organización Central, que integra los Ministerios y los servicios comunes.
d) Todas las respuestas son correctas.

6. ¿Cuál de los siguientes no es uno de los órganos superiores de la organización central de la Administración General del Estado?

a) Los Subsecretarios.
b) Los Secretarios de Estado.
c) Los Ministros.
d) Todos los citados son órganos superiores de la organización central.

7. Señala cuál de los siguientes no es uno de los órganos directivos de la organización central de la Administración General del Estado:

a) Los Subsecretarios.
b) Los Secretarios de Estado.
c) Los Secretarios generales.
d) Los Secretarios generales técnicos.

8. ¿Qué rango atribuye la Ley 40/2015, de 1 de octubre, de Régimen Jurídico del Sector Público a los Delegados del Gobierno en las Comunidades Autónomas?

a) Secretario de Estado.
b) Subsecretario.
c) Subdirector General.
d) Director General.

9. A tenor de lo dispuesto en el art. 55.4 de la Ley 40/2015, de 1 de octubre, de Régimen Jurídico del Sector Público, ¿qué rango tienen los Subdelegados del Gobierno en las provincias?

a) Secretario de Estado.
b) Subsecretario.
c) Subdirector General.
d) Director General.

10. ¿Cómo denomina la Ley 40/2015, de 1 de octubre, de Régimen Jurídico del Sector Público, a los elementos organizativos básicos de las estructuras orgánicas?

a) Departamentos administrativos.
b) Unidades administrativas.
c) Áreas de administración.
d) Células administrativas.

11. ¿Quiénes de los siguientes serán nombrados de acuerdo con lo establecido en la Ley 50/1997, de 27 de noviembre, del Gobierno y en la Ley 3/2015, de 30 de marzo, reguladora del ejercicio del alto cargo de la Administración General del Estado?

a) Los Ministros únicamente.
b) Los Ministros y los Secretarios de Estado.
c) Los Ministros, los Secretarios de Estado y los Subsecretarios.
d) Los Ministros, los Secretarios de Estado, los Subsecretarios y los Secretarios Generales.

12. A tenor de la Ley de Régimen Jurídico del Sector Público la determinación del número, la denominación y el ámbito de competencia respectivo de los Ministerios y las Secretarías de Estado se establecen mediante:

a) Acuerdo del Consejo de Ministros.
b) Real Decreto del Presidente del Gobierno.
c) Real Decreto del Ministerio de Hacienda.
d) Real Decreto del Ministerio para la Transformación Digital y de la Función Pública.

13. Los Ministerios contarán, en todo caso, con:

a) Una Subsecretaría.
b) Una Secretaría de Estado.
c) Una Secretaría General.
d) Una Dirección General.

14. ¿Cuáles son, a tenor de la Ley de Régimen Jurídico del Sector Público los órganos de gestión de una o varias áreas funcionalmente homogéneas?

a) Las Secretarías Generales.
b) Las Subdirecciones Generales.
c) Las Secretarías Generales Técnicas.
d) Las Direcciones Generales.

15. Las Subsecretarías, las Secretarías Generales, las Secretarías Técnicas, las Direcciones Generales, las Subdirecciones Generales, y órganos similares a los anteriores se crean, modifican y suprimen por:

a) Real Decreto del Ministro interesado.
b) Real Decreto del Presidente del Gobierno.
c) Real Decreto del Consejo de Ministros.
d) Real Decreto del Ministro de Hacienda.

16. ¿Qué categoría atribuye la Ley 40/2015, de 1 de octubre a los Secretarios Generales?

a) Subsecretario.
b) Director General.
c) Subdirector General.
d) El nivel que se determine en una relación de puestos de trabajo.

17. ¿Qué categoría atribuye la Ley 40/2015, de 1 de octubre a los Secretarios Generales Técnicos?

a) Subsecretario.
b) Director General.
c) Subdirector General.
d) El nivel que se determine en una relación de puestos de trabajo.

18. ¿Quién de los siguientes tiene atribuida expresamente la función de autorizar las comisiones de servicio con derecho a indemnización por cuantía exacta para altos cargos dependientes del Ministro?

a) El Ministro.
b) El Secretario de Estado.
c) El Subsecretario.
d) El Secretario General Técnico.

19. ¿Quién de los siguientes establece los programas de inspección de los servicios del Ministerio, así como determinar las actuaciones precisas para la mejora de los sistemas de planificación, dirección y organización y para la racionalización y simplificación de los procedimientos y métodos de trabajo, en el marco definido por el Ministerio de Hacienda y Administraciones Públicas?

a) Los Ministros.
b) Los Subsecretarios.
c) Los Secretarios Generales Técnicos.
d) Los Directores Generales.

20. Señala la respuesta correcta respecto a los Secretarios Generales y los Secretarios Generales técnicos:

a) Los Secretarios Generales técnicos serán nombrados y separados por Real Decreto del Presidente del Gobierno a propuesta del titular del Ministerio.

b) Los Secretarios Generales, con categoría de Director General, serán nombrados y separados por Real Decreto del Consejo de Ministros, a propuesta del titular del Ministerio o del Presidente del Gobierno.

c) Cuando las normas que regulan la estructura de un Ministerio prevean la existencia de un Secretario General, deberán determinar las competencias que le correspondan sobre un sector de actividad administrativa determinado.

d) Los Secretarios Generales técnicos, bajo la inmediata dependencia del Ministro, tendrán las competencias sobre servicios comunes que les atribuya el Real Decreto de estructura del Departamento y, en todo caso, las relativas a producción normativa, asistencia jurídica y publicaciones.

21. A tenor de lo dispuesto en la Ley 40/2015, de 1 de octubre, los Subdirectores Generales serán nombrados, respetando los principios de:

a) Mérito, capacidad y antigüedad.
b) Igualdad, mérito y legalidad.
c) Igualdad, mérito y capacidad.
d) Mérito, capacidad y oportunidad.

22. ¿Quién cesa a los Subdirectores Generales según establece la Ley de Régimen Jurídico del Sector Público?

a) El Ministro del que dependan.
b) El Secretario de Estado del que dependan.
c) El Subsecretario del que dependan.
d) Todas las respuestas son correctas.

23. ¿Quién convoca y resuelve pruebas selectivas de personal funcionario y laboral de un Ministerio?

a) El Ministro.
b) El Subsecretario.
c) El Secretario General.
d) El Secretario General técnico.

24. ¿Quién, a tenor de lo dispuesto en la Ley 40/2015, de 1 de octubre, ejerce la potestad disciplinaria del personal del Departamento por faltas graves o muy graves?

a) El Ministro.
b) El Subsecretario.

c) El Secretario General.

d) El Secretario General técnico.

25. ¿Quién, en un Ministerio, impone la sanción de separación del servicio por faltas muy graves?

a) El Ministro.

b) El Director General.

c) El Subdirector General.

d) El Secretario de Estado.

26. ¿Cuántas Delegaciones del Gobierno prevé la Ley 40/2015 que existan en España?

a) Una por provincia.

b) Una por cada Comunidad autónoma.

c) Una por cada Comunidad autónoma pluriprovincial.

d) Las que prevean los correspondientes Estatutos de Autonomía.

27. Por regla general, la sede de las Delegaciones del Gobierno radicará:

a) En cada una de las capitales de provincia.

b) En la ciudad en la que se encuentre el Consejo de Gobierno de la comunidad autónoma.

c) En Madrid, como capital de España.

d) Siempre en lugar distinto a aquel en que se encuentre la del gobierno de la comunidad autónoma.

28. Las Delegaciones del Gobierno están adscritas orgánicamente al Ministerio con competencias en:

a) Administraciones públicas.

b) Interior.

c) Hacienda.

d) Presidencia.

29. ¿Dónde está previsto por la LRJSP que existan Subdelegaciones del Gobierno?

a) En las capitales de todas las comunidades autónomas.

b) En las ciudades en las que no haya Delegación del Gobierno.

c) En cada provincia de las comunidades autónomas pluriprovinciales y en algunas uniprovinciales cuando así se justifique.

d) En las localidades de Ceuta y Melilla únicamente.

30. Según la LRJSP, ¿quién es el encargado de nombrar a los Directores Insulares de la Administración General del Estado?

a) El Delegado del Gobierno o el Subdelegado del Gobierno, cuando este último exista.

b) El Delegado del Gobierno.

c) El Consejo de Ministros.

d) El titular del Ministerio con competencias en Administraciones Públicas.

31. En las islas, las direcciones insulares sustituyen en sus funciones a:

a) Los Subdelegados del Gobierno.

b) Los Delegados del Gobierno.

c) Ningún otro órgano, pues son órganos con diferentes funciones.

d) Ningún otro órgano, pues pueden coexistir, si bien ejercen las mismas funciones que los Subdelegados del Gobierno.

32. ¿Cuál es el procedimiento para la provisión del puesto de Director Insular?

a) Libre designación.

b) Concurso oposición.

c) Oposición.

d) Méritos.

33. ¿Qué nivel de los Cuerpos y Escalas funcionariales de la Administración se exige para ser nombrado Director Insular?

a) A1.

b) A2.

c) B.

d) C1.

34. Los servicios territoriales de la Administración General del Estado en la comunidad autónoma, atendiendo al mejor cumplimiento de sus fines, se organizan en la Delegación del Gobierno en:

a) Servicios centrales y periféricos.

b) Servicios integrales y autónomos.

c) Integrados y no integrados.

d) Dependientes y funcionales.

35. La organización de los servicios territoriales no integrados en las Delegaciones del Gobierno se establecerá mediante Real Decreto cuando contemple unidades con nivel superior a:

a) Secretaría General.

b) Subdirección General.

c) Dirección General.

d) Dirección Territorial.

36. Los servicios territoriales no integrados, para la fijación de sus objetivos concretos de actuación y control de su ejecución, así como el funcionamiento de los servicios, dependen:

a) De la Delegación del Gobierno.
b) De la Intervención General de la Administración del Estado.
c) Del órgano central competente sobre el sector de actividad en el que aquellos operen.
d) De los órganos responsables de las relaciones con las Administraciones Territoriales y con los ciudadanos.

37. ¿A través de que órgano administrativo ejercen su supervisión y control la Delegación del Gobierno, o en su caso la Subdelegación del Gobierno, de los servicios territoriales integrados:

a) La Secretaría General.
b) Los órganos centrales de las áreas funcionales de la Delegación o Subdelegación del Gobierno.
c) El Servicio Jurídico del Estado.
d) El órgano central competente sobre el sector de actividad en el que aquellos operen.

38. ¿Quiénes son los representantes del Gobierno de la nación en el territorio de las comunidades autónomas?

a) Los Presidentes del Tribunal Superior de Justicia.
b) Los Delegados del Gobierno.
c) El Secretario de Estado de Administraciones Públicas.
d) Los Subdelegados del Gobierno y Directores Insulares en las respectivas comunidades autónomas.

39. ¿Qué rango otorga la LRJSP a los Delegados del Gobierno?

a) Secretarios Generales.
b) Secretarios de Estado.
c) Subsecretarios de Estado.
d) Secretarios Generales Técnicos.

40. Los Delegados del Gobierno serán nombrados y separados por:

a) El Presidente del Gobierno a propuesta del Ministerio competente en Administraciones Públicas.
b) Real Decreto del Consejo de Ministros.
c) El Parlamento a propuesta del Consejo de Ministros.
d) El Consejo de Gobierno de la comunidad autónoma a propuesta del Presidente del Gobierno de la nación.

41. Las ausencias, vacantes o enfermedades de los titulares de las Delegaciones del Gobierno, serán suplidas, en primer lugar, por:

a) El Subdelegado del Gobierno que el Delegado designe.
b) El Subdelegado del Gobierno de la provincia en la que tengan su sede.
c) El Secretario General de la Delegación del Gobierno.
d) El Delegado del Gobierno que designe el Consejo de Ministros a propuesta del Presidente del Gobierno.

42. En cuanto a las competencias de dirección y coordinación de la Administración General del Estado y sus Organismos públicos, los Delegados del Gobierno:

a) Dirigen directamente, coordinan y supervisan la actividad de todos los servicios en el territorio de la comunidad autónoma.
b) Nombran a los Subdelegados del Gobierno en las provincias de su ámbito de actuación y, en su caso, a los Directores Insulares.
c) Informan, con carácter preceptivo, de las propuestas de nombramiento de los Subdelegados del Gobierno en las provincias de su ámbito de actuación y, en su caso, a los Directores Insulares.
d) Nombran a los titulares de órganos territoriales de la Administración General del Estado y los Organismos públicos estatales de ámbito autonómico y provincial en la Delegación del Gobierno.

43. Es competencia de los Delegados del Gobierno relacionada con la información de la acción del Gobierno e información a los ciudadanos:

a) Enviar la información a los distintos Ministerios de los planes y programas que hayan de ejecutado sus respectivos servicios territoriales y Organismos públicos en su ámbito territorial.
b) Asumir las obligaciones de las restantes Administraciones Públicas en materia de información al ciudadano.
c) Requerir al Consejo de Gobierno de la comunidad Autónoma en la que tenga su sede para que remita información al Gobierno de las actividades de sus Administraciones Públicas y Organismos Autónomos.
d) Coordinar la información sobre los programas y actividades del Gobierno y la Administración General del Estado y sus Organismos públicos en la comunidad autónoma.

44. Los Delegados del Gobierno deben elevar un informe al Gobierno sobre el funcionamiento de los servicios públicos estatales en el ámbito autonómico. Pero, ¿con qué plazo y a través de qué órgano?

a) Bianualmente, a través del Ministerio con competencias en interior.
b) Anualmente, a través del Ministerio con competencias en Administraciones públicas.
c) Trimestralmente, a través del Ministerio con competencias en Hacienda.
d) Semestralmente, a través de su Secretaría General Técnica.

45. La competencia para resolver los recursos en vía administrativa interpuestos contra las resoluciones y actos dictados por los órganos de la Delegación la ostenta:

a) El Ministro competente por razón de la materia.
b) El Subdelegado del Gobierno o los Directores Insulares, en su caso.
c) El Ministro con competencias en Administraciones Públicas.
d) El Delegado del Gobierno.

46. ¿Cuál es el órgano competente para resolver las impugnaciones de resoluciones y actos del Delegado del Gobierno susceptibles de recurso administrativo y que no pongan fin a la vía administrativa?

a) El Ministerio competente en Administraciones Públicas.
b) El Ministerio con competencias en interior.
c) El Ministerio competente por razón de la materia.
d) El Presidente del Gobierno.

47. Las reclamaciones por responsabilidad patrimonial de las Administraciones Públicas por las acciones u omisiones atribuibles a los órganos de la Delegación del Gobierno se tramitarán y resolverán por:

a) El Delegado del Gobierno.
b) El Consejo de Ministros.
c) El Ministerio competente en Administraciones Públicas.
d) El Ministerio competente por razón de la materia.

48. ¿Cuándo podrán los Delgados del Gobierno suspender la ejecución de los actos impugnados dictados por los órganos de la Delegación del Gobierno?

a) Cuando se trate de servicios integrados.
b) Cuando no les corresponda la resolución del recurso.
c) Cuando les corresponda la resolución del recurso.
d) En todo caso.

49. La competencia de los Delegados del Gobierno de velar por el cumplimiento de las competencias atribuidas constitucionalmente al Estado y por la correcta aplicación de su normativa, incluye que puedan promover o interponer:

a) Conflictos colectivos.
b) Recursos de amparo sin necesidad de acreditar interés legítimo.
c) Conflictos de atribuciones.
d) Cuestiones de inconstitucionalidad.

50. Respecto a los objetivos contenidos en los planes y programas que hayan de ejecutar los servicios territoriales y los de los Organismos públicos, los Delegados del Gobierno ostentan frente a los Ministerios competentes la facultad de:

a) Impugnar sus decisiones.
b) Adoptar las decisiones que estimen convenientes, aun en contra de lo fijado.
c) Formular propuestas.
d) Rediseñar los objetivos mediante acuerdo conjunto con la comunidad autónoma en la que tenga su sede.

51. Para evitar la duplicidad de estructuras administrativas, tanto en la propia Administración General del Estado como con otras Administraciones públicas, los Delegados del Gobierno están legitimados para proponer medidas al respecto al Ministerio con competencias en:

a) Economía.
b) Administraciones públicas.
c) Interior.
d) Hacienda.

52. La coordinación de la utilización de los edificios de uso administrativo por la organización territorial de la Administración General del Estado y de los organismos públicos de ella dependientes en su ámbito territorial es competencia del:

a) Secretario General Técnico del Ministerio con competencias en hacienda.
b) Delegado del Gobierno.
c) Director General del Ministerio con competencias en Administraciones públicas.
d) Director General del Patrimonio del Estado.

53. Los Delegados del Gobierno ejercen las potestades públicas que les confieran las normas o que les sean desconcentradas o delegadas, pero la LRJSP cita expresamente las potestades:

a) Reglamentaria y autoorganizativa.
b) Tributaria y financiera.
c) Ejecutiva y revisora.
d) Sancionadora y expropiatoria.

54. ¿A quién corresponde la Jefatura de las Fuerzas de Seguridad del Estado en el ámbito de las comunidades autónomas?

a) Al Secretario de Estado de seguridad.
b) Al titular del Ministerio del Interior.
c) Al Delegado del Gobierno.
d) Al Secretario de Estado de Defensa.

55. Los Delegados del Gobierno podrán recabar de los titulares de los servicios territoriales la información que consideren oportuna, al objeto de garantizar una gestión coordinada y eficaz de los servicios estatales en el territorio:

a) Mediante el auxilio del titular del departamento correspondiente.
b) Por sí mismos, pero solo para el ejercicio de sus competencias.
c) En cualquier caso.
d) Previo requerimiento al titular del Ministerio al que se encuentren adscritos.

56. ¿Dónde tienen su sede los Subdelegados del Gobierno?

a) En cada provincia, salvo en las comunidades autónomas uniprovinciales, en las que no está prevista su existencia.
b) En la sede en la que la tenga el Consejo de Gobierno de la comunidad autónoma.
c) En aquellas capitales de provincia que no cuenten con Delegación del Gobierno.
d) En cada una de las provincias, aunque para las comunidades autónomas uniprovinciales no es obligatorio.

57. ¿De qué órgano dependen jerárquicamente los Subdelegado del Gobierno?

a) Del Consejo de Gobierno de la comunidad autónoma en la que se hallen.
b) De las Diputaciones Provinciales.
c) De los Delegados del Gobierno en la comunidad autónoma en la que radiquen.
d) Del titular del Ministerio con competencias en Administraciones públicas.

58. ¿Cuál es el nivel orgánico de los Subdelegados del Gobierno?

a) Subdirector general.
b) Director General.
c) Secretario General.
d) Secretario General Técnico.

59. Podrán ser nombrados Subdelegados del Gobierno mediante el procedimiento de libre designación entre funcionarios de carrera del Estado, de las Comunidades Autónomas o de las Entidades Locales, pertenecientes a Cuerpos o Escalas clasificados como Subgrupo:

a) B1.
b) C1.
c) A1.
d) A2.

60. En las Comunidades Autónomas uniprovinciales en las que no existe Subdelegado, ¿quién asume sus competencias en esa provincia?

a) El Secretario General de la Delegación del Gobierno.
b) El Delegado del Gobierno.

c) El Jefe del Gabinete de apoyo y asistencia.

d) Un Subdirector General del Ministerio con competencia en Administraciones públicas.

61. ¿Qué órgano estatal es el encargado de mantener las necesarias relaciones de cooperación y coordinación de la Administración General del Estado con las correspondientes entidades locales?

a) Los Directores Insulares.

b) Los Subdelegados del Gobierno.

c) Los titulares de los servicios territoriales en el ámbito de su actividad.

d) Los Delegados del Gobierno.

62. ¿Quién es el encargado de dirigir las Fuerzas y Cuerpos de Seguridad del Estado en una provincia en la que exista Subdelegación del Gobierno?

a) El Secretario de Estado de Interior.

b) El Subdelegado del Gobierno.

c) El Delegado del Gobierno.

d) El Secretario de Estado de Defensa.

63. ¿Qué labores encomienda la LRJSP a los Subdelegados del Gobierno respecto de los servicios territoriales no integrados?

a) La jefatura y dirección.

b) La supervisión e inspección.

c) Formular objetivos y proponer las medidas para el cumplimiento de sus fines.

d) La dirección y gestión de forma coordinada y eficaz.

64. ¿Cuál de las siguientes es una competencia de los Delegados del Gobierno?

a) Elevar un informe al Gobierno, sobre el funcionamiento de los servicios públicos estatales en el ámbito de su competencia.

b) Coordinar la utilización de los edificios administrativos en el ámbito territorial de su competencia.

c) Suspender la ejecución de los actos impugnados dictados por los órganos de la Subdelegación del Gobierno, cuando le corresponda resolver el recurso.

d) Ejercer la potestad expropiatoria en el ámbito de su competencia.

65. ¿Cuál de las siguientes potestades administrativas son atribuidas a los Subdelegados del Gobierno por la LRJSP?

a) La recaudatoria.

b) La autorganizativa.

c) La sancionadora.

d) La expropiatoria.

66. La estructura de las Delegaciones y Subdelegaciones del Gobierno se fija por:

a) Real Decreto.
b) Ley Orgánica.
c) Orden Ministerial.
d) Ley.

67. El órgano de gestión de los servicios comunes con los que debe contar, en todo caso, las Delegaciones y Subdelegaciones del Gobierno se denomina:

a) Servicio integrado.
b) Secretaría General.
c) Vicedelegación.
d) Subdirección General.

68. La integración de nuevos servicios territoriales o la desintegración de servicios territoriales ya integrados en las Delegaciones del Gobierno, se llevará a cabo mediante Real Decreto de Consejo de Ministros, a propuesta del:

a) Ministerio con competencias en Administraciones Públicas.
b) Consejo de Ministros.
c) Ministerio competente del área de actividad de dichos servicios.
d) Los órganos a que se refieren las respuestas a) y c), de forma conjunta.

69. La asistencia jurídica a las Delegaciones y Subdelegaciones del Gobierno se ejerce por:

a) La Abogacía del Estado.
b) El órgano consultivo correspondiente.
c) La Secretaría General Técnica.
d) Los servicios comunes.

70. ¿Qué órgano se encarga del control económico financiero de las Delegaciones y Subdelegaciones del Gobierno?

a) El Tribunal de Cuentas.
b) Los servicios comunes.
c) La Intervención General de la Administración del Estado.
d) La Agencia Tributaria de la Administración del Estado.

71. El órgano colegiado responsable de coordinar la actuación de la Administración periférica del Estado con los distintos Departamentos ministeriales se denomina:

a) Consejo Interadministrativo.
b) Comisión Interministerial.

c) Mesa Interministerial.
d) Consejo Interterritorial.

72. ¿Cuáles son los órganos colegiados de asistencia a las Delegaciones y Subdelegaciones del Gobierno?

a) Las Comisiones Interministeriales.
b) Los Consejos Interadministrativos.
c) Las Comisiones Territoriales.
d) Los Consejos Interministeriales.

73. ¿Cuál de las siguientes funciones están atribuidas a las Comisiones territoriales de asistencia a los Delegados y Subdelegados del Gobierno?

a) La coordinación de los órganos del área funcional integrados.
b) Asesoramiento en la elaboración de las propuestas de simplificación administrativa y racionalización en la utilización de los recursos.
c) Intervención y control económico financiero.
d) Información sobre la incidencia en el territorio de los programas de financiación estatal.

74. ¿Qué diferencias establece la LRJSP entre las Comisiones territoriales de asistencia al Delegado del Gobierno en las comunidades autónomas pluriprovinciales y las existentes en las uniprovinciales?

a) Ninguna.
b) Quien las preside.
c) Los órganos que la integran.
d) Las funciones que desarrollan.

75. El Servicio Exterior del Estado se rige en todo lo concerniente a su composición, organización, funciones, integración y personal por:

a) La LRJSP exclusivamente.
b) Su normativa propia y supletoriamente por la LRJSP.
c) Su normativa propia exclusivamente.
d) Los tratados internacionales, y en lo que estos no prevean por la LRJSP.

Soluciones comentadas

1. c) Administración General del Estado.

La Ley 40/2015, de 1 de octubre, de Régimen Jurídico del Sector Público se estructura en 158 artículos repartidos en los siguientes títulos:

- Título Preliminar: Disposiciones Generales, principios de actuación y funcionamiento del sector público.
- Título I: Administración General del Estado.
- Título II: Organización y funcionamiento del sector público institucional.
- Título III: Relaciones interadministrativas.

Además, la Ley de Régimen Jurídico del Sector Público cuenta con 30 disposiciones adicionales, 4 disposiciones transitorias, 1 disposición derogatoria y 18 disposiciones finales.

2. b) Cuatro.

El Título I "Administración General del Estado" de la Ley 40/2015, de 1 de octubre, de Régimen Jurídico del Sector Público se estructura en los siguientes capítulos:

- Capítulo I: Organización administrativa.
- Capítulo II: Los Ministerios y su estructura interna.
- Capítulo III: Órganos territoriales.
- Capítulo IV: De la Administración General del Estado en el exterior.

3. c) El Ministerio de Hacienda y Administraciones Públicas.

Art. 54.2.

Las competencias en materia de organización administrativa, régimen de personal, procedimientos e inspección de servicios, no atribuidas específicamente conforme a una ley a ningún otro órgano de la Administración General del Estado, ni al Gobierno, corresponderán al Ministerio de Hacienda y Administraciones Públicas.

4. d) Descentralización funcional y desconcentración funcional y territorial.

Art. 54.1.

La Administración General del Estado actúa y se organiza de acuerdo con los principios establecidos en el artículo 3, así como los de descentralización funcional y desconcentración funcional y territorial.

5. d) Todas las respuestas son correctas.

Art. 55.2.

La Administración General del Estado comprende:

a) La Organización Central, que integra los Ministerios y los servicios comunes.

b) La Organización Territorial.

c) La Administración General del Estado en el exterior.

6. a) Los Subsecretarios.

Art. 55.3.

En la organización central son órganos superiores y órganos directivos:

a) Órganos superiores:

    1.º Los Ministros.

    2.º Los Secretarios de .

7. b) Los Secretarios de Estado.

Art. 55.3.

En la organización central son órganos superiores y órganos directivos:

a) Órganos superiores:

    1.º Los Ministros.

    2.º Los Secretarios de Estado.

b) Órganos directivos:

    1.º Los Subsecretarios y Secretarios Generales.

    2.º Los Secretarlos Generales técnicos y Dlrectores Generales.

    3.º Los Subdirectores Generales.

8. b) Subsecretario.

Art. 55.4.

En la organización territorial de la Administración General del Estado son órganos directivos tanto los Delegados del Gobierno en las Comunidades Autónomas, que tendrán rango de Subsecretario, como los Subdelegados del Gobierno en las provincias, los cuales tendrán nivel de Subdirector General.

9. c) Subdirector General.

Art. 55.4.

En la organización territorial de la Administración General del Estado son órganos directivos tanto los Delegados del Gobierno en las Comunidades Autónomas, que tendrán rango de Subsecretario, como los Subdelegados del Gobierno en las provincias, los cuales tendrán nivel de Subdirector General.

10. b) Unidades administrativas.

Art. 56.1.

Las unidades administrativas son los elementos organizativos básicos de las estructuras orgánicas. Las unidades comprenden puestos de trabajo o dotaciones de plantilla vinculados funcionalmente por razón de sus cometidos y orgánicamente por una jefatura común. Pueden existir unidades administrativas complejas, que agrupen dos o más unidades menores.

11. b) Los Ministros y los Secretarios de Estado.

Art. 55.10.

Los Ministros y Secretarios de Estado son nombrados de acuerdo con lo establecido en la Ley 50/1997, de 27 de noviembre, del Gobierno y en la Ley 3/2015, de 30 de marzo, reguladora del ejercicio del alto cargo de la Administración General del Estado.

12. b) Real Decreto del Presidente del Gobierno.

Art. 57.3.

La determinación del número, la denominación y el ámbito de competencia respectivo de los Ministerios y las Secretarías de Estado se establecen mediante Real Decreto del Presidente del Gobierno.

13. a) Una Subsecretaría.

Art. 58.

1. En los Ministerios pueden existir Secretarías de Estado, y Secretarías Generales, para la gestión de un sector de actividad administrativa. De ellas dependerán jerárquicamente los órganos directivos que se les adscriban.

2. Los Ministerios contarán, en todo caso, con una Subsecretaría, y dependiendo de ella una Secretaría General Técnica, para la gestión de los servicios comunes previstos en este Título.

14. d) Las Direcciones Generales.

Art. 58.3.

Las Direcciones Generales son los órganos de gestión de una o varias áreas funcionalmente homogéneas.

15. c) Real Decreto del Consejo de Ministros.

Art. 59.1.

Las Subsecretarías, las Secretarías Generales, las Secretarías Generales Técnicas, las Direcciones Generales, las Subdirecciones Generales, y órganos similares a los anteriores se crean, modifican y suprimen por Real Decreto del Consejo de Ministros, a iniciativa del Ministro interesado y a propuesta del Ministro de Hacienda y Administraciones Públicas.

16. a) Subsecretario.

Art. 60.2.

Los órganos directivos dependen de alguno de los anteriores y se ordenan jerárquicamente entre sí de la siguiente forma: Subsecretario, Director General y Subdirector General.

Los Secretarios Generales tienen categoría de Subsecretario y los Secretarios Generales Técnicos tienen categoría de Director General.

17. b) Director General.

Art. 60.2.

Los órganos directivos dependen de alguno de los anteriores y se ordenan jerárquicamente entre sí de la siguiente forma: Subsecretario, Director General y Subdirector General.

Los Secretarios Generales tienen categoría de Subsecretario y los Secretarios Generales Técnicos tienen categoría de Director General.

18. a) El Ministro.

Art. 61.g.

Los Ministros, como titulares del departamento sobre el que ejercen su competencia, dirigen los sectores de actividad administrativa integrados en su Ministerio, y asumen la responsabilidad inherente a dicha dirección. A tal fin, les corresponden las siguientes funciones:

g) Autorizar las comisiones de servicio con derecho a indemnización por cuantía exacta para altos cargos dependientes del Ministro.

19. b) Los Subsecretarios.

Art. 63.1.c)

Los Subsecretarios ostentan la representación ordinaria del Ministerio, dirigen los servicios comunes, ejercen las competencias correspondientes a dichos servicios comunes y, en todo caso, las siguientes:

c) Establecer los programas de inspección de los servicios del Ministerio, así como determinar las actuaciones precisas para la mejora de los sistemas de planificación, dirección y organización y para la racionalización y simplificación de los procedimientos y métodos de trabajo, en el marco definido por el Ministerio de Hacienda y Administraciones Públicas.

20. c) Cuando las normas que regulan la estructura de un Ministerio prevean la existencia de un Secretario General, deberán determinar las competencias que le correspondan sobre un sector de actividad administrativa determinado.

Art. 64.1.

Cuando las normas que regulan la estructura de un Ministerio prevean la existencia de un Secretario General, deberán determinar las competencias que le correspondan sobre un sector de actividad administrativa determinado.

21. c) Igualdad, mérito y capacidad.

Art. 67.2.

Los Subdirectores Generales serán nombrados, respetando los principios de igualdad, mérito y capacidad, y cesados por el Ministro, Secretario de Estado o Subsecretario del que dependan.

22. d) Todas las respuestas son correctas.

Art. 67.2.

Los Subdirectores Generales serán nombrados, respetando los principios de igualdad, mérito y capacidad, y cesados por el Ministro, Secretario de Estado o Subsecretario del que dependan.

23. b) El Subsecretario.

Art. 63.1.m.

Los Subsecretarios ostentan la representación ordinaria del Ministerio, dirigen los servicios comunes, ejercen las competencias correspondientes a dichos servicios comunes y, en todo caso, las siguientes:

m) Convocar y resolver pruebas selectivas de personal funcionario y laboral.

24. b) El Subsecretario.

Art. 63.1.ñ.

Los Subsecretarios ostentan la representación ordinaria del Ministerio, dirigen los servicios comunes, ejercen las competencias correspondientes a dichos servicios comunes y, en todo caso, las siguientes:

ñ) Ejercer la potestad disciplinaria del personal del Departamento por faltas graves o muy graves, salvo la separación del servicio.

25. a) El Ministro.

Art. 61.

Los Ministros, como titulares del departamento sobre el que ejercen su competencia, dirigen los sectores de actividad administrativa integrados en su Ministerio, y asumen la responsabilidad inherente a dicha dirección. A tal fin, les corresponden las siguientes funciones:

s) Imponer la sanción de separación del servicio por faltas muy graves.

26. b) Una por cada comunidad autónoma.

El art. 69.1 de la Ley 40/2015, de 1 de octubre, prevé la existencia de una Delegación del Gobierno en cada una de las Comunidades Autónomas. Las Delegaciones del Gobierno son los representantes del poder ejecutivo estatal, el Gobierno de España, en el territorio de las comunidades autónomas, de conformidad con lo dispuesto en el artículo 154 de la Constitución: "Un Delegado nombrado por el Gobierno dirigirá la Administración del Estado en el territorio de la comunidad autónoma y la coordinará, cuando proceda, con la administración propia de la Comunidad".

27. b) En la ciudad en la que se encuentre el Consejo de Gobierno de la comunidad autónoma.

El art. 69.2 de la Ley 40/2015, de 1 de octubre (LRJSP), radica la sede de las Delegaciones del Gobierno en la localidad en la que lo tenga, a su vez el Consejo de Gobierno de la comunidad autónoma, salvo que el Consejo de Ministros acuerde ubicarla en otra distinta y sin perjuicio de lo que disponga expresamente el Estatuto de Autonomía. Por tanto, la regla general es esa, lo que no empece para que el Consejo de Ministros pueda ubicarla en otra distinta, o incluso, que se prevea otra por el Estatuto de Autonomía, como ocurre en Canarias, donde la DA 5.ª de su Estatuto dispone expresamente que se sitúa en la ciudad de Las Palmas de Gran Canaria, pese a que su capitalidad es compartida entre esta ciudad y Santa Cruz de Tenerife.

28. a) Administraciones públicas.

Si bien el art. 69.3 de la Ley 40/2015, determina que las Delegaciones del Gobierno están adscritas orgánicamente al Ministerio de Hacienda y Administraciones Públicas, ello se debe a que esa era la denominación del Ministerio con competencias en Administraciones públicas en ese momento, pues ya el art. 2 del Real Decreto 1330/1997, de 1 de agosto, de integración de servicios periféricos y de estructura de las Delegaciones del Gobierno, las adscribía a las competencias propias de este.

No obstante, la asistencia jurídica y las funciones de intervención y control financiero en relación con las Delegaciones del Gobierno se ejercerán por el Servicio Jurídico del Estado y la Intervención General de la Administración del Estado de los Ministerios de Justicia y de Economía y Hacienda respectivamente, de acuerdo con su normativa específica.

29. c) En cada provincia de las comunidades autónomas pluriprovinciales y en algunas uniprovinciales cuando así se justifique.

Según el art. 64.4 de la LRJSP, "En cada una de las provincias de las Comunidades Autónomas pluriprovinciales, existirá un Subdelegado del Gobierno, que estará bajo la inmediata dependencia del Delegado del Gobierno.

Podrán crearse por Real Decreto Subdelegaciones del Gobierno en las Comunidades Autónomas uniprovinciales, cuando circunstancias tales como la población del territorio, el volumen de gestión o sus singularidades geográficas, sociales o económicas así lo justifiquen."

Hasta la fecha, salvo Madrid (Real Decreto 466/2003, de 25 de abril), ninguna otra comunidad autónoma uniprovincial tiene subdelegación del Gobierno.

30. b) El Delegado del Gobierno.

Según dispone el art. 70 de la LRJSP, los Directores Insulares de la Administración General del Estado, con el nivel que se determine en la relación de puestos de trabajo, son nombrados por el Delegado del Gobierno.

Conforme al art. 7 del Real Decreto 617/1997, de 25 de abril, de Subdelegados del Gobierno y Directores insulares de la Administración General del Estado, el nombramiento y cese de los Directores insulares de la Administración General del Estado se hará por Resolución del Delegado del Gobierno, que será publicada en el «Boletín Oficial del Estado».

31. d) Ningún otro órgano, pues pueden coexistir, si bien ejercen las mismas funciones que los Subdelegados del Gobierno.

LA LRJSP prevé, en el último párrafo del art. 70, la coexistencia de estas instituciones, pues establece la dependencia jerárquica de las Direcciones Insulares tanto del Delegado del Gobierno como del Subdelegado del Gobierno en la provincia, cuando este cargo exista, ejerciendo, en su ámbito territorial, las competencias atribuidas por esta ley a los Subdelegados del Gobierno en las provincias.

El Real Decreto 617/1997, de 25 de abril, de Subdelegados del Gobierno y Directores insulares de la Administración General del Estado, parece referirse a la situación en la que los territorios de las islas no coincidan con la provincia, por lo que su art. 6 establece un Director insular de la Administración General del Estado en las islas de Menorca, Ibiza-Formentera, Lanzarote, Fuerteventura, La Palma, El Hierro y La Gomera. Es necesario recordar que en Canarias, por ejemplo, la provincia de Las Palmas está formada por las islas de Gran Canaria, Fuerteventura, Lanzarote y La Graciosa, mientras que la de Santa Cruz de Tenerife la forman las islas de Tenerife, La Palma, La Gomera y El Hierro.

32. a) Libre designación.

Preceptúa el art. 70 de la LRJSP, que los Directores Insulares serán nombrados mediante el procedimiento de libre designación entre funcionarios de carrera del Estado, de las Comunidades Autónomas o de las Entidades Locales.

El nombramiento se producirá por este procedimiento de libre designación, a propuesta del Subdelegado del Gobierno en la provincia, cuando este cargo exista, entre funcionarios de carrera del Estado, de las Comunidades Autónomas o de las Entidades locales a los que se exija para su ingreso el título de Doctor, Licenciado, Ingeniero, Arquitecto o equivalente, o el título de Ingeniero técnico, Arquitecto técnico, Diplomado universitario o equivalente.

33. a) A1.

Preceptúa el art. 70 de la LRJSP, que los Directores Insulares serán nombrados mediante el procedimiento de libre designación entre funcionarios de carrera del Estado, de las Comunidades Autónomas o de las Entidades Locales, pertenecientes a Cuerpos o Escalas clasificados como Subgrupo A1.

Conforme al art. 76 del Real Decreto Legislativo 5/2015, de 30 de octubre, por el que se aprueba el texto refundido de la Ley del Estatuto Básico del Empleado Público: "Los cuerpos y escalas se clasifican, de acuerdo con la titulación exigida para el acceso a los mismos, correspondiendo al Grupo A (dividido en dos Subgrupos, A1 y A2) la exigencia de estar en posesión del título universitario de Grado. La diferencia entre los subgrupos A1 y A2 se encuentra en función del nivel de responsabilidad de las funciones a desempeñar y de las características de las pruebas de acceso.

34. c) Integrados y no integrados.

A los servicios territoriales de la Administración General del Estado en las comunidades autónomas se refiere el art. 71.1 de la LRJSP, distinguiendo entre los que se integran en las Delegaciones del Gobierno y los no integrados.

Esta división es fruto de lo previsto en la Disposición Final Segunda de la hoy derogada, por la propia Ley 40/2015, Ley 6/1997, de 14 de abril, de Organización y Funcionamiento de la Administración General del Estado, que preveía que en el plazo de seis meses desde su entrada en vigor, el Consejo de Ministros, a propuesta del Ministro de Administraciones Públicas, de acuerdo con los Ministros interesados, fijará, mediante Real Decreto, la estructura de las Delegaciones del Gobierno, que incluirá los servicios que deban integrarse y su distribución en el ámbito autonómico y provincial, de acuerdo con lo previsto en los artículos 33 y 34 de dicha Ley.

Así, el Real Decreto 1330/1997, de 1 de agosto, de integración de servicios periféricos y de estructura de las Delegaciones del Gobierno, integró determinados servicios periféricos del Estado en las Delegaciones del Gobierno.

35. b) Subdirección General.

El art. 71.2 de la LRJSP exige que se establezca mediante Real Decreto la organización de los servicios territoriales no integrados en las Delegaciones del Gobierno cuando contemple unidades con nivel de Subdirección General o equivalentes, mientras que servirá Orden conjunta del titular del Ministerio del que dependan y del titular del Ministerio que tenga atribuida la competencia para la racionalización, análisis y evaluación de las estructuras organizativas de la Administración General del Estado, cuando afecte a órganos inferiores.

En consecuencia, se exigirá Real Decreto para la organización de los servicios territoriales no integrados en las Delegaciones del Gobierno en el que existan unidades con nivel de Subdirección General o equivalentes.

36. c) Del órgano central competente sobre el sector de actividad en el que aquellos operen.

Como quiera que los servicios territoriales no integrados prestan sus servicios en unos determinados ámbitos de actividad, caso de las Gerencias Territoriales de Justicia, y las Delegaciones de Defensa, Mutualidad General de Funcionarios Civiles del Estado, Consorcio de Compensación de Seguros o del Servicio Público de Empleo Estatal, el art. 71.3 de la LRJSP los subordina al órgano central competente sobre su sector de actividad.

Por tanto, serán estos quienes fijen sus objetivos concretos de actuación y controlen su ejecución, así como el funcionamiento de los servicios dependientes.

37. a) La Secretaría General.

El art. 70.4 de la LRJSP dispone que "Los servicios territoriales integrados dependerán del Delegado del Gobierno, o en su caso Subdelegado del Gobierno, a través de la Secretaría General", si bien les impone el deber de actuar conforme a las instrucciones técnicas y criterios operativos establecidos por el Ministerio competente por razón de la materia.

La Secretaria General es el órgano de gestión de los servicios comunes, y de la que dependen los distintos servicios integrados en la misma, así como aquellos otros servicios y unidades que se determine en la relación de puestos de trabajo (art. 76 LRJSP).

38. b) Los Delegados del Gobierno.

Se muestra taxativo el apartado 1.º del art. 72 de la LRJSP, según el cual los Delegados del Gobierno representan al Gobierno de la Nación en el territorio de la respectiva comunidad autónoma, sin perjuicio de la representación ordinaria del Estado en las mismas a través de sus respectivos presidentes.

La irrupción de la nueva organización territorial de España tras la entrada en vigor de la Constitución, con la inclusión de las autonomías, exigió el desarrollo del art. 154 CE (el Delegado que nombre el Gobierno en cada comunidad autónoma se denominará Delegado del Gobierno, y dirigirá la Administración del Estado en el territorio de la comunidad autónoma y la coordinará, cuando proceda, con la Administración propia de la Comunidad), lo que se hizo por Ley 17/1983, de 16 de noviembre, sobre desarrollo del artículo 154 de la Constitución, que fue derogada por la Ley 6/1997, de 14 de abril, de Organización y Funcionamiento de la Administración General del Estado, que a su vez ha sido derogada por la propia Ley 40/2015, de 1 de octubre.

39. c) Subsecretarios de Estado.

El art. 72.3 de la LRJSP dispone que "Los Delegados del Gobierno son órganos directivos con rango de Subsecretario que dependen orgánicamente del Presidente del Gobierno y funcionalmente del Ministerio competente por razón de la materia".

Este es el máximo nivel que se prevé para los órganos directivos (art. 60.2 LRJSP) pues, no en vano, los Delegados del Gobierno dirigen y supervisan la Administración General del Estado en el territorio de las respectivas Comunidades Autónomas y la coordinan, internamente y cuando proceda, con la administración propia de cada una de ellas y con la de las Entidades Locales radicadas en la Comunidad (art. 72.2 LRJSP).

40. b) Real Decreto del Consejo de Ministros.

Según el párrafo 4.º del art. 72 de la LRJSP, "Los Delegados del Gobierno serán nombrados y separados por Real Decreto del Consejo de Ministros, a propuesta del Presidente del Gobierno. Su nombramiento atenderá a criterios de competencia profesional y experiencia. En todo caso, deberá reunir los requisitos de idoneidad establecidos en la Ley 3/2015, de 30 de marzo, reguladora del ejercicio del alto cargo de la Administración General del Estado".

Para el art. 2 de la Ley 2/20105, son idóneos quienes reúnen honorabilidad y la debida formación y experiencia en la materia, en función del cargo que vayan a desempeñar.

41. a) El Subdelegado del Gobierno que el Delegado designe.

Dispone el párrafo 5.º del art. 72 de la LRJSP que en los casos de ausencia, vacante o enfermedad del titular de la Delegación del Gobierno, será suplido por el Subdelegado del Gobierno que el Delegado designe y, en su defecto, al de la provincia en que tenga su sede. En las Comunidades Autónomas uniprovinciales en las que no exista Subdelegado la suplencia corresponderá al Secretario General.

Así, pues, el orden jerárquico en las sustituciones pasa por el Subdelegado que designe el propio delegado, el de la provincia en la que tenga su sede, y en caso de que no exista este cargo, el Secretario General.

42. b) Nombran a los Subdelegados del Gobierno en las provincias de su ámbito de actuación y, en su caso, a los Directores Insulares.

Conforme al art. 73.1.a) de la LRJSP, los Delegados del Gobierno, en cuanto a las competencias de dirección y coordinación de la Administración General del Estado y sus Organismos públicos, impulsan, coordinan y supervisan, con carácter general, su actividad en el territorio de la comunidad autónoma, pero solo dirigen los servicios integrados.

No nombran a los titulares de órganos territoriales de la Administración General del Estado y los Organismos públicos estatales de ámbito autonómico y provincial en la Delegación del Gobierno, sino que informan, preceptivamente las propuestas de nombramiento.

Si es de su competencia, en cambio, el nombramiento de los Subdelegados del Gobierno en las provincias de su ámbito de actuación y, en su caso, a los Directores Insulares, y como superior jerárquico, dirigir y coordinar su actividad.

43. d) Coordinar la información sobre los programas y actividades del Gobierno y la Administración General del Estado y sus Organismos públicos en la comunidad autónoma.

Al amparo de lo previsto en el art. 73.1.b) de la LRJSP, los Delegados del Gobierno son competentes para coordinar la información sobre los programas y actividades del Gobierno y la Administración General del Estado y sus Organismos públicos en la comunidad autónoma, pero solo promueven la colaboración con las restantes Administraciones públicas en materia de información al ciudadano, así como, reciben información de los distintos Ministerios de los planes y programas que hayan de ejecutar sus respectivos servicios territoriales y Organismos públicos en su ámbito territorial.

44. b) Anualmente, a través del Ministerio con competencias en Administraciones públicas.

El art. 73.1.b) de la LRJSP dispone que compete al Delegado del Gobierno elevar, con carácter anual, a través del titular del Ministerio de Hacienda y Administraciones Públicas, al Gobierno, un informe sobre el funcionamiento de los servicios públicos estatales en el ámbito autonómico.

Si bien es cierto que la norma cita al Ministerio de Hacienda y Administraciones Públicas, es solo porque ese es la denominación del Ministerio que tenía competencias en Administraciones públicas en el momento de dictarse la Ley 40/2015, si bien dichas competencias han sido asumidas por el Ministerio de Política Territorial y Memoria Democrática.

45. d) El Delegado del Gobierno.

El art. 73.1.d).1.º de la LRJSP, otorga a los Delegados del Gobierno la competencia para resolver los recursos en vía administrativa interpuestos contra las resoluciones y actos dictados por los órganos de la Delegación, previo informe, en todo caso, del Ministerio competente por razón de la materia.

Lógicamente, al tratarse del titular de la Delegación del Gobierno, la competencia para resolver las impugnaciones contra actos y resoluciones de su órgano es del propio Delegado que, cuando se traten de recursos de alzada, que será la regla general, agotarán, además, la vía administrativa.

46. c) El Ministerio competente por razón de la materia.

El párrafo 2.º del apartado 1.º, letra d) del art. 73.1 de la LRJSP atribuye a los órganos correspondientes del Ministerio competente por razón de la materia resolver las impugnaciones de resoluciones y actos del Delegado del Gobierno susceptibles de recurso administrativo y que no pongan fin a la vía administrativa.

Esto sucederá cuando los Delegados del Gobierno actúen como autor de actos o resoluciones que hayan sido tramitados por los servicios integrados que de ellos dependan en las actividades propias del ámbito material en que el participen, ya sea en las áreas de fomento, industria, energía, agricultura, sanidad o educación (Real Decreto 1330/1997, de 1 de agosto, de integración de servicios periféricos y de estructura de las Delegaciones del Gobierno), en la que serán los titulares del Ministerio que tenga atribuida esa materia el encargado de resolver.

47. d) El Ministerio competente por razón de la materia.

Se expresa esta salvedad a las competencias que le son legalmente atribuidas a los Delgados del Gobierno en el párrafo 3.º del apartado 1.º, letra d) del art. 73.1 de la LRJSP, en el que se manifiesta que "Las reclamaciones por responsabilidad patrimonial de las Administraciones Públicas se tramitarán por el Ministerio competente por razón de la materia y se resolverán por el titular de dicho Departamento".

48. c) Cuando les corresponda la resolución del recurso.

Así lo establece el art. 73.1.d).2.º de la LRJSP, que otorga a los Delegados del Gobierno la competencia para suspender la ejecución de los actos impugnados dictados por los órganos de la Delegación del Gobierno, cuando le corresponda resolver el recurso, de acuerdo con el artículo 117.2 de la Ley del Procedimiento Administrativo Común de las Administraciones públicas, y proponer la suspensión en los restantes casos, así como respecto de los actos impugnados dictados por los servicios no integrados en la Delegación del Gobierno.

Esto es redundar en lo establecido, efectivamente, en el art. 117.2 de la LPACAP, que dispone que el órgano a quien competa resolver el recurso, previa ponderación, suficientemente razonada, entre el perjuicio que causaría al interés público o a terceros la suspensión y el ocasionado al recurrente como consecuencia de la eficacia inmediata del acto recurrido, podrá suspender, de oficio o a solicitud del recurrente, la ejecución del acto impugnado cuando concurran alguna de las siguientes circunstancias:

a) Que la ejecución pudiera causar perjuicios de imposible o difícil reparación.

b) Que la impugnación se fundamente en alguna de las causas de nulidad de pleno derecho.

49. c) Conflictos de atribuciones.

Con carácter general el párrafo 3.º del apartado d) del art. 73.1 de la LRJSP atribuye a los Delegados del Gobierno la competencia de velar por el cumplimiento de las competencias atribuidas constitucionalmente al Estado y por la correcta aplicación de su normativa, promoviendo o interponiendo, según corresponda, conflictos de jurisdicción, conflictos de atribuciones, recursos y demás acciones legalmente procedentes.

En virtud de dicha competencia, ostentan legitimación activa para interponer el procedimiento sobre conflicto de atribuciones, a fin de dirimir las controversias que puedan suscitarse entre órganos de una misma Administración no relacionados jerárquicamente, y respecto a asuntos sobre los que no haya finalizado el procedimiento administrativo (art. 14.1 LRJSP).

Nada tienen que ver los conflictos colectivos, figura propia del orden laboral, ni los recursos de inconstitucionalidad, para que solo tienen legitimación activa los sujetos previstos en el art. 162 CE, es decir, el Presidente del Gobierno, el Defensor del Pueblo, 50 Diputados, 50 Senadores, los órganos colegiados ejecutivos de las Comunidades Autónomas y, en su caso, las Asambleas de las mismas.

50. c) Formular propuestas.

El art. 73.1.e).1.º de la LRJSP atribuye a los Delegados del Gobierno la competencia de formular a los Ministerios competentes, en cada caso, las propuestas que estime convenientes sobre los objetivos contenidos en los planes y programas que hayan de ejecutar los servicios territoriales y los de los Organismos públicos, e informar, regular y periódicamente, a los Ministerios competentes sobre la gestión de sus servicios territoriales.

No pueden, en cambio, contradecir los objetivos que le son marcados ni establecer o ejecutar otros que entiendan más convenientes, dado que dichos objetivos los marca el Ministerio competente por razón de la materia, ya que tanto los servicios territoriales no integrados, dependientes del órgano central competente sobre el sector de actividad en el que aquellos operen, el cual les fijará los objetivos concretos de actuación y controlará su ejecución, así como el funcionamiento de los servicios, como los servicios territoriales integrados, estos si, dependientes del Delegado del Gobierno, actuarán de acuerdo con las instrucciones técnicas y criterios operativos establecidos por el Ministerio competente por razón de la materia.

51. b) Administraciones públicas.

El art. 73.1.e).2.º de la Ley 40/2015, de 1 de octubre, atribuye a los Delegados del Gobierno las competencias para proponer ante el Ministro de Hacienda y Administraciones Públicas las medidas precisas para evitar la duplicidad de estructuras administrativas, tanto en la propia Administración General del Estado como con otras Administraciones públicas, conforme a los principios de eficacia y eficiencia.

La LRJSP copia casi literalmente en su artículo 3.1 el contenido del artículo 103.1 de la Constitución, que recoge los principios de actuación de las Administraciones públicas, entre los que se encuentran los de eficacia en el cumplimiento de los objetivos fijados y eficiencia en la asignación y utilización de los recursos públicos.

52. b) Delegado del Gobierno.

De acuerdo con el párrafo 4.º de la letra e) del art. 73.1 de la LRJSP, el Delegado del Gobierno resulta competente para la coordinación de la utilización de los edificios de uso administrativo por la organización territorial de la Administración General del Estado y de los organismos públicos de ella dependientes en su ámbito territorial, en los términos establecidos en la Ley 33/2003, de 3 de noviembre, del Patrimonio de las Administraciones Públicas.

Por su parte el art. 159 de la Ley 33/2003, establece que la coordinación de la utilización de los edificios de uso administrativo por la organización territorial de la Administración General del Estado y de los organismos públicos de ella dependientes en el ámbito de las comunidades autónomas y de las Ciudades de Ceuta y Melilla corresponde a los Delegados del Gobierno, de acuerdo con las directrices establecidas por el Ministro de Hacienda y el Director General del Patrimonio del Estado. Eso sí, aunque bajo la dependencia del Delegado del Gobierno, son los Subdelegados del Gobierno quienes coordinan la utilización de los edificios administrativos en el ámbito territorial de su competencia.

53. d) Sancionadora y expropiatoria.

En efecto, el art. 73.2 de la LRJSP cita expresamente que los Delegados del Gobierno ejercerán la potestad sancionadora, expropiatoria y cualesquiera otras que les confieran las normas o que les sean desconcentradas o delegadas.

Así, la Ley Orgánica 4/2015, de 30 de marzo, de protección de la seguridad ciudadana, manifiesta que son autoridades y órganos competentes en materia de seguridad ciudadana, en el ámbito de la Administración General del Estado, los Delegados del Gobierno en las comunidades autónomas y en las Ciudades de Ceuta y Melilla, a los que otorga competencia para la imposición de sanciones por infracciones graves y leves.

Por su parte, la vigente Ley de 16 de diciembre de 1954 sobre expropiación forzosa, considera órgano expropiante a los Gobernadores Civiles (hoy Delegados y Subdelegados del Gobierno en los términos establecidos en la disposición adicional cuarta de la Ley 6/1997, de 14 de abril, de Organización y Funcionamiento de la Administración General del Estado).

54. c) Al Delegado del Gobierno.

El artículo 73.3 de la LRJSP establece que corresponde a los Delegados del Gobierno proteger el libre ejercicio de los derechos y libertades y garantizar la seguridad ciudadana, a través de los Subdelegados del Gobierno y de las Fuerzas y Cuerpos de seguridad del Estado, cuya jefatura corresponderá al Delegado del Gobierno, quien ejercerá las competencias del Estado en esta materia bajo la dependencia funcional del Ministerio del Interior.

El art. 5 de la Ley Orgánica 4/2015, de 30 de marzo, de protección de la seguridad ciudadana, dispone que son autoridades y órganos competentes en materia de seguridad ciudadana, en el ámbito de la Administración General del Estado:

a) El Ministro del Interior.

b) El Secretario de Estado de Seguridad.

c) Los titulares de los órganos directivos del Ministerio del Interior que tengan atribuida tal condición, en virtud de disposiciones legales o reglamentarias.

d) Los Delegados del Gobierno en las comunidades autónomas y en las Ciudades de Ceuta y Melilla.

e) Los Subdelegados del Gobierno en las provincias y los Directores Insulares.

55. b) Por sí mismos, pero solo para el ejercicio de sus competencias.

El art. 73.4 de la RJSP permite a los Delegados del Gobierno, para el ejercicio de las competencias recogidas en ese artículo, recabar de los titulares de dichos servicios toda la información relativa a su actividad, estructuras organizativas, recursos humanos, inventarios de bienes muebles e inmuebles o a cualquier otra materia o asunto que consideren oportuno al objeto de garantizar una gestión coordinada y eficaz de los servicios estatales en el territorio.

56. d) En cada una de las provincias, aunque para las comunidades autónomas uniprovinciales no es obligatorio.

El art. 74 de la LRJSP establece que existirá un Subdelegado del Gobierno en cada provincia. Asimismo se dispone en el art. 1 del Real Decreto 617/1997, de 25 de abril, de Subdelegados del Gobierno y Directores insulares de la Administración General del Estado.

No obstante, el art. 69 de la Ley 40/2015 exige que para crearse Subdelegaciones del Gobierno en las Comunidades Autónomas uniprovinciales sea necesaria su justificación debido a circunstancias tales como la población del territorio, el volumen de gestión o sus singularidades geográficas, sociales o económicas.

57. c) De los Delegados del Gobierno en la comunidad autónoma en la que radiquen.

El art. 74 de la LRJSP sitúa a los Subdelegados del Gobierno bajo la inmediata dependencia del Delegado del Gobierno en la respectiva comunidad autónoma, lo que ya venía proclamando el art. 1.2 del Real Decreto 617/1997, de 25 de abril, al disponer que los Subdelegados del Gobierno en las provincias dependerán jerárquicamente del Delegado del Gobierno en la comunidad autónoma.

Asimismo, el Real Decreto 1330/1997, de 1 de agosto, de integración de servicios periféricos y de estructura de las Delegaciones del Gobierno, adscribe, en su art. 2.2, a las Subdelegaciones del Gobierno como órganos integrados en las Delegaciones del Gobierno.

58. a) Subdirector general.

Así se manifiestan tanto el art. 74 de la LRJSP, como el art. 1 Real Decreto 617/1997, de 25 de abril, de Subdelegados del Gobierno y Directores insulares de la Administración General del Estado.

Conforme al art. 67 de la LRJSP, los Subdirectores generales son los responsables inmediatos, bajo la supervisión del titular del órgano del que dependan, de la ejecución de aquellos proyectos, objetivos o actividades que les sean asignados, así como de la gestión ordinaria de los asuntos de la competencia de la Subdirección General.

59. c) A1.

Así lo exige el art. 74 de la LRJSP, que cita expresamente al Subgrupo A1, lo que no hacía el art. 2.2 del Real Decreto 617/1997, de 25 de abril, de Subdelegados del Gobierno y Directores insulares de la Administración General del Estado, para el cual la exigencia era que los funcionarios hubieran necesitado para su ingreso en la función pública el título de Doctor, Licenciado, Ingeniero, Arquitecto o equivalente.

Conforme al art. 76 del Real Decreto Legislativo 5/2015, de 30 de octubre, por el que se aprueba el texto refundido de la Ley del Estatuto Básico del Empleado Público: "Los cuerpos y escalas se clasifican, de acuerdo con la titulación exigida para el acceso a los mismos, en los siguientes grupos:

Grupo A: Dividido en dos Subgrupos, A1 y A2. Para el acceso a los cuerpos o escalas de este Grupo se exigirá estar en posesión del título universitario de Grado. En aquellos supuestos en los que la ley exija otro título universitario será éste el que se tenga en cuenta.

La clasificación de los cuerpos y escalas en cada Subgrupo estará en función del nivel de responsabilidad de las funciones a desempeñar y de las características de las pruebas de acceso.

Grupo B. Para el acceso a los cuerpos o escalas del Grupo B se exigirá estar en posesión del título de Técnico Superior.

Grupo C. Dividido en dos Subgrupos, C1 y C2, según la titulación exigida para el ingreso.

C1: Título de Bachiller o Técnico.

C2: Título de Graduado en Educación Secundaria Obligatoria."

60. b) El Delegado del Gobierno.

Esta atribución competencial se realiza por el párrafo 2.º del art. 74 de la LRJSP, que manifiesta que "en las Comunidades Autónomas uniprovinciales en las que no exista Subdelegado, el Delegado del Gobierno asumirá las competencias que esta ley atribuye a los Subdelegados del Gobierno en las provincias".

La misma atribución hace el art. 5.4 del Real Decreto 617/1997, de 25 de abril, de Subdelegados del Gobierno y Directores insulares de la Administración General del Estado.

61. b) Los Subdelegados del Gobierno.

El art. 75 de la LRJSP atribuye a los Subdelegados del Gobierno desempeñar las funciones de comunicación, colaboración y cooperación con la respectiva comunidad autónoma y con las Entidades Locales; y en concreto mantener las necesarias relaciones de cooperación y coordinación de la Administración General del Estado y sus Organismos públicos con la de la comunidad autónoma y con las correspondientes Entidades locales en el ámbito de la provincia.

Las relaciones con las Entidades Locales, si bien, lógicamente, se circunscribe a las existentes en el ámbito de su provincia, es una competencia que no se le reconoce a los Delegados del Gobierno en principio, pues sí las asumirán en las Comunidades Autónomas uniprovinciales en las que no exista Subdelegado.

62. b) El Subdelegado del Gobierno.

Esta función es atribuida a los Subdelegados del Gobierno en virtud de lo dispuesto en el art. 75.b) de la LRJS, según el cual, en su labor de proteger el libre ejercicio de los derechos y libertades, garantizando la seguridad ciudadana, todo ello dentro de las competencias estatales en la materia, le confiere a estos efectos, la dirección de las Fuerzas y Cuerpos de Seguridad del Estado en la provincia, lo que es consecuencia del mandato legal previsto en el art 73.3 de dicha norma, que establece que si bien corresponde a los Delegados del Gobierno proteger el libre ejercicio de los derechos y libertades y garantizar la seguridad ciudadana, esta actividad la llevan a cabo a través de los Subdelegados del Gobierno y de las Fuerzas y Cuerpos de seguridad del Estado, cuya jefatura corresponderá al Delegado del Gobierno, quien ejercerá las competencias del Estado en esta materia bajo la dependencia funcional del Ministerio del Interior.

Es decir, la Jefatura de las Fuerzas y Cuerpos de Seguridad del Estado en la comunidad autónoma corresponde al Delegado del Gobierno, pero la dirección de las mismas en la provincia corre a cargo de los Subdelegados.

63. b) La supervisión e inspección.

Establece al art. 74.d) de la LRJSP, que corresponde a los Subdelegados del Gobierno dirigir, en su caso, los servicios integrados de la Administración General del Estado, de acuerdo con las instrucciones del Delegado del Gobierno y de los Ministerios correspondientes; e impulsar, supervisar e inspeccionar los servicios no integrados.

Por tanto, respecto de los servicios no integrados, su función es el impulso, supervisión e inspección de los mismos. Por otro lado, los servicios territoriales no integrados dependen del órgano central competente sobre el sector de actividad en el que operan, el cual les fija los objetivos concretos de actuación y controla su ejecución, así como el funcionamiento de los servicios (art. 71.3 de la LRJSP).

64. b) Coordinar la utilización de los edificios administrativos en el ámbito territorial de su competencia.

La competencia para coordinar la utilización de los medios materiales y, en particular, de los edificios administrativos en su ámbito territorial le es atribuida por el dictado del apartado d) del art. 75 de la RJSP, que la ejercen bajo la dependencia del Delegado del Gobierno conforme al art. 159.2 de la Ley 33/2003, de 3 de noviembre, del Patrimonio de las Administraciones Públicas.

El resto de competencias que figuran en las letras correspondientes a las demás respuestas corresponden a los Delegados del Gobierno.

65. c) La sancionadora.

En efecto, la única potestad que se cita expresamente para los Subdelegados del Gobierno es la sancionadora, si bien lo habitual es que la ejerzan por delegación.

Esto no quiere decir que no puedan tener o ejercer otras potestades administrativas, si bien serán aquellas que les confiera una norma o las que les sean atribuidas por desconcentración o delegación.

A modo de ejemplo, durante la vigencia de las medidas adoptadas por el Real Decreto 463/2020, de 14 de marzo, por el que se declara el estado de alarma para la gestión de la situación de crisis sanitaria ocasionada por el COVID-19, los incumplimientos de aquellas que suponían desobediencia fueron sancionados por resolución de las Subdelegaciones del Gobierno (no se entra, eso sí, en la legalidad o no de las sanciones por esos motivos tras la resolución del TC 148/2021, de 14 de julio de 2021 declarando inconstitucional el estado de alarma declarado en ese momento que servía de base para la imposición de normas que provocaban las desobediencias ciudadanas).

66. a) Real Decreto.

Esta exigencia es fruto de lo dispuesto en el art. 76.1 de la LRJSP, conforme al cual "La estructura de las Delegaciones y Subdelegaciones del Gobierno se fijará por Real Decreto del Consejo de Ministros a propuesta del Ministerio de Hacienda y Administraciones Públicas, en razón de la dependencia orgánica de las Delegaciones del Gobierno". Se recoge así el mandato que ya venía imponiendo la derogada Ley 6/1997, de 14 de abril, de Organización y Funcionamiento de la Administración General del Estado.

Actualmente, dicha estructura se encuentra regulada por el Real Decreto 1330/1997, de 1 de agosto, de integración de servicios periféricos y de estructura de las Delegaciones del Gobierno.

67. b) Secretaría General.

El art. 76.1 de la LRJSP impone que las estructuras de las Delegaciones y Subdelegaciones del Gobierno deban contar, en todo caso, con una Secretaría General, dependiente de los Delegados o, en su caso, de los Subdelegados del Gobierno, como órgano de gestión de los servicios comunes.

Asimismo, el art. 2.2 del Real Decreto 1330/1997, de 1 de agosto, de integración de servicios periféricos y de estructura de las Delegaciones del Gobierno, determina que las Delegaciones del Gobierno están integradas por las Subdelegaciones del Gobierno en las provincias y las Direcciones Insulares y por la Secretaría General.

La Secretaría General es el órgano de gestión de los servicios comunes, y de la que dependen los distintos servicios integrados en la misma, así como aquellos otros servicios y unidades que se determine en la relación de puestos de trabajo.

68. d) Los órganos a que se refieren las respuestas a) y c), de forma conjunta.

Para la integración de nuevos servicios territoriales o la desintegración de servicios territoriales ya integrados en las Delegaciones del Gobierno se exige su determinación a través de Real Decreto de Consejo de Ministros, si bien la propuesta debe hacerse por el ministerio con competencias en Administraciones públicas (al dictado de la Ley 40/2015 eran el Ministerio de Hacienda y Administraciones Públicas y del Ministerio competente del área de actividad, el primero debido a la dependencia orgánica que mantiene con las Delegaciones del Gobierno, y el segundo por el ámbito de actuación de los mismos (art. 76.2 de la LRJSP).

Ya el Real Decreto 1330/1997, de 1 de agosto, de integración de servicios periféricos y de estructura de las Delegaciones del Gobierno se dictó a propuesta del Ministro de Administraciones Públicas, de acuerdo con los Ministros del Interior, de Fomento, de Educación y Cultura, de Industria y Energía, de Agricultura, Pesca y Alimentación y de Sanidad y Consumo, pues se llevó a cabo la integración orgánica de los servicios periféricos de los Ministerios de Fomento; Educación y Cultura; Industria y Energía; Agricultura, Pesca y Alimentación, y Sanidad y Consumo.

69. a) La Abogacía del Estado.

El art. 77 de la LRJSP atribuye a la Abogacía del Estado la asistencia jurídica de las Delegaciones y Subdelegaciones del Gobierno. La Abogacía General del Estado, adscrita al Ministerio de Justicia, es el órgano administrativo que desarrolla la función de asistencia jurídica, consistente en el asesoramiento y la representación y defensa en juicio, a la Administración General del Estado, a sus organismos autónomos, a los órganos constitucionales y, en su caso y a través de los oportunos convenios, a las comunidades autónomas, a las corporaciones locales y a las restantes entidades que integran el sector público institucional, en los términos establecidos en la Ley 52/1997, de 27 de noviembre, de Asistencia Jurídica al Estado e Instituciones Públicas, y en su normativa complementaria.

70. c) La Intervención General de la Administración del Estado.

Conforme al art. 77 de la LRJSP, las funciones de intervención y control económico financiero en relación con las Delegaciones y Subdelegaciones del Gobierno se ejercen por la Intervención General de la Administración del Estado.

Encuadrada en la Secretaría de Estado de Presupuestos y Gastos del Ministerio de Hacienda, la Intervención General de la Administración del Estado es el órgano de control interno de la gestión económico-financiera del sector público estatal y el centro directivo y gestor de la contabilidad pública.

71. b) Comisión Interministerial.

Según dispone el art. 78.2 de la LRJSP, la Comisión interministerial de coordinación de la Administración periférica del Estado se encargará de coordinar la actuación de la Administración periférica del Estado con los distintos Departamentos ministeriales.

La Comisión Interministerial de Coordinación de la Administración Periférica del Estado es un órgano colegiado adscrito al Ministerio con competencias en Administraciones Públicas (actualmente el ministerio de Política Territorial y Memoria Democrática), regulado por el Real Decreto 1162/2018, de 14 de septiembre.

72. c) Las Comisiones Territoriales.

Conforme al art. 79 de la LRJSP, en cada comunidad autónoma existirán una Comisión territorial de asistencia al Delegado del Gobierno, presidida por él mismo e integrada por los Subdelegados del Gobierno (en las pluriprovinciales) y el Secretario General (en las uniprovinciales), así como los titulares de los órganos y servicios territoriales, tanto integrados como no integrados, que el Delegado del Gobierno considere oportuno.

Por su parte, el art. 79.3 de la LRJSP, al igual que ya hacía el 12 del Real Decreto 1330/1997, de 1 de agosto, de integración de servicios periféricos y de estructura de las Delegaciones del Gobierno, establece que la Comisión de asistencia al Subdelegado del Gobierno es presidida por él mismo y compuesta por el Secretario general y los responsables provinciales de los servicios integrados, y asistirán también los responsables de los no integrados que determine el Subdelegado, en función de las materias a tratar. En todo caso, formarán parte de la Comisión los Directores Insulares, cuando existan.

73. b) Asesoramiento en la elaboración de las propuestas de simplificación administrativa y racionalización en la utilización de los recursos.

El art. 79.1.c) de la LRJSP relaciona las funciones que corresponden a la Comisión, a saber:

1.º Coordinar las actuaciones que hayan de ejecutarse de forma homogénea en el ámbito de la comunidad autónoma, para asegurar el cumplimiento de los objetivos generales fijados por el Gobierno a los servicios territoriales.

2.º Homogeneizar el desarrollo de las políticas públicas en su ámbito territorial, a través del establecimiento de criterios comunes de actuación que habrán de ser compatibles con las instrucciones y objetivos de los respectivos departamentos ministeriales.

3.º Asesorar al Delegado del Gobierno en la comunidad autónoma en la elaboración de las propuestas de simplificación administrativa y racionalización en la utilización de los recursos.

4.º Cualesquiera otras que a juicio del Delegado del Gobierno en la comunidad autónoma resulten adecuadas para que la Comisión territorial cumpla la finalidad de apoyo y asesoramiento en el ejercicio de las competencias que esta ley le asigna.

74. c) Los órganos que la integran.

Los párrafos 1 y 2 del art. 79 de la LRJSP distingue las Comisiones territoriales de asistencia al Delegado del Gobierno según la comunidad autónoma de que se trate sea pluriprovincial o uniprovincial, en tanto en cuanto, los órganos que la integran son distintos, pues en las primeras las conforman el Delegado del Gobierno correspondiente y Subdelegados del Gobierno en las provincias comprendidas en el territorio de esta, mientras que las segundas se integran por el Delegado del Gobierno, el Secretario General y los titulares de los órganos y servicios territoriales, tanto integrados como no integrados, que el Delegado del Gobierno considere oportuno. Ello es debido a que en las comunidades autónomas uniprovinciales la figura del Subdelegado es potestativa. No obstante, la única Subdelegación del Gobierno de una comunidad autónoma uniprovincial, la creada en Madrid por Real Decreto 466/2003, de 25 de abril, sí recoge que este forme parte de la Comisión de Asistencia al Delegado del Gobierno en la Comunidad de Madrid.

Por otro lado, mientras en las uniprovinciales, los titulares de los órganos y servicios territoriales, tanto integrados como no integrados, que el Delegado del Gobierno considere oportuno si se consideran como órganos integrados en las Comisiones, en las pluriprovinciales solo se les reconoce a estos su deber de asistencia a las sesiones.

75. b) Su normativa propia y supletoriamente por la LRJSP.

El Capítulo IV del Título I de la Ley 40/2015, de 1 de octubre, termina con el apartado denominado "De la Administración General del Estado en el exterior", y consta de un único artículo, el 80, que deriva la regulación del Servicio Exterior del Estado a lo dispuesto en la Ley 2/2014, de 25 de marzo, de la Acción y del Servicio Exterior del Estado y en su normativa de desarrollo y, supletoriamente, por lo dispuesto en esta ley.

Esta norma regula el Servicio Exterior del Estado, que integra los órganos, unidades administrativas, instituciones y medios humanos y materiales de la Administración General del Estado que actúan en el exterior, bajo la dependencia jerárquica del Embajador y orgánica y funcional de los respectivos Departamentos ministeriales.

TÍTULO II

Organización y funcionamiento del sector público institucional

1. ¿A cuál de los siguientes principios están sometidas ¿las entidades que integran el sector público institucional?

a) Al principio de legalidad.
b) Al principio de eficiencia.
c) Al principio de transparencia.
d) Todas las respuestas anteriores son correctas.

2. Se configura como un registro público administrativo que garantiza la información pública y la ordenación de todas las entidades integrantes del sector público institucional cualquiera que sea su naturaleza jurídica:

a) El Registro Central.
b) El Inventario Central.
c) El Inventario de Entidades del Sector Público Estatal, Autonómico y Local.
d) El Registro de la Propiedad.

3. La integración y gestión del Inventario de Entidades del Sector Público Estatal, Autonómico y Local dependerá de:

a) La Intervención General de la Administración del Estado.
b) La Intervención Central.
c) La Fiscalía General.
d) El Gobierno Central.

4. La publicación del Inventario de Entidades del Sector Público Estatal, Autonómico y Local dependerá de:

a) La Intervención General de la Administración del Estado.
b) La Intervención Central.
c) La Fiscalía General.
d) El Gobierno Central.

5. El Inventario de Entidades del Sector Público contendrá, al menos:

a) Información de la naturaleza jurídica originaria.
b) Cantidad de financiación.
c) Estructura de dominio.
d) Justificación.

6. Será inscrita en el Inventario de Entidades del Sector Público contendrá, al menos:

a) La fusión de cualquier entidad integrante del sector público institucional.
b) La creación de cualquier entidad integrante del sector público institucional.
c) La transformación de cualquier entidad integrante del sector público institucional.
d) Todas las respuestas anteriores son correctas.

7. Notificará, a través de la intervención general de la Administración correspondiente, la información necesaria para la inscripción definitiva en el Inventario de Entidades del Sector Público Estatal, Autonómico y Local, en los términos previstos reglamentariamente, de los actos relativos a su creación, transformación, fusión o extinción:

a) El Gobierno.
b) Los Gobiernos autonómicos.
c) El titular del máximo órgano de dirección de la entidad.
d) El Interventor General.

8. La información necesaria para la inscripción definitiva en el Inventario de Entidades del Sector Público Estatal, Autonómico y Local, en los términos previstos reglamentariamente, de los actos relativos a su creación, transformación, fusión o extinción, debe realizarse:

a) En el plazo de diez días hábiles a contar desde que ocurra el acto inscribible.
b) En el plazo de quince días hábiles a contar desde que ocurra el acto inscribible.
c) En el plazo de treinta días hábiles a contar desde que ocurra el acto inscribible.
d) En el plazo de sesenta días hábiles a contar desde que ocurra el acto inscribible.

9. En relación con la inscripción definitiva, el titular del máximo órgano de dirección de la entidad, a través de la intervención general de la Administración correspondiente, notificará, electrónicamente a efectos de su inscripción, al Inventario de Entidades del Sector Público Estatal, Autonómico y Local, la norma o el acto jurídico de creación:

a) En el plazo de diez días hábiles desde la entrada en vigor de la norma o del acto, según corresponda.
b) En el plazo de quince días hábiles desde la entrada en vigor de la norma o del acto, según corresponda.
c) En el plazo de treinta días hábiles desde la entrada en vigor de la norma o del acto, según corresponda.
d) En el plazo de sesenta días hábiles desde la entrada en vigor de la norma o del acto, según corresponda.

10. La inscripción en el Inventario de Entidades del Sector Público Estatal, Autonómico y Local:

a) Se practicará dentro del plazo de 10 días hábiles siguientes a la recepción de la solicitud de inscripción.
b) Se practicará dentro del plazo de 15 días hábiles siguientes a la recepción de la solicitud de inscripción.
c) Se practicará dentro del plazo de 20 días hábiles siguientes a la recepción de la solicitud de inscripción.
d) Se practicará dentro del plazo de 30 días hábiles siguientes a la recepción de la solicitud de inscripción.

11. Para la asignación del Número de Identificación Fiscal definitivo y de la letra identificativa que corresponda a la entidad, de acuerdo con su naturaleza jurídica, por parte de la Administración Tributaria será necesaria la aportación de:

a) Descripción de la entidad.
b) La certificación de la inscripción de la entidad en el Inventario de Entidades del Sector Público Estatal, Autonómico y Local.
c) Copia simple de la inscripción de la entidad en el Inventario General.
d) Estar al corriente de pagos.

12. Son organismos públicos vinculados o dependientes de la Administración General del Estado:

a) Las autoridades administrativas independientes.
b) Las sociedades mercantiles estatales.
c) Las agencias estatales.
d) Son correctas las respuestas a) y c).

13. Los organismos públicos vinculados o dependientes de la Administración General del Estado, los cuales se clasifican en:

a) Organismos autónomos.
b) Entidades públicas empresariales.
c) Agencias estatales.
d) Todas las respuestas anteriores son correctas.

14. La Administración General del Estado o entidad integrante del sector público institucional estatal:

a) No podrá, por sí misma ni en colaboración con otras entidades públicas o privadas, crear, ni ejercer el control efectivo, directa ni indirectamente, sobre ningún otro tipo de entidad distinta de las enumeradas en este artículo, con independencia de su naturaleza y régimen jurídico.

b) Podrá, por sí misma y en colaboración con otras entidades públicas o privadas, crear, y ejercer el control efectivo, directa e indirectamente, sobre entidades distintas de las enumeradas en este artículo, con independencia de su naturaleza y régimen jurídico.

c) Podrá, por sí misma crear y ejercer el control efectivo, directa ni indirectamente, sobre ningún otro tipo de entidad distinta de las enumeradas en este artículo, con independencia de su naturaleza y régimen jurídico.

d) Podrá, en colaboración con otras entidades públicas o privadas, crear, y ejercer el control efectivo, directa e indirectamente, sobre entidades distintas de las enumeradas en este artículo, con independencia de su naturaleza y régimen jurídico.

15. Todas las entidades integrantes del sector público institucional estatal están sujetas desde su creación hasta su extinción a la supervisión continua del:

a) Ministerio de Hacienda y Administraciones Públicas, a través de la Intervención General de la Administración del Estado.

b) Ministerio de Hacienda y Administraciones Públicas, a través de la Inspección General de la Administración del Estado.

c) Ministerio de Interior.

d) Consejo de Ministros, a través de la Intervención General de la Administración del Estado.

16. Las actuaciones de control de eficacia y supervisión continua de las entidades integrantes del sector público institucional estatal tomarán en consideración:

a) La información económico financiera disponible.

b) El suministro de información por parte de los organismos públicos y entidades sometidas al Sistema de control de eficacia y supervisión continúa.

c) Las propuestas de las inspecciones de los servicios de los departamentos ministeriales.

d) Todas las respuestas anteriores son correctas.

17. Las entidades integrantes del sector público institucional:

a) Podrán ser consideradas medios propios y servicios técnicos de los poderes adjudicadores y del resto de entes y sociedades que no tengan la consideración de poder adjudicador cuando cumplan las condiciones y requisitos establecidos en la Ley.

b) Nunca podrán ser consideradas medios propios y servicios técnicos de los poderes adjudicadores y del resto de entes y sociedades que no tengan la consideración de poder adjudicador.

c) De forma excepcional, podrán ser consideradas medios propios y servicios técnicos de los poderes adjudicadores y del resto de entes y sociedades que no tengan la consideración de poder adjudicador.

d) Siempre serán consideradas medios propios y servicios técnicos de los poderes adjudicadores y del resto de entes y sociedades que no tengan la consideración de poder adjudicador cuando cumplan las condiciones y requisitos establecidos en la Ley.

18. Las entidades integrantes del sector público institucional:

a) Tendrán la consideración de medio propio y servicio técnico cuando se acredite que, además de disponer de medios suficientes e idóneos para realizar prestaciones en el sector de actividad que se corresponda con su objeto social, se cumplen con las indicaciones de la ley.

b) Nunca tendrán la consideración de medio propio y servicio técnico.

c) Excepcionalmente, tendrán la consideración de medio propio y servicio técnico cuando se acredite que, además de disponer de medios suficientes e idóneos para realizar prestaciones en el sector de actividad que se corresponda con su objeto social, se cumplen con las indicaciones de la ley.

d) Podrán tener la consideración de medio propio y servicio técnico cuando se acredite que, además de disponer de medios suficientes e idóneos para realizar prestaciones en el sector de actividad que se corresponda con su objeto social, se cumplen con las indicaciones de la ley.

19. En la denominación de las entidades integrantes del sector público institucional que tengan la condición de medio propio deberá figurar necesariamente la indicación:

a) "Medio Propio".

b) "Asunto Propio".

c) "M.P."

d) Son correctas las respuestas a) y c).

20. En el supuesto de creación de un nuevo medio propio y servicio técnico:

a) Solo deberá realizarse una propuesta de declaración.

b) Deberá acompañarse la propuesta de declaración de una memoria informativa y deberá ser informada por la Intervención General de la Administración del Estado.

c) Deberá acompañarse la propuesta de declaración de una memoria justificativa y deberá ser informada por la Intervención General de la Administración del Estado.

d) Solo es necesario que se informe debidamente a la Intervención General de la Administración del Estado.

21. Podrá transformarse y adoptar la naturaleza jurídica de agencia estatal:

a) Cualquier organismo autónomo.

b) Entidad pública empresarial.

c) Sociedad mercantil estatal.

d) Todas las respuestas anteriores son correctas.

22. ¿Cuándo un organismo autónomo se transforma en una sociedad mercantil estatal?

a) Lo hará conservando su personalidad jurídica, por cesión e integración global, en unidad de acto, de todo el activo y el pasivo de la entidad transformada con sucesión universal de derechos y obligaciones.

b) No conservará personalidad jurídica.

c) La transformación alterará las condiciones financieras de las obligaciones asumidas.

d) La transformación podrá ser entendida como causa de resolución de las relaciones jurídicas.

23. ¿Cuándo una agencia estatal se transforma en una sociedad mercantil estatal?

a) Lo hará conservando su personalidad jurídica, por cesión e integración global, en unidad de acto, de todo el activo y el pasivo de la entidad transformada con sucesión universal de derechos y obligaciones.

b) No conservará personalidad jurídica.

c) La transformación alterará las condiciones financieras de las obligaciones asumidas.

d) La transformación podrá ser entendida como causa de resolución de las relaciones jurídicas.

24. ¿Cuándo un organismo autónomo se transforma en una entidad pública estatal?

a) Lo hará conservando su personalidad jurídica, por cesión e integración global, en unidad de acto, de todo el activo y el pasivo de la entidad transformada con sucesión universal de derechos y obligaciones.

b) No conservará personalidad jurídica.

c) La transformación alterará las condiciones financieras de las obligaciones asumidas.

d) La transformación podrá ser entendida como causa de resolución de las relaciones jurídicas.

25. La transformación de la entidad se llevará a cabo:

a) Por Ley.

b) Por Ley Orgánica.

c) Por Real Decreto.

d) Por Orden.

26. Si la transformación de la entidad implica la modificación de la Ley de creación, la misma se llevará a cabo:

a) Por Ley.

b) Por Ley Orgánica.

c) Por Real Decreto.

d) Por Orden.

27. En el caso de la transformación en agencias estatales debe efectuarse:

a) Por Ley.

b) Por Ley Orgánica.

c) Por Real Decreto.

d) Por Orden.

28. Cuando un organismo autónomo se transforme en una entidad pública empresarial, la normativa deberá ir acompañada de:

a) Una memoria justificativa.

b) Un informe preceptivo de la Intervención General de la Administración del Estado en el que se valorará el cumplimiento de lo previsto en la Ley.

c) Un informe posterior de la Intervención General de la Administración del Estado en el que se valorará el cumplimiento de lo previsto en la Ley.

d) Son correctas las respuestas a) y b).

29. La memoria a aportar para la transformación debe contener:

a) Una justificación de la transformación por no poder asumir sus funciones manteniendo su naturaleza jurídica originaria.

b) Un análisis de eficiencia que incluirá una previsión del ahorro que generará la transformación y la acreditación de inexistencia de duplicidades con las funciones que ya desarrolle otro órgano, organismo público o entidad preexistente.

c) Un análisis de la situación en la que quedará el personal, indicando si, en su caso, parte del mismo se integrará, bien en la Administración General del Estado o bien en la entidad pública empresarial, sociedad mercantil estatal o fundación que resulte de la transformación.

d) Todas las respuestas anteriores son correctas.

30. Indica la respuesta incorrecta. La aprobación del Real Decreto de transformación conllevará:

a) La adaptación de la organización de los medios personales, materiales y económicos que resulte necesaria por el cambio de naturaleza jurídica.

b) La modificación del personal en la entidad transformada.

c) Los distintos tipos de personal de la entidad transformada tendrán los mismos derechos y obligaciones que les correspondan de acuerdo con la normativa que les sea de aplicación.

d) De la ejecución de las medidas de transformación no podrá derivarse incremento alguno de la masa salarial preexistente en la entidad transformada.

31. La adaptación, en su caso, de personal que conlleve la transformación:

a) Supondrá, por sí misma, la atribución de la condición de funcionario público al personal laboral que prestase servicios en la entidad transformada.

b) No supondrá, por sí misma, la atribución de la condición de funcionario público al personal laboral que prestase servicios en la entidad transformada.

c) Implica la consolidación indefinida, y sin posibilidad de modificación, de personal laboral.

d) Implica la atribución de funcionario interino al personal laboral.

32. Los creados para la realización de actividades administrativas, sean de fomento, prestación o de gestión de servicios públicos o de producción de bienes de interés público susceptibles de contraprestación son:

a) Organismos públicos dependientes o vinculados a la Administración General del Estado.
b) Agencias Estatales.
c) Fundaciones Estatales.
d) Sociedades mercantiles públicas.

33. Los creados para la realización las actividades de contenido económico reservadas a las Administraciones Públicas son:

a) Organismos públicos dependientes o vinculados a la Administración General del Estado.
b) Agencias Estatales.
c) Fundaciones Estatales.
d) Sociedades mercantiles públicas.

34. Los creados para la supervisión o regulación de sectores económicos son:

a) Organismos públicos dependientes o vinculados a la Administración General del Estado.
b) Agencias Estatales.
c) Fundaciones Estatales.
d) Sociedades mercantiles públicas.

35. Los organismos públicos:

a) No tienen personalidad jurídica.
b) Tienen personalidad jurídica privada.
c) Tienen personalidad jurídica pública diferenciada.
d) Adquieren la personalidad jurídica con el paso de los años.

36. Indica la respuesta incorrecta. Los organismos públicos:

a) No tienen autonomía de gestión.
b) Tienen patrimonio propio, pero no tesorería.
c) Tienen tesorería propia, pero no patrimonio.
d) Tienen patrimonio y tesorería propios.

37. Los organismos públicos:

a) Tienen todas las potestades administrativas.
b) No tienen potestades administrativas.
c) No disponen de potestad expropiatoria.
d) No disponen de potestad regulatoria.

38. Es el máximo órgano de gobierno del organismo público.

a) El Presidente.
b) El Consejo Rector.
c) El Ministro.
d) Son correctas las respuestas a) y b).

39. La clasificación de las entidades, conforme a su naturaleza y a los criterios previstos en la ley que regula el régimen retributivo de los máximos responsables y directivos en el sector público empresarial y otras entidades, corresponde al:

a) Ministro de Hacienda y Administraciones Públicas.
b) Ministro de Fomento.
c) Ministro de Interior.
d) Ministro de Trabajo.

40. A los efectos de órganos de gobierno, las entidades públicas serán clasificadas en:

a) Dos grupos.
b) Tres grupos.
c) Cuatro grupos.
d) Cinco grupos.

41. La creación de los organismos públicos se efectuará por:

a) Ley.
b) Ley Orgánica.
c) Decreto.
d) Reglamento.

42. El anteproyecto de ley de creación del organismo público que eleva:

a) Al Gobierno.
b) Al Consejo de Ministros.
c) Al Congreso de los Diputados.
d) A las Corts Generales.

43. El plan inicial de actuación contendrá, al menos:

a) Las razones que justifican la creación de un nuevo organismo público, por no poder asumir esas funciones otro ya existente, así como la constatación de que la creación no supone duplicidad con la actividad que desarrolle cualquier otro órgano o entidad preexistente.
b) La forma jurídica propuesta y un análisis que justifique que la elegida resulta más eficiente frente a otras alternativas de organización que se hayan descartado.

c) La fundamentación de la estructura organizativa elegida, determinando los órganos directivos y la previsión sobre los recursos humanos necesarios para su funcionamiento.

d) Todas las respuestas anteriores son correctas.

44. El plan inicial de actuación contendrá:

a) La programación anual de carácter estratégico para alcanzar los objetivos.
b) La programación bianual de carácter estratégico para alcanzar los objetivos.
c) La programación plurianual de carácter estratégico para alcanzar los objetivos.
d) La programación quinquenal de carácter estratégico para alcanzar los objetivos.

45. El plan inicial de actuación se actualiza:

a) Anualmente.
b) Bianualmente.
c) Trianualmente.
d) Cuando se quiera.

46. El plan anual de actuación deberá ser aprobado:

a) En enero.
b) En marzo.
c) Antes de junio.
d) En el último trimestre del año natural.

47. Los estatutos regularán, al menos:

a) Las funciones y competencias del organismo, con indicación de las potestades administrativas que pueda ostentar.
b) La determinación de su estructura organizativa, con expresión de la composición, funciones, competencias y rango administrativo que corresponda a cada órgano. Asimismo se especificarán aquellos de sus actos y resoluciones que agoten la vía administrativa.
c) El patrimonio que se les asigne y los recursos económicos que hayan de financiarlos.
d) Todas las respuestas anteriores son correctas.

48. Los estatutos de los organismos públicos se aprobarán por:

a) Real Decreto del Consejo de Ministros.
b) Ley del Congreso de los Diputados.
c) Decreto del Gobierno.
d) Ley del Parlamento.

49. Los estatutos deberán ser aprobados y publicados:

a) Con carácter previo a la entrada en funcionamiento efectivo del organismo público.
b) El día de inicio del funcionamiento efectivo del organismo público.

c) Con carácter posterior a la entrada en funcionamiento efectivo del organismo público.
d) El día de su creación.

50. La liquidación en caso de fusión del órgano deberá llevarse a cabo:

a) Durante el año siguiente a la aprobación de la norma reglamentaria de fusión.
b) Durante los dos años siguientes a la aprobación de la norma reglamentaria de fusión.
c) Durante los tres años siguientes a la aprobación de la norma reglamentaria de fusión.
d) Durante los cuatro años siguientes a la aprobación de la norma reglamentaria de fusión.

51. En relación a la definición de los organismos autónomos, establecida en el artículo 98 de la Ley 40/2015, indica la opción correcta:

a) Son entidades de derecho público o privado.
b) Tienen personalidad jurídica plena, tesorería y patrimonio propios y autonomía en su gestión.
c) Desarrollan actividades propias de la Administración Pública, tanto actividades de fomento, prestacionales, de gestión de servicios públicos o de producción de bienes de interés público, susceptibles de contraprestación, en calidad de organizaciones instrumentales diferenciadas y dependientes de esta.
d) Todas son correctas.

52. Según indica el artículo 99 de la Ley 40/2015, los organismos autónomos se regirán por lo dispuesto en:

a) La Ley del Régimen Jurídico del Sector Público
b) Ley de Procedimiento Administrativo Común de las Administraciones Públicas.
c) Ley de Contratos de las Administraciones Públicas.
d) Todas son correctas.

53. El personal al servicio de los organismos autónomos, según indica el artículo 100 de la Ley 40/2015:

a) Será, en todo caso, funcionario.
b) Será funcionario o laboral.
c) Se regirá por la Ley 40/2015.
d) Podrá ser funcionario, laboral o eventual.

54. El nombramiento de los titulares de los órganos de los organismos autónomos se regirá, según establece el artículo 100 de la Ley 40/2015:

a) Por el Derecho Privado.
b) Por el Derecho Público.
c) Por las normas aplicables a la Administración General del Estado.
d) Por el Derecho Público o Privado.

55. Los organismos autónomos, en cuanto a su régimen económico-financiero y patrimonial, tendrán, para el cumplimiento de sus fines, según establece el artículo 101 de la Ley 40/2015:

a) Un patrimonio propio, distinto del de la Administración Pública.
b) Un patrimonio dependiente del de la Administración Pública.
c) Un patrimonio propio, con vinculación a la Administración Pública.
d) Ninguna es correcta.

56. Los recursos económicos de los organismos autónomos podrán provenir de las siguientes fuentes. Indica la opción incorrecta:

a) Los bienes y valores que constituyen su patrimonio.
b) Los productos y rentas de dicho patrimonio.
c) Las consignaciones específicas que tuvieren asignadas en los presupuestos generales del Estado.
d) Las donaciones, legados, patrocinios y otras aportaciones de entidades públicas.

57. Los organismos autónomos aplicarán el régimen presupuestario, económico-financiero, de contabilidad y de control establecido por:

a) La Ley 58/2003, de 17 de diciembre, General Tributaria.
b) La Ley 47/2003, de 26 de noviembre, General Presupuestaria.
c) La Ley 40/2015, de 1 de octubre.
d) Ninguna es correcta.

58. ¿Qué personalidad tienen las entidades públicas empresariales?

a) Personalidad jurídica plena.
b) Personalidad jurídica propia.
c) Personalidad jurídica única.
d) Ninguna es correcta.

59. En la definición de entidad pública empresarial, "entidades de Derecho público, con personalidad jurídica propia, patrimonio propio y autonomía en su gestión, que se financian, en todo caso, con ingresos de mercado, y que junto con el ejercicio de potestades administrativas desarrollan actividades prestacionales, de gestión de servicios o de producción de bienes de interés público, susceptibles de contraprestación", ¿qué dato no es correcto?

a) No gozan de autonomía en su gestión.
b) No tienen patrimonio propio.
c) No desarrollan actividades prestacionales.
d) Se financian con ingresos de mercado, a excepción de aquellas que tengan la condición o reúnan los requisitos para ser declaradas medio propio personificado.

60. Las entidades públicas empresariales dependen:

a) En todo caso de la Administración General del Estado.

b) De la Administración General del Estado o de un Organismo autónomo vinculado o dependiente de esta.

c) Del organismo autónomo vinculado, en todo caso.

d) Ninguna es correcta.

61. Las entidades públicas empresariales se rigen:

a) En todo caso, por el Derecho privado.

b) En todo caso, por el Derecho público.

c) Por el Derecho privado, excepto en la formación de la voluntad de sus órganos.

d) Por el derecho administrativo especial, exclusivamente.

62. ¿Quién puede ejercer dentro de una entidad pública empresarial, las potestades atribuidas a las mismas?

a) Cualquier órgano regulado en sus Estatutos.

b) Órganos a los que los estatutos se les asigne expresamente esta facultad.

c) Órganos a los que los estatutos se les asigne expresamente esta facultad, previa autorización del Ministerio competente.

d) Ninguna es correcta.

63. Señala la respuesta correcta establecida en el artículo 105 de la Ley 40/2015:

a) Los órganos de las entidades públicas empresariales son asimilables en cuanto a su rango administrativo al de los órganos de la Administración General del Estado.

b) Los órganos de las entidades públicas empresariales no son asimilables en cuanto a su rango administrativo al de los órganos de la Administración General del Estado, en ningún caso.

c) Los órganos de las entidades públicas empresariales son asimilables en cuanto a su rango administrativo al de los órganos de la Administración General del Estado, salvo las excepciones que, a determinados efectos se fijen, en cada caso, en sus estatutos.

d) Los órganos de las entidades públicas empresariales no son asimilables en cuanto a su rango administrativo al de los órganos de la Administración General del Estado, salvo las excepciones que, a determinados efectos se fijen, en cada caso, en sus estatutos.

64. El personal de las entidades públicas empresariales se rige por:

a) El derecho laboral.

b) El derecho laboral, con las especificaciones dispuestas en el artículo 106 de la Ley 40/2015 y las excepciones relativas a los funcionarios públicos de la Administración General del Estado.

c) En todo caso, por el Real Decreto Legislativo 5/2015, de 30 de octubre.

d) Ninguna es correcta.

65. La selección del personal laboral de estas entidades se realizará conforme a las siguientes reglas, establecidas en el artículo 106 de la Ley 40/2015. Señala la opción incorrecta:

a) El personal directivo, que se determinará en los estatutos de la entidad, será nombrado con arreglo a los criterios establecidos en el apartado 11 del artículo 55, atendiendo a la experiencia en el desempeño de puestos de responsabilidad en la gestión pública o privada.

b) El resto del personal será seleccionado mediante convocatoria pública basada en los principios de igualdad, mérito y capacidad.

c) El personal eventual será nombrado con arreglo a criterios de idoneidad y en base al principio de especialidad.

d) Ninguna es correcta.

66. El Ministerio de Hacienda, en relación al régimen jurídico del personal y de contratación, establecido en el artículo 106 de la Ley 40/2015, efectuará controles específicos sobre la evolución de los gastos de personal y de la gestión de sus recursos humanos, ¿con qué periodicidad?

a) Anualmente.

b) Mensualmente.

c) Con la periodicidad adecuada.

d) En todo caso, trimestralmente.

67. La Ley de creación de cada entidad pública empresarial:

a) Podrá determinar las condiciones conforme a las cuales, los funcionarios de la Administración General del Estado, podrán cubrir destinos en la referida entidad.

b) Podrá establecer las competencias que a la misma correspondan sobre este personal que, en todo caso, serán las que tengan legamente atribuidas los Organismos Autónomos.

c) Deberá determinar las condiciones conforme a las cuales, los funcionarios de la Administración General del Estado, podrán cubrir destinos en la referida entidad, y establecerá, asimismo, las competencias que a la misma correspondan sobre este personal que, en todo caso, serán las que tengan legalmente atribuidas los Organismos autónomos.

d) Ninguna es correcta.

68. La contratación de las entidades públicas empresariales se rige por las previsiones contenidas al respecto en la legislación de contratos del sector público. ¿De qué legislación se trata?

a) Ley 58/2003.

b) Ley 9/2017.

c) Ley 47/2003.
d) Ley 3/2011.

69. Las entidades públicas empresariales podrán financiarse con los ingresos que se deriven de sus operaciones, obtenidos como contraprestación de sus actividades comerciales, y con los recursos económicos que provengan de las siguientes fuentes. Señala la incorrecta:

a) Los bienes y valores que constituyen su patrimonio.

b) Los productos y rentas de dicho patrimonio y cualquier otro recurso que pudiera serle atribuido.

c) Transferencias corrientes o de capital que procedan de las Administraciones o entidades privadas, aunque no se prevea en la Ley de creación.

d) Excepcionalmente, cuando así lo prevea la Ley de creación, por las consignaciones específicas que tuvieran asignadas en los Presupuestos Generales del Estado.

70. Para que una entidad pública empresarial pueda financiarse de una donación o legado:

a) Deberá estar asignado en los Presupuestos Generales del Estado.

b) Deberán proceder de Administraciones o entidades públicas.

c) Deberán proceder de entidades privadas y de particulares.

d) Ninguna es correcta.

71. Cuando una entidad pública empresarial tenga la consideración de productor de mercado:

a) Se entiende que se financia mayoritariamente con ingresos de mercado.

b) Se financiará según indica la Ley de Contratos.

c) Será declarada medio propio personificado.

d) Habrá que estar a lo dispuesto en la Ley General Presupuestaria.

72. En relación al régimen económico-financiero y patrimonial de las entidades públicas empresariales, excepcionalmente, cuando así lo prevea la Ley de creación, podrán financiarse con los recursos económicos que provengan de las siguientes fuentes:

a) Las consignaciones específicas que tuvieran asignadas en los Presupuestos Generales del Estado.

b) Las transferencias corrientes o de capital que procedan de las Administraciones o entidades públicas.

c) Las donaciones, legados, patrocinios y otras aportaciones de entidades privadas y de particulares.

d) Todas son correctas.

73. Establece el artículo 107 de la Ley 40/2015, en relación al régimen económico-financiero y patrimonial de las entidades públicas empresariales que la gestión y administración de sus bienes y derechos propios, así como de aquellos del Patrimonio de la Administración que se les adscriban para el cumplimiento de sus fines, será ejercida de acuerdo con lo previsto ¿en qué Ley?

a) Ley 33/2003, de 3 de noviembre.
b) Ley 9/2017, de 8 de noviembre.
c) Real Decreto Legislativo 5/2015, de 30 de octubre.
d) Ley 47/2003, de 26 de noviembre.

74. ¿Por qué Ley no se rigen las entidades públicas empresariales?

a) Ley 9/2017, de 8 de noviembre.
b) Ley 33/2003, de 3 de noviembre.
c) Ley 39/2015, de 1 de octubre.
d) Se rige por todas ellas.

75. ¿En qué casos, debe figurar en la denominación de un organismo público, la indicación de "entidad pública empresarial"?

a) En todos.
b) Depende de su denominación.
c) Cuando tenga naturaleza jurídica de entidad pública empresarial.
d) Ninguna es correcta.

76. De acuerdo con el artículo 109.1 de la Ley 40/2015, de 1 de octubre, de Régimen Jurídico del Sector Público, son autoridades administrativas independientes de ámbito estatal:

a) Las entidades de derecho público que la participación directa en su capital social de la Administración General del Estado o alguna de las entidades que, conforme a lo dispuesto en el artículo 84, integran el sector público institucional estatal, incluidas las sociedades mercantiles estatales, sea superior al 50 por 100. Para la determinación de este porcentaje, se sumarán las participaciones correspondientes a la Administración General del Estado y a todas las entidades integradas en el sector público institucional estatal, en el caso de que en el capital social participen varias de ellas.

b) Las entidades de derecho público que, bien porque la sociedad mercantil se encuentre en el supuesto previsto en el artículo 4 de la Ley 24/1988, de 28 de julio, del Mercado de Valores respecto de la Administración General del Estado o de sus organismos públicos vinculados o dependientes.

c) Las entidades de derecho público que, vinculadas a la Administración General del Estado y con personalidad jurídica propia, tienen atribuidas funciones de regulación o supervisión de carácter externo sobre sectores económicos o actividades determinadas, por requerir su desempeño de independencia funcional o una especial autonomía respecto de la Administración General del Estado.

d) Entidades de derecho público, con personalidad jurídica propia y diferenciada, creadas por varias Administraciones públicas o entidades integrantes del sector público institucional, entre sí o con participación de entidades privadas, para el desarrollo de actividades de interés común a todas ellas dentro del ámbito de sus competencias.

77. Conforme al artículo 109.1 de la Ley 40/2015, de 1 de octubre, de Régimen Jurídico del Sector Público, en las autoridades administrativas independientes de ámbito estatal, la independencia funcional o una especial autonomía deberá determinarse en una norma con rango de:

a) Decreto.
b) Ley.
c) Decreto ley.
d) Orden del Ministerio de Hacienda.

78. Según el artículo 109.2 de la Ley 40/2015, de 1 de octubre, de Régimen Jurídico del Sector Público, las autoridades administrativas independientes actuarán, en el desarrollo de su actividad y para el cumplimiento de sus fines, con independencia de:

a) Cualquier interés empresarial o comercial.
b) Cualquier interés industrial o comercial.
c) Cualquier interés empresarial o bancario.
d) Cualquier interés industrial o bancario.

79. De acuerdo con el artículo 110.1 de la Ley 40/2015, de 1 de octubre, de Régimen Jurídico del Sector Público, las autoridades administrativas independientes se regirán por:

a) La Ley 40/2015, de 1 de octubre, de Régimen Jurídico del Sector Público, por lo previsto en la Ley 33/2003, de 3 de noviembre, y por el ordenamiento jurídico privado, salvo en las materias en que le sea de aplicación la normativa presupuestaria, contable, de personal, de control económico-financiero y de contratación.
b) Su Ley de creación, sus estatutos y la legislación especial de los sectores económicos sometidos a su supervisión y, supletoriamente y en cuanto sea compatible con su naturaleza y autonomía, por lo dispuesto en esta ley, en particular lo dispuesto para organismos autónomos, la Ley del Procedimiento Administrativo Común de las Administraciones Públicas, la Ley 47/2003, de 26 de noviembre, el Real Decreto Legislativo 3/2011, de 14 de noviembre, la Ley 33/2003, de 3 de noviembre, así como el resto de las normas de derecho administrativo general y especial que le sea de aplicación. En defecto de norma administrativa, se aplicará el derecho común.
c) En la Ley 40/2015, de 1 de octubre, de Régimen Jurídico del Sector Público, en la normativa autonómica de desarrollo y sus estatutos.
d) En la Ley 40/2015, de 1 de octubre, de Régimen Jurídico del Sector Público, en su norma de creación, y el resto de las normas de derecho administrativo general y especial que le sea de aplicación.

80. Según lo dispuesto en el artículo 110.2 de la Ley 40/2015, de 1 de octubre, de Régimen Jurídico del Sector Público, las autoridades administrativas independientes estarán sujetas al principio de sostenibilidad financiera de acuerdo con lo previsto en:

a) La Ley 47/2003, de 26 de noviembre.
b) El Real Decreto Legislativo 3/2011, de 14 de noviembre.
c) La Ley 33/2003, de 3 de noviembre.
d) La Ley Orgánica 2/2012, de 27 de abril.

81. De acuerdo con el artículo 111.1 a) de la Ley 40/2015, de 1 de octubre, de Régimen Jurídico del Sector Público, se entiende por sociedad mercantil estatal aquella sociedad mercantil sobre la que se ejerce control estatal:

a) Bien porque la participación directa, en su capital social de la Administración General del Estado o alguna de las entidades que, conforme a lo dispuesto en el artículo 84, integran el sector público institucional estatal, incluidas las sociedades mercantiles estatales, sea superior al 30 por 100.

b) Bien porque la participación directa, en su capital social de la Administración General del Estado o alguna de las entidades que, conforme a lo dispuesto en el artículo 84, integran el sector público institucional estatal, incluidas las sociedades mercantiles estatales, sea superior al 40 por 100.

c) Bien porque la participación directa, en su capital social de la Administración General del Estado o alguna de las entidades que, conforme a lo dispuesto en el artículo 84, integran el sector público institucional estatal, incluidas las sociedades mercantiles estatales, sea superior al 50 por 100.

d) Bien porque la participación directa, en su capital social de la Administración General del Estado o alguna de las entidades que, conforme a lo dispuesto en el artículo 84, integran el sector público institucional estatal, incluidas las sociedades mercantiles estatales, sea superior al 60 por 100.

82. Conforme al artículo 111.1 b) de la Ley 40/2015, de 1 de octubre, de Régimen Jurídico del Sector Público, se entiende por sociedad mercantil estatal aquella sociedad mercantil porque:

a) La sociedad mercantil se encuentre en el supuesto previsto en el artículo 4 de la Ley 47/2003, de 26 de noviembre, de la Presupuestaria General del Estado, respecto de la Administración General del Estado o de sus organismos públicos vinculados o dependientes.

b) La sociedad mercantil se encuentre en el supuesto previsto en el artículo 4 de la Ley 24/1988, de 28 de julio, del Mercado de Valores, respecto de la Administración General del Estado o de sus organismos públicos vinculados o dependientes.

c) La sociedad mercantil se encuentre en el supuesto previsto en el artículo 4 de la Ley de Contratos del Sector Publico, respecto de la Administración General del Estado o de sus organismos públicos vinculados o dependientes.

d) La sociedad mercantil se encuentre en el supuesto previsto en el artículo 4 de la Ley 39/2015, de 1 de octubre, de Procedimiento Administrativo Común de las Administraciones Publicas, respecto de la Administración General del Estado o de sus organismos públicos vinculados o dependientes.

83. Según el artículo 112 de la Ley 40/2015, de 1 de octubre, de Régimen Jurídico del Sector Público, ¿quiénes realizarán la supervisión general sobre el funcionamiento de la sociedad mercantil estatal, conforme prevé la Ley 33/2003, de 3 de noviembre, del Patrimonio de las Administraciones públicas?

a) La Administración General del Estado y las entidades integrantes del sector público institucional, en cuanto titulares del capital social de las sociedades mercantiles estatales.
b) Los accionistas.
c) Los titulares de la Intervención de la Administración General del Estado.
d) Los ministerios competentes en materia de Hacienda y Administración pública.

84. De acuerdo con el artículo 112 de la Ley 40/2015, de 1 de octubre, de Régimen Jurídico del Sector Público, ¿quiénes perseguirán la eficiencia, transparencia y buen gobierno en la gestión de dichas sociedades mercantiles, para lo cual promoverán las buenas prácticas y códigos de conducta adecuados a la naturaleza de cada entidad?

a) La Administración General del Estado y las entidades integrantes del sector público institucional, en cuanto titulares del capital social de las sociedades mercantiles estatales.
b) Los accionistas.
c) Los titulares de la Intervención de la Administración General del Estado.
d) Los ministerios competentes en materia de Hacienda y Administración pública.

85. Según lo dispuesto en el artículo 113 de la Ley 40/2015, de 1 de octubre, de Régimen Jurídico del Sector Público, las sociedades mercantiles estatales se regirán por:

a) La Ley 40/2015, de 1 de octubre, de Régimen Jurídico del Sector Público, por lo previsto en la Ley 33/2003, de 3 de noviembre, y por el ordenamiento jurídico privado, salvo en las materias en que le sea de aplicación la normativa presupuestaria, contable, de personal, de control económico-financiero y de contratación.
b) Su Ley de creación, sus estatutos y la legislación especial de los sectores económicos sometidos a su supervisión y, supletoriamente y en cuanto sea compatible con su naturaleza y autonomía, por lo dispuesto en esta Ley, en particular lo dispuesto para organismos autónomos, la Ley del Procedimiento Administrativo Común de las Administraciones Públicas, la Ley 47/2003, de 26 de noviembre, el Real Decreto Legislativo 3/2011, de 14 de noviembre, la Ley 33/2003, de 3 de noviembre, así como el resto de las normas de derecho administrativo general y especial que le sea de aplicación. En defecto de norma administrativa, se aplicará el derecho común.

c) En la Ley 40/2015, de 1 de octubre, de Régimen Jurídico del Sector Público, en la normativa autonómica de desarrollo y sus estatutos.

d) En la Ley 40/2015, de 1 de octubre, de Régimen Jurídico del Sector Público, en su norma de creación, y el resto de las normas de derecho administrativo general y especial que le sea de aplicación.

86. De acuerdo con el artículo 113 de la Ley 40/2015, de 1 de octubre, de Régimen Jurídico del Sector Público, las sociedades mercantiles estatales:

a) Podrán disponer de facultades que impliquen el ejercicio de policía pública, sin perjuicio de que excepcionalmente la ley pueda atribuirle el ejercicio de potestades administrativas.

b) En ningún caso podrán disponer de facultades que impliquen el ejercicio de autoridad pública, sin perjuicio de que excepcionalmente la ley pueda atribuirle el ejercicio de potestades administrativas.

c) En ningún caso podrán disponer de potestades administrativas, sin perjuicio de que excepcionalmente la ley pueda atribuirle el ejercicio de facultades que impliquen el ejercicio de autoridad pública.

d) En ningún caso podrán disponer de facultades que impliquen el ejercicio de policía pública, sin perjuicio de que excepcionalmente la ley pueda atribuirle el ejercicio de potestades administrativas.

87. Conforme al artículo 114 de la Ley 40/2015, de 1 de octubre, de Régimen Jurídico del Sector Público, la creación de una sociedad mercantil estatal o la adquisición de este carácter de forma sobrevenida será autorizada mediante:

a) Ley.
b) Acuerdo del Ministro de Hacienda.
c) Acuerdo del Consejo de Ministros.
d) Acuerdo del ministro de Administración pública.

88. Según el artículo 114 de la Ley 40/2015, de 1 de octubre, de Régimen Jurídico del Sector Público, la creación de una sociedad mercantil estatal o la adquisición de este carácter de forma sobrevenida será autorizada mediante un acto jurídico, que deberá ser acompañado de:

a) Unos estatutos y de un plan de intervención.
b) Una propuesta de estatutos y de un plan de intervención.
c) Unos estatutos y de un plan de inspección.
d) Una propuesta de estatutos y de un plan de actuación.

89. De acuerdo con el artículo 114 de la Ley 40/2015, de 1 de octubre, de Régimen Jurídico del Sector Público, al acuerdo de creación de la sociedad mercantil estatal se acompañará un informe preceptivo favorable de:

a) La Intervención General de la Administración del Estado.
b) El Ministerio de Presidencia.
c) El Ministerio de Economía.
d) El Tribunal de Cuentas.

90. Según lo dispuesto en el artículo 114.1 de la Ley 40/2015, de 1 de octubre, de Régimen Jurídico del Sector Público, el Programa de Actuación Plurianual que deben elaborar las sociedades mercantiles estatales cada año, se elaborará conforme a:

a) La Ley 47/2003, de 26 de noviembre.
b) El Real Decreto Legislativo 3/2011, de 14 de noviembre.
c) La Ley 33/2003, de 3 de noviembre.
d) La Ley Orgánica 2/2012, de 27 de abril.

91. De acuerdo con el artículo 114.1de la Ley 40/2015, de 1 de octubre, de Régimen Jurídico del Sector Público, la falta de aprobación del plan de actuación de las sociedades mercantiles estatales dentro del plazo anual fijado, por causa imputable a la sociedad y hasta tanto se subsane la omisión, llevará aparejada:

a) La liquidación de las sociedades mercantiles estatales.
b) La disolución de las sociedades mercantiles estatales.
c) La paralización de las aportaciones que deban realizarse a favor de la sociedad con cargo a los presupuestos generales del Estado.
d) La paralización de las actividades de las sociedades mercantiles estatales.

92. Conforme al artículo 114.2 de la Ley 40/2015, de 1 de octubre, de Régimen Jurídico del Sector Público, la liquidación de una sociedad mercantil estatal recaerá en:

a) Un órgano de la Administración General del Estado o en una entidad integrante del sector público institucional estatal.
b) El Ministerio de Presidencia.
c) El Ministerio de Economía.
d) La Intervención General de la Administración del Estado.

93. Según el artículo 115.1 de la Ley 40/2015, de 1 de octubre, de Régimen Jurídico del Sector Público, 1. la responsabilidad que le corresponda al empleado público como miembro del consejo de administración será directamente asumida por:

a) La Administración General del Estado que lo designó.
b) El Ministerio de Presidencia.
c) El Ministerio de Economía.
d) El Tribunal de Cuentas.

94. De acuerdo con el artículo 114.2 de la Ley 40/2015, de 1 de octubre, de Régimen Jurídico del Sector Público, la responsabilidad que le corresponda al empleado público como miembro de la entidad u órgano liquidador de una sociedad mercantil estatal, será directamente asumida por la entidad o la Administración General del Estado que lo designó, quien podrá exigir de oficio al empleado público la responsabilidad que, en su caso, corresponda cuando concurra:

a) Dolo, o culpa o negligencia leves, conforme a lo previsto en las leyes administrativas en materia de responsabilidad contable.
b) Dolo, o culpa o negligencia graves, conforme a lo previsto en las leyes administrativas en materia de responsabilidad patrimonial.

c) Dolo, o culpa o negligencia muy graves, conforme a lo previsto en las leyes administrativas en materia de responsabilidad patrimonial.

d) Dolo, o culpa o negligencia graves, conforme a lo previsto en las leyes administrativas en materia de responsabilidad contable.

95. Según lo dispuesto en el artículo 116.1 de la Ley 40/2015, de 1 de octubre, de Régimen Jurídico del Sector Público, al autorizar la constitución de una sociedad mercantil estatal con forma de sociedad anónima, de acuerdo con lo previsto en el artículo 166.2 de la Ley 33/2003, de 3 de noviembre, ¿quién podrá atribuir a un ministerio, cuyas competencias guarden una relación específica con el objeto social de la sociedad, la tutela funcional de la misma?

a) El Ministerio de Hacienda.
b) El Ministerio de Presidencia.
c) El Ministerio de Economía.
d) El Consejo de Ministros.

96. De acuerdo con el artículo 116.3 de la Ley 40/2015, de 1 de octubre, de Régimen Jurídico del Sector Público, ¿quién ejercerá el control de eficacia e instruirá a la sociedad respecto a las líneas de actuación estratégica y establecerá las prioridades en la ejecución de las mismas, y propondrá su incorporación a los Presupuestos de Explotación y Capital y Programas de Actuación Plurianual?

a) La Dirección General del Patrimonio del Estado.
b) El Ministerio de tutela.
c) El Ministerio de Hacienda.
d) El Ministerio de Economía.

97. Conforme al artículo 116.4 de la Ley 40/2015, de 1 de octubre, de Régimen Jurídico del Sector Público, en casos excepcionales, debidamente justificados, ¿quién podrá dar instrucciones a las sociedades, para que realicen determinadas actividades, cuando resulte de interés público su ejecución?

a) La titular de la Dirección General del Patrimonio del Estado.
b) El titular del Ministerio de tutela.
c) El titular del Ministerio de Hacienda.
d) La Intervención General de la Administración del Estado.

98. Según el artículo 117.1 de la Ley 40/2015, de 1 de octubre, de Régimen Jurídico del Sector Público, las sociedades mercantiles estatales elaborarán anualmente:

a) Un presupuesto de explotación y capital y un plan de actuación que forma parte del Programa Plurianual, que se integrarán con el Presupuesto General del Estado.

b) Un presupuesto de explotación y capital y un plan de actuación que forma parte del Programa Plurianual, que se integrarán con el Presupuesto del Ministerio de tutela.

c) Un presupuesto de explotación y capital y un plan de actuación que forma parte del Programa Plurianual, que se integrarán con el Presupuesto Ministerio de Hacienda.

d) Un presupuesto de explotación y capital y un plan de actuación que forma parte del Programa Plurianual, que se integrarán con el Presupuesto Ministerio de Economía.

99. De acuerdo con el artículo 117.2 de la Ley 40/2015, de 1 de octubre, de Régimen Jurídico del Sector Público, las sociedades mercantiles estatales formularán y rendirán sus cuentas de acuerdo con:

a) Los principios y normas de contabilidad recogidos en la Ley 47/2003, de 26 de noviembre y disposiciones que lo desarrollan.

b) Los principios y normas de contabilidad recogidos en el Código de Comercio y el Plan General de Contabilidad y disposiciones que lo desarrollan.

c) Los principios y normas de contabilidad recogidos en la Ley 33/2003, de 3 de noviembre y disposiciones que lo desarrollan.

d) Los principios y normas de contabilidad recogidos en la Ley Orgánica 2/2012, de 27 de abril y disposiciones que lo desarrollan.

100. Según lo dispuesto en el artículo el artículo 117.3 de la Ley 40/2015, de 1 de octubre, de Régimen Jurídico del Sector Público, sin perjuicio de las competencias atribuidas al Tribunal de Cuentas, la gestión económico financiera de las sociedades mercantiles estatales estará sometida al control de:

a) La titular de la Dirección General del Patrimonio del Estado.

b) El titular del Ministerio de tutela.

c) El titular del Ministerio de Hacienda.

d) La Intervención General de la Administración del Estado.

101. De acuerdo con el artículo 117.4 de la Ley 40/2015, de 1 de octubre, de Régimen Jurídico del Sector Público, el personal de las sociedades mercantiles estatales, incluido el que tenga condición de directivo, se regirá por:

a) El Código de Comercio, así como por las normas que le sean de aplicación en función de su adscripción al sector público estatal, incluyendo siempre entre las mismas la normativa presupuestaria, especialmente lo que se establezca en las leyes de Presupuestos Generales del Estado.

b) El Derecho laboral, así como por las normas que le sean de aplicación en función de su adscripción al sector público estatal, incluyendo siempre entre las mismas la normativa presupuestaria, especialmente lo que se establezca en las leyes de Presupuestos Generales del Estado.

c) El Derecho Estatuto Básico del Empleado Público, así como por las normas que le sean de aplicación en función de su adscripción al sector público estatal, incluyendo siempre entre las mismas la normativa presupuestaria, especialmente lo que se establezca en las leyes de Presupuestos Generales del Estado.

d) El Derecho mercantil, así como por las normas que le sean de aplicación en función de su adscripción al sector público estatal, incluyendo siempre entre las mismas la normativa presupuestaria, especialmente lo que se establezca en las leyes de Presupuestos Generales del Estado.

102. Conforme al artículo 118.1 de la Ley 40/2015, de 1 de octubre, de Régimen Jurídico del Sector Público, los consorcios son:

a) Las entidades de derecho público que, bien porque la participación directa, en su capital social de la Administración General del Estado o alguna de las entidades que, conforme a lo dispuesto en el artículo 84, integran el sector público institucional estatal, incluidas las sociedades mercantiles estatales, sea superior al 50 por 100. Para la determinación de este porcentaje, se sumarán las participaciones correspondientes a la Administración General del Estado y a todas las entidades integradas en el sector público institucional estatal, en el caso de que en el capital social participen varias de ellas.

b) Las entidades de derecho público que, bien porque la sociedad mercantil se encuentre en el supuesto previsto en el artículo 4 de la Ley 24/1988, de 28 de julio, del Mercado de Valores respecto de la Administración General del Estado o de sus organismos públicos vinculados o dependientes.

c) Las entidades de derecho público que, vinculadas a la Administración General del Estado y con personalidad jurídica propia, tienen atribuidas funciones de regulación o supervisión de carácter externo sobre sectores económicos o actividades determinadas, por requerir su desempeño de independencia funcional o una especial autonomía respecto de la Administración General del Estado.

d) Entidades de derecho público, con personalidad jurídica propia y diferenciada, creadas por varias Administraciones Públicas o entidades integrantes del sector público institucional, entre sí o con participación de entidades privadas, para el desarrollo de actividades de interés común a todas ellas dentro del ámbito de sus competencias.

103. Según el artículo 118.2 de la Ley 40/2015, de 1 de octubre, de Régimen Jurídico del Sector Público, los consorcios podrán realizar actividades de:

a) Fomento, cauciónales o de gestión común de servicios públicos y cuantas otras estén previstas en las leyes.

b) Fomento, prestacionales o de concesión común de servicios privados y cuantas otras estén previstas en las leyes.

c) Fomento, prestacionales o de gestión común de servicios públicos y cuantas otras estén previstas en las leyes.

d) Fomento, prestacionales o de gestión común de servicios privados y cuantas otras estén previstas en las leyes.

104. De acuerdo con el artículo 118.3 de la Ley 40/2015, de 1 de octubre, de Régimen Jurídico del Sector Público, los consorcios podrán utilizarse para la gestión de los servicios públicos, en el marco de:

a) Los acuerdos de cooperación transfronteriza en que participen las Administraciones españolas, y de acuerdo con las previsiones de los acuerdos internacionales ratificados por España en la materia.

b) Los acuerdos de cooperación transfronteriza en que participen las Administraciones españolas, y de acuerdo con las previsiones de los convenios internacionales ratificados por España en la materia.

c) Los convenios de cooperación transfronteriza en que participen las Administraciones españolas, y de acuerdo con las previsiones de los acuerdos internacionales ratificados por España en la materia.

d) Los convenios de cooperación transfronteriza en que participen las Administraciones españolas, y de acuerdo con las previsiones de los convenios internacionales ratificados por España en la materia.

105. Según lo dispuesto en el artículo 119.1 de la Ley 40/2015, de 1 de octubre, de Régimen Jurídico del Sector Público, los consorcios se regirán por lo establecido en:

a) La Ley 40/2015, de 1 de octubre, de Régimen Jurídico del Sector Público, por lo previsto en la Ley 33/2003, de 3 de noviembre, y por el ordenamiento jurídico privado, salvo en las materias en que le sea de aplicación la normativa presupuestaria, contable, de personal, de control económico-financiero y de contratación.

b) Su Ley de creación, sus estatutos y la legislación especial de los sectores económicos sometidos a su supervisión y, supletoriamente y en cuanto sea compatible con su naturaleza y autonomía, por lo dispuesto en esta Ley, en particular lo dispuesto para organismos autónomos, la Ley del Procedimiento Administrativo Común de las Administraciones Públicas, la Ley 47/2003, de 26 de noviembre, el Real Decreto Legislativo 3/2011, de 14 de noviembre, la Ley 33/2003, de 3 de noviembre, así como el resto de las normas de derecho administrativo general y especial que le sea de aplicación. En defecto de norma administrativa, se aplicará el derecho común.

c) En la Ley 40/2015, de 1 de octubre, de Régimen Jurídico del Sector Público, en la normativa autonómica de desarrollo y sus estatutos.

d) En la Ley 40/2015, de 1 de octubre, de Régimen Jurídico del Sector Público, en su norma de creación, y el resto de las normas de derecho administrativo general y especial que le sea de aplicación.

106. De acuerdo con el 119.2 de la Ley 40/2015, de 1 de octubre, de Régimen Jurídico del Sector Público, en lo no previsto en esta Ley, en la normativa autonómica aplicable, ni en sus Estatutos sobre el régimen del derecho de separación, disolución, liquidación y extinción, se estará a lo previsto en:

a) El Código de Comercio, así como por las normas que le sean de aplicación en función de su adscripción al sector público estatal, incluyendo siempre entre las mismas la normativa presupuestaria, especialmente lo que se establezca en las leyes de Presupuestos Generales del Estado.

b) El Derecho laboral, así como por las normas que le sean de aplicación en función de su adscripción al sector público estatal, incluyendo siempre entre las mismas la normativa presupuestaria, especialmente lo que se establezca en las leyes de Presupuestos Generales del Estado.

c) El Código Civil sobre la sociedad civil, salvo el régimen de liquidación, que se someterá a lo dispuesto en el artículo 97, y en su defecto, el Real Decreto Legislativo 1/2010, de 2 de julio.

d) La Ley 7/1985, de 2 de abril, y en la Ley 27/2013, de 21 de diciembre, de racionalización y sostenibilidad de la Administración Local sobre los Consorcios locales tendrán carácter supletorio respecto a lo dispuesto en esta ley.

107. Conforme al artículo 119.3 de la Ley 40/2015, de 1 de octubre, de Régimen Jurídico del Sector Público, sobre los Consorcios locales, tendrán carácter supletorio respecto a lo dispuesto en esta Ley:

a) El Código de Comercio, así como por las normas que le sean de aplicación en función de su adscripción al sector público estatal, incluyendo siempre entre las mismas la normativa presupuestaria, especialmente lo que se establezca en las leyes de Presupuestos Generales del Estado.

b) El Derecho laboral, así como por las normas que le sean de aplicación en función de su adscripción al sector público estatal, incluyendo siempre entre las mismas la normativa presupuestaria, especialmente lo que se establezca en las leyes de Presupuestos Generales del Estado.

c) El Código Civil sobre la sociedad civil, salvo el régimen de liquidación, que se someterá a lo dispuesto en el artículo 97, y en su defecto, el Real Decreto Legislativo 1/2010, de 2 de julio.

d) La Ley 7/1985, de 2 de abril, y en la Ley 27/2013, de 21 de diciembre, de racionalización y sostenibilidad de la Administración Local sobre los Consorcios locales tendrán carácter supletorio respecto a lo dispuesto en esta Ley."

108. Según el artículo 120.1 de la Ley 40/2015, de 1 de octubre, de Régimen Jurídico del Sector Público, los estatutos de cada consorcio determinarán:

a) La Administración pública de tutela.
b) El Ministerio de tutela.
c) El Ministerio al que estará adscrito.
d) La Administración pública a la que estará adscrito.

109. De acuerdo con el artículo 120.2 de la Ley 40/2015, de 1 de octubre, de Régimen Jurídico del Sector Público, el consorcio quedará adscrito, en cada ejercicio presupuestario y por todo este periodo, a una Administración pública, de acuerdo con una serie de criterios, ordenados por prioridad en su aplicación y referidos a la situación en:

a) El primer día del ejercicio presupuestario.
b) El primer día hábil del ejercicio presupuestario.
c) El último día del ejercicio presupuestario.
d) El último día hábil del ejercicio presupuestario.

110. Según lo dispuesto en el artículo de la Ley 40/2015, de 1 de octubre, de Régimen Jurídico del Sector Público, el consorcio quedará adscrito, en cada ejercicio presupuestario y por todo este periodo, a una Administración pública, de acuerdo con una serie de criterios, ordenados por prioridad en su aplicación, ¿cuál de los siguientes, ocupa el primer lugar?

a) Tenga facultades para nombrar o destituir a la mayoría de los miembros del personal directivo.

b) Disponga de un mayor control sobre la actividad del consorcio debido a una normativa especial.

c) Disponga de la mayoría de votos en los órganos de gobierno.

d) Tenga facultades para nombrar o destituir a la mayoría de los miembros de los órganos ejecutivos.

111. De acuerdo con el artículo 120.3 de la Ley 40/2015, de 1 de octubre, de Régimen Jurídico del Sector Público, en el supuesto de que participen en el consorcio entidades privadas, el consorcio:

a) Tendrá ánimo de lucro.

b) No tendrá ánimo de lucro.

c) Tendrá carácter mercantil.

d) Adoptará la forma de sociedad mercantil.

112. Conforme al artículo 120.4 de la Ley 40/2015, de 1 de octubre, de Régimen Jurídico del Sector Público, cualquier cambio de adscripción a una Administración pública, cualquiera que fuere su causa, conllevará la modificación de los estatutos del consorcio en un plazo no superior a:

a) Tres meses, contados desde el inicio del ejercicio presupuestario siguiente a aquel en se produjo el cambio de adscripción.

b) Cuatro meses, contados desde el inicio del ejercicio presupuestario siguiente a aquel en se produjo el cambio de adscripción.

c) Seis meses, contados desde el inicio del ejercicio presupuestario siguiente a aquel en se produjo el cambio de adscripción.

d) Nueve meses, contados desde el inicio del ejercicio presupuestario siguiente a aquel en se produjo el cambio de adscripción.

113. Según el artículo 121.1 de la Ley 40/2015, de 1 de octubre, de Régimen Jurídico del Sector Público, el personal al servicio de los consorcios:

a) Podrá ser funcionario o laboral.

b) No podrá ser funcionario.

c) No podrá ser laboral.

d) Será necesariamente laboral.

114. De acuerdo con el artículo 121.1 de la Ley 40/2015, de 1 de octubre, de Régimen Jurídico del Sector Público, el personal al servicio de los consorcios habrá de proceder de:

a) La Administración pública de tutela, en cuyo caso su régimen jurídico será el de la Administración pública de adscripción.

b) El Ministerio de tutela, en cuyo caso su régimen jurídico será el de la Administración pública de adscripción.

c) El ministerio al que estará adscrito, en cuyo caso su régimen jurídico será el de la Administración pública de adscripción.

d) Las Administraciones participantes, en cuyo caso su régimen jurídico será el de la Administración pública de adscripción.

115. Según lo dispuesto en el artículo 121.1 de la Ley 40/2015, de 1 de octubre, de Régimen Jurídico del Sector Público, las retribuciones del personal al servicio de los consorcios:

a) En ningún caso podrán superar las establecidas para puestos de trabajo equivalentes en la Administración pública de tutela.

b) En ningún caso podrán superar las establecidas para puestos de trabajo equivalentes en el Ministerio de tutela.

c) En ningún caso podrán superar las establecidas para puestos de trabajo equivalentes en el ministerio al que estará adscrito.

d) En ningún caso podrán superar las establecidas para puestos de trabajo equivalentes en las Administraciones participantes.

116. De acuerdo con el artículo 121.1 de la Ley 40/2015, de 1 de octubre, de Régimen Jurídico del Sector Público, excepcionalmente, cuando no resulte posible contar con personal procedente de las Administraciones participantes en el consorcio en atención a la singularidad de las funciones a desempeñar o cuando, tras un anuncio público de convocatoria para la cobertura de un puesto de trabajo restringida a las administraciones consorciadas, no fuera posible cubrir dicho puesto, ¿quién podrá autorizar la contratación de personal por parte del consorcio para el ejercicio de dichas funciones, en los términos previstos en la correspondiente Ley de Presupuestos Generales del Estado?

a) El Ministerio de tutela, u órgano competente de la Administración a la que se adscriba el consorcio.

b) El Ministerio de Hacienda y Función Pública (actualmente de Transformación Digital y Función Pública), u órgano competente de la Administración a la que se adscriba el consorcio.

c) El ministerio al que se le adscriba, u órgano competente de la Administración a la que se adscriba el consorcio.

d) El ministerio con competencia en materia de presidencia, u órgano competente de la Administración a la que se adscriba el consorcio.

117. Conforme al artículo 122.1 de la Ley 40/2015, de 1 de octubre, de Régimen Jurídico del Sector Público, los consorcios estarán sujetos al régimen de presupuestación, contabilidad y control de:

a) El Ministerio de tutela, u órgano competente de la Administración a la que se adscriba el consorcio.

b) El Ministerio de Hacienda y Función Pública (actualmente de Transformación Digital y Función Pública), u órgano competente de la Administración a la que se adscriba el consorcio.

c) La Administración pública a la que estén adscritos, sin perjuicio de su sujeción a lo previsto en la Ley Orgánica 2/2012, de 27 de abril.

d) El ministerio al que se le adscriba, u órgano competente de la Administración a la que se adscriba el consorcio.

118. Según el artículo 122.2 de la Ley 40/2015, de 1 de octubre, de Régimen Jurídico del Sector Público, en los consorcios, a efectos de determinar la financiación por parte de las Administraciones consorciadas, se tendrán en cuenta, mediante el análisis de los desembolsos efectivos de todas las aportaciones realizadas:

a) Los compromisos estatutarios.

b) Los compromisos convencionales.

c) La financiación real.

d) Todas las respuestas son correctas.

119. De acuerdo con el artículo 122.3 de la Ley 40/2015, de 1 de octubre, de Régimen Jurídico del Sector Público, ¿quién deberá realizar la auditoría de cuentas anuales de aquellos consorcios en los que, a fecha de cierre del ejercicio, concurran, al menos, dos de las tres circunstancias indicadas en el referido artículo?

a) El órgano de control interno del Ministerio de tutela.

b) El órgano de control interno del Ministerio de Hacienda y Función Pública (actualmente de Transformación Digital y Función Pública).

c) El órgano de control interno de la Administración pública a la que estén adscritos.

d) El órgano de control interno del ministerio al que se le adscriba.

120. Según lo dispuesto en el artículo 122. 3 de la Ley 40/2015, de 1 de octubre, de Régimen Jurídico del Sector Público, se realizará una auditoría de cuentas anuales a aquellos consorcios en los que, a fecha de cierre del ejercicio, concurran, al menos, dos de las tres circunstancias indicadas en el referido artículo. Entre estas circunstancias, el total de las partidas de activo supere:

a) 2.000.000 euros.

b) 2.200.000 euros.

c) 2.400.000 euros.

d) 2.600.000 euros.

121. De acuerdo con el artículo 122. 3 de la Ley 40/2015, de 1 de octubre, de Régimen Jurídico del Sector Público, se realizará una auditoría de cuentas anuales a aquellos consorcios en los que, a fecha de cierre del ejercicio, concurran, al menos, dos de las tres circunstancias indicadas en el referido artículo. Entre estas circunstancias, el importe total de sus ingresos por gestión ordinaria en el caso de los consorcios del sector público administrativo, o la suma del importe de la cifra de negocios más otros ingresos de gestión, en el caso de los pertenecientes al sector público empresarial, sea superior a:

a) 2.000.000 euros.
b) 2.200.000 euros.
c) 2.400.000 euros.
d) 2.600.000 euros.

122. Conforme al artículo 122.3 de la Ley 40/2015, de 1 de octubre, de Régimen Jurídico del Sector Público, se realizará una auditoría de cuentas anuales a aquellos consorcios en los que, a fecha de cierre del ejercicio, concurran, al menos, dos de las tres circunstancias indicadas en el referido artículo. Entre estas circunstancias, el número medio de trabajadores empleados durante el ejercicio sea superior a:

a) 30.
b) 40.
c) 50.
d) 60.

123. Según el artículo 122.3 de la Ley 40/2015, de 1 de octubre, de Régimen Jurídico del Sector Público, se realizará una auditoría de cuentas anuales a aquellos consorcios en los que, a fecha de cierre del ejercicio, concurran, al menos, dos de las tres circunstancias indicadas en el referido artículo. No obstante, los límites indicados cuando la estructura y composición de los consorcios adscritos a una administración así lo requiera, podrán modificarse mediante:

a) Orden Ministerial.
b) Acuerdo del Consejo de Ministros.
c) Ley.
d) Decreto del Consejo de Ministros.

124. De acuerdo con el artículo 122.3 de la Ley 40/2015, de 1 de octubre, de Régimen Jurídico del Sector Público, se realizará una auditoría de cuentas anuales a aquellos consorcios en los que, a fecha de cierre del ejercicio, concurran, al menos, dos de las tres circunstancias indicadas en el referido artículo. Dichas circunstancias se aplicarán teniendo en cuenta lo siguiente:

a) Cuando un consorcio, en la fecha de cierre del ejercicio, pase a cumplir dos de las citadas circunstancias, o bien cese de cumplirlas, tal situación únicamente producirá efectos en cuanto a lo señalado si se repite durante dos ejercicios consecutivos.

b) En el primer ejercicio económico desde su constitución o su adscripción al sector público correspondiente, los consorcios cumplirán lo dispuesto en los apartados anteriormente mencionados si reúnen, al cierre de dicho ejercicio, al menos dos de las tres circunstancias que se señalan.

c) Aun cuando, según las circunstancias señaladas, no exista obligación de someter las cuentas anuales de un consorcio a auditoría de cuentas, los órganos de control interno podrán, en todo caso, incluir su realización en sus planes anuales de control y auditoría.

d) Todas las repuestas son correctas.

125. Según lo dispuesto en el artículo 123.4 de la Ley 40/2015, de 1 de octubre, de Régimen Jurídico del Sector Público, los consorcios deberán formar parte de:

a) Los presupuestos e incluirse en la cuenta general del Ministerio de tutela.

b) Los presupuestos e incluirse en la cuenta general del Ministerio de Hacienda y Función Pública (actualmente de Transformación Digital y Función Pública).

c) Los presupuestos e incluirse en la cuenta general de la Administración pública a la que estén adscritos.

d) Los presupuestos e incluirse en la cuenta general del ministerio al que se le adscriba.

126. De acuerdo con el artículo 122.5 de la Ley 40/2015, de 1 de octubre, de Régimen Jurídico del Sector Público, los consorcios se regirán por:

a) Las normas patrimoniales del Ministerio de tutela.

b) Las normas patrimoniales del Ministerio de Hacienda y Función Pública (actualmente de Transformación Digital y Función Pública).

c) Las normas patrimoniales de la Administración pública a la que estén adscritos.

d) Las normas patrimoniales del ministerio al que se le adscriba.

127. Conforme al artículo 123.1 de la Ley 40/2015, de 1 de octubre, de Régimen Jurídico del Sector Público, los consorcios se crearán mediante:

a) Orden Ministerial.

b) Convenio suscrito por las Administraciones, organismos públicos o entidades participantes.

c) Ley.

d) Decreto del Consejo de Ministros.

128. Según el artículo 123.2 de la Ley 40/2015, de 1 de octubre, de Régimen Jurídico del Sector Público, en los consorcios en los que participe la Administración General del Estado o sus organismos públicos y entidades vinculados o dependientes se requerirá que su creación se autorice por:

a) Orden Ministerial.

b) Convenio suscrito por las Administraciones, organismos públicos o entidades participantes.

c) Ley.

d) Decreto del Consejo de Ministros.

129. De acuerdo con el artículo 123.2 de la Ley 40/2015, de 1 de octubre, de Régimen Jurídico del Sector Público, en los consorcios en los que participe la Administración General del Estado o sus organismos públicos y entidades vinculados o dependientes se requerirá autorización previa:

a) Del Ministerio de tutela.
b) Del ministerio al que se le adscriba.
c) De las Cortes Generales.
d) Del Consejo de Ministros.

130. Según lo dispuesto en el artículo 123.2 de la Ley 40/2015, de 1 de octubre, de Régimen Jurídico del Sector Público, en los consorcios en los que participe la Administración General del Estado, la competencia para la suscripción del convenio no podrá ser objeto de delegación, y corresponderá:

a) Al titular del departamento ministerial de tutela.
b) Al titular del departamento ministerial participante.
c) Al titular del máximo órgano de dirección del organismo.
d) Al Consejo de Ministros.

131. De acuerdo con el artículo 123.2 de la Ley 40/2015, de 1 de octubre, de Régimen Jurídico del Sector Público, en los consorcios en los que participe organismos públicos y entidades vinculados o dependientes de la Administración General del Estado, la competencia para la suscripción del convenio no podrá ser objeto de delegación, y corresponderá:

a) Al titular del departamento ministerial de tutela.
b) Al titular del departamento ministerial participante.
c) Al titular del máximo órgano de dirección del organismo.
d) Al Consejo de Ministros.

132. Conforme al artículo 123.2.c) de la Ley 40/2015, de 1 de octubre, de Régimen Jurídico del Sector Público, del convenio del consorcio formarán parte:

a) Los estatutos.
b) Un plan de actuación.
c) Una proyección presupuestaria trienal.
d) Todas las respuestas son correctas.

133. Según el artículo 123. 2 de la Ley 40/2015, de 1 de octubre, de Régimen Jurídico del Sector Público, el convenio suscrito de los consorcios en los que participe la Administración General del Estado o sus organismos públicos y entidades vinculados o dependientes junto con los estatutos, así como sus modificaciones, serán objeto de publicación en:

a) El «Boletín Oficial del Estado».
b) El Diario Oficial de la Unión Europea.

c) El tablón de Edictos del Ministerio con competencias en administración institucional.

d) Todas las respuestas son correctas.

134. De acuerdo con el artículo 124 de la Ley 40/2015, de 1 de octubre, de Régimen Jurídico del Sector Público, los estatutos de cada consorcio determinarán la Administración Pública a la que estará adscrito, así como su régimen orgánico, funcional y financiero de acuerdo con lo previsto en esta Ley, y, al menos, los siguientes aspectos (señala la respuesta incorrecta):

a) Sede, objeto, fines y funciones.

b) Identificación de participantes en el consorcio, así como las aportaciones de sus miembros.

c) Órganos de gobiernos y administración, así como su composición y funcionamiento, con indicación expresa del régimen de adopción de acuerdos.

d) Causas de liquidación.

135. Según lo dispuesto en el artículo 124.b) de la Ley 40/2015, de 1 de octubre, de Régimen Jurídico del Sector Público, a estos efectos, en aplicación del principio de responsabilidad previsto en el artículo 8 de la Ley Orgánica 2/2012, de 27 de abril, los estatutos incluirán:

a) Cláusulas que contemplen la suspensión temporal del derecho de voto cuando las Administraciones o entidades consorciadas incumplan manifiestamente sus obligaciones para con el consorcio.

b) Fórmulas tendentes al aseguramiento de las cantidades comprometidas por las entidades consorciadas con carácter previo a la realización de las actividades presupuestadas.

c) Cláusulas que contemplen la suspensión temporal del derecho a la participación en la formación de los acuerdos cuando las Administraciones o entidades consorciadas incumplan manifiestamente sus obligaciones para con el consorcio.

d) Todas las repuestas son correctas.

136. De acuerdo con el artículo 125.1 de la Ley 40/2015, de 1 de octubre, de Régimen Jurídico del Sector Público, señala la respuesta incorrecta:

a) Los miembros de un consorcio, al que le resulte de aplicación lo previsto en esta Ley o en la Ley 7/1985, de 2 de abril, podrán separarse del mismo en cualquier momento siempre que se haya señalado término para la duración del consorcio.

b) Cuando el consorcio tenga una duración determinada, cualquiera de sus miembros podrá separase antes de la finalización del plazo si alguno de los miembros del consorcio hubiera incumplido alguna de sus obligaciones estatutarias y, en particular, aquellas que impidan cumplir con el fin para el que fue creado el consorcio.

c) Cuando el consorcio tenga una duración determinada, cualquiera de sus miembros podrá separase antes de la finalización del plazo si alguno de los miembros del consorcio hubiera incumplido la obligación de realizar aportaciones al fondo patrimonial.

d) Cuando un municipio deje de prestar un servicio, de acuerdo con lo previsto en la Ley 7/1985, de 2 de abril, y ese servicio sea uno de los prestados por el Consorcio al que pertenece, el municipio podrá separarse del mismo.

137. Conforme al artículo 125.2 de la Ley 40/2015, de 1 de octubre, de Régimen Jurídico del Sector Público, el derecho de separación habrá de ejercitarse mediante escrito notificado al máximo órgano de gobierno de:

a) La Administración pública de adscripción.
b) El consorcio.
c) El ministerio de adscripción.
d) El ministerio con competencias en administración institucional.

138. Según el artículo 126.1 de la Ley 40/2015, de 1 de octubre, de Régimen Jurídico del Sector Público, el ejercicio del derecho de separación de un miembro de un consorcio produce, salvo excepciones:

a) La liquidación del consorcio.
b) La suspensión del consorcio.
c) La disolución del consorcio.
d) La extinción del consorcio.

139. Conforme al artículo 126.2 a) de la Ley 40/2015, de 1 de octubre, de Régimen Jurídico del Sector Público, cuando el ejercicio del derecho de separación del miembro de un consorcio, no conlleve la disolución del consorcio, ¿cómo se calculará la cuota de separación que corresponda a quien ejercite su derecho de separación?

a) De acuerdo con la participación que le hubiera correspondido en el saldo resultante del patrimonio neto, de haber tenido lugar la liquidación, teniendo en cuenta el criterio de reparto dispuesto en los estatutos.
b) De acuerdo con la participación que le hubiera correspondido en el saldo resultante del patrimonio neto, de haber tenido lugar la suspensión, teniendo en cuenta el criterio de reparto dispuesto en los estatutos.
c) De acuerdo con la participación que le hubiera correspondido en el saldo resultante del patrimonio neto, de haber tenido lugar la extinción, teniendo en cuenta el criterio de reparto dispuesto en los estatutos.
d) De acuerdo con la participación que le hubiera correspondido en el saldo resultante del patrimonio neto, de haber tenido lugar la disolución, teniendo en cuenta el criterio de reparto dispuesto en los estatutos.

140. Según lo dispuesto en el artículo 127.2 de la Ley 40/2015, de 1 de octubre, de Régimen Jurídico del Sector Público, el máximo órgano de gobierno del consorcio al adoptar el acuerdo de disolución nombrará un liquidador que será:

a) Un órgano del consorcio.
b) Un órgano o entidad, vinculada o dependiente, de la Administración pública a la que el consorcio esté adscrito.

c) Un órgano o entidad, vinculada o dependiente, del ministerio de adscripción.

d) Un órgano o entidad, vinculada o dependiente, del ministerio con competencias en administración institucional.

141. De acuerdo con el artículo 127.2 de la Ley 40/2015, de 1 de octubre, de Régimen Jurídico del Sector Público, la entidad o la Administración pública que designó al empleado público como miembro de la entidad u órgano liquidador podrá exigirle de oficio la responsabilidad en que hubiera incurrido cuando hubiera concurrido:

a) Dolo, o culpa o negligencia leves, conforme a lo previsto en las leyes administrativas en materia de responsabilidad contable.

b) Dolo, o culpa o negligencia graves, conforme a lo previsto en las leyes administrativas en materia de responsabilidad patrimonial.

c) Dolo, o culpa o negligencia muy graves, conforme a lo previsto en las leyes administrativas en materia de responsabilidad patrimonial.

d) Dolo, o culpa o negligencia graves, conforme a lo previsto en las leyes administrativas en materia de responsabilidad contable.

142. Conforme al artículo 127.3 de la Ley 40/2015, de 1 de octubre, de Régimen Jurídico del Sector Público, el liquidador calculará la cuota de liquidación que corresponda a cada miembro del consorcio de conformidad con lo previsto en los estatutos. Si no estuviera previsto en los estatutos, se calculará la mencionada cuota:

a) De acuerdo con la participación que le corresponda en el saldo resultante del patrimonio neto tras la liquidación, teniendo en cuenta que el criterio de reparto será el dispuesto en los estatutos.

b) De acuerdo con la participación que le corresponda en el saldo resultante del patrimonio neto, tras la suspensión, teniendo en cuenta el criterio de reparto dispuesto en los estatutos.

c) De acuerdo con la participación que le corresponda en el saldo resultante del patrimonio neto, tras la extinción, teniendo en cuenta el criterio de reparto dispuesto en los estatutos.

d) De acuerdo con la participación que le corresponda en el saldo resultante del patrimonio neto, tras la disolución, teniendo en cuenta el criterio de reparto dispuesto en los estatutos.

143. Según el artículo 127.4 de la Ley 40/2015, de 1 de octubre, de Régimen Jurídico del Sector Público, en el supuesto de disolución del consorcio, ¿quién acordará la forma y condiciones en que tendrá lugar el pago de la cuota de liquidación en el supuesto en que esta resulte positiva?

a) La Administración pública de adscripción.

b) El consorcio.

c) El ministerio de adscripción.

d) El ministerio con competencias en administración institucional.

144. De acuerdo con el artículo 127.5 de la Ley 40/2015, de 1 de octubre, de Régimen Jurídico del Sector Público, en caso de disolución del consorcio, las entidades consorciadas podrán acordar, la cesión global de activos y pasivos a otra entidad del sector público jurídicamente adecuada con la finalidad de mantener la continuidad de la actividad y alcanzar los objetivos del consorcio que se extingue, con la mayoría que:

a) Se establezca en los estatutos, o a falta de previsión estatutaria por mayoría absoluta.
b) Se establezca en los estatutos, o a falta de previsión estatutaria por mayoría simple.
c) Se establezca en los estatutos, o a falta de previsión estatutaria por unanimidad.
d) Se establezca en los estatutos, o a falta de previsión estatutaria por mayoría de 3/5.

145. Según lo dispuesto en el artículo 128.1 de la Ley 40/2015, de 1 de octubre, de Régimen Jurídico del Sector Público, son fundaciones del sector público estatal aquellas que reúnan alguno de los requisitos siguientes:

a) Que se constituyan de forma inicial, con una aportación mayoritaria, directa o indirecta, de la Administración General del Estado o cualquiera de los sujetos integrantes del sector público institucional estatal, o bien reciban dicha aportación con posterioridad a su constitución.
b) Que el patrimonio de la fundación esté integrado en más de un 50 % por bienes o derechos aportados o cedidos por la Administración General del Estado o cualquiera de los sujetos integrantes del sector público institucional estatal con carácter permanente.
c) La mayoría de derechos de voto en su patronato corresponda a representantes de la Administración General del Estado o del sector público institucional estatal.
d) Todas las respuestas son correctas.

146. De acuerdo con el artículo 132.3 de la Ley 40/2015, de 1 de octubre, de Régimen Jurídico del Sector Público, el personal de las fundaciones del sector público estatal, incluido el que tenga condición de directivo, se regirá por:

a) El Código de Comercio, así como por las normas que le sean de aplicación en función de su adscripción al sector público estatal, incluyendo siempre entre las mismas la normativa presupuestaria, especialmente lo que se establezca en las leyes de Presupuestos Generales del Estado.
b) El Derecho laboral, así como por las normas que le sean de aplicación en función de su adscripción al sector público estatal, incluyendo siempre entre las mismas la normativa presupuestaria, especialmente lo que se establezca en las leyes de Presupuestos Generales del Estado.
c) El Derecho Estatuto Básico del Empleado Público, así como por las normas que le sean de aplicación en función de su adscripción al sector público estatal, incluyendo siempre entre las mismas la normativa presupuestaria, especialmente lo que se establezca en las leyes de Presupuestos Generales del Estado.
d) El Derecho mercantil, así como por las normas que le sean de aplicación en función de su adscripción al sector público estatal, incluyendo siempre entre las mismas la normativa presupuestaria, especialmente lo que se establezca en las leyes de Presupuestos Generales del Estado.

147. Conforme al artículo 137 de la Ley 40/2015, de 1 de octubre, de Régimen Jurídico del Sector Público, la creación de fondos carentes de personalidad jurídica en el sector público estatal se efectuará por:

a) Real Decreto de Consejo de Ministros, a propuesta conjunta del titular del Ministerio de Hacienda y Administraciones Públicas y del ministerio que ejerza el protectorado, que estará determinado en sus Estatutos.

b) Ley.

c) Acuerdo de Consejo de Ministros, a propuesta conjunta del titular del Ministerio de Hacienda y Administraciones Públicas y del ministerio que ejerza el protectorado, que estará determinado en sus Estatutos.

d) Informe preceptivo favorable del Ministerio de Hacienda y Administraciones Públicas o la Intervención General de la Administración del Estado, según se determine reglamentariamente.

148. Según el artículo 126.1 de la Ley 40/2015, de 1 de octubre, de Régimen Jurídico del Sector Público, el ejercicio del derecho de separación de un miembro de un consorcio produce la disolución del consorcio salvo que el resto de sus miembros, de conformidad con lo previsto en sus estatutos, acuerden su continuidad y sigan permaneciendo en el consorcio, al menos:

a) Dos Administraciones, o entidades u organismos públicos vinculados o dependientes de más de una Administración.

b) Tres Administraciones, o entidades u organismos públicos vinculados o dependientes de más de una Administración.

c) Cuatro Administraciones, o entidades u organismos públicos vinculados o dependientes de más de una Administración.

d) Cinco Administraciones, o entidades u organismos públicos vinculados o dependientes de más de una Administración.

149. De acuerdo con el artículo 115.2 de la Ley 40/2015, de 1 de octubre, de Régimen Jurídico del Sector Público, la Administración General del Estado podrá exigir de oficio al empleado público que designó como miembro del consejo de administración la responsabilidad en que hubiera incurrido por los daños y perjuicios causados en sus bienes o derechos cuando hubiera concurrido:

a) Dolo, o culpa o negligencia leves, conforme a lo previsto en las leyes administrativas en materia de responsabilidad contable.

b) Dolo, o culpa o negligencia graves, conforme a lo previsto en las leyes administrativas en materia de responsabilidad patrimonial.

c) Dolo, o culpa o negligencia muy graves, conforme a lo previsto en las leyes administrativas en materia de responsabilidad patrimonial.

d) Dolo, o culpa o negligencia graves, conforme a lo previsto en las leyes administrativas en materia de responsabilidad contable.

150. Según lo dispuesto en el artículo 114 de la Ley 40/2015, de 1 de octubre, de Régimen Jurídico del Sector Público, la creación de una sociedad mercantil estatal o la adquisición de este carácter de forma sobrevenida será autorizada mediante acuerdo del Consejo de Ministros que deberá ser acompañado de una propuesta de estatutos y de un plan de actuación que contendrá, al menos:

a) Las razones que justifican la creación de la sociedad por no poder asumir esas funciones otra entidad ya existente, así como la inexistencia de duplicidades.

b) Un análisis que justifique que la forma jurídica propuesta resulta más eficiente frente a la creación de un organismo público u otras alternativas de organización que se hayan descartado.

c) Los objetivos anuales y los indicadores para medirlos.

d) Todas las respuestas son correctas.

Soluciones comentadas

1. d) Todas las respuestas anteriores son correctas.

Dispone el artículo 81.1 de la Ley 40/2015, de 1 de octubre, de Régimen Jurídico del Sector Público que las entidades que integran el sector público institucional están sometidas en su actuación a los principios de legalidad, eficiencia, estabilidad presupuestaria y sostenibilidad financiera así como al principio de transparencia en su gestión. En particular se sujetarán en materia de personal, incluido el laboral, a las limitaciones previstas en la normativa presupuestaria y en las previsiones anuales de los presupuestos generales.

2. c) El Inventario de Entidades del Sector Público Estatal, Autonómico y Local.

Dispone el artículo 82.1 de la Ley 40/2015, de 1 de octubre, de Régimen Jurídico del Sector Público que el Inventario de Entidades del Sector Público Estatal, Autonómico y Local, se configura como un registro público administrativo que garantiza la información pública y la ordenación de todas las entidades integrantes del sector público institucional cualquiera que sea su naturaleza jurídica.

3. a) La Intervención General de la Administración del Estado.

Dispone el artículo 82.1 de la Ley 40/2015, de 1 de octubre, de Régimen Jurídico del Sector Público que la integración y gestión de dicho Inventario y su publicación dependerá de la Intervención General de la Administración del Estado.

4. a) La Intervención General de la Administración del Estado.

Dispone el artículo 82.1 de la Ley 40/2015, de 1 de octubre, de Régimen Jurídico del Sector Público que la integración y gestión de dicho Inventario y su publicación dependerá de la Intervención General de la Administración del Estado.

5. c) Estructura de dominio.

Dispone el artículo 82.2 de la Ley 40/2015, de 1 de octubre, de Régimen Jurídico del Sector Público que el Inventario de Entidades del Sector Público contendrá, al menos, información actualizada sobre la naturaleza jurídica, finalidad, fuentes de financiación, estructura de dominio, en su caso, la condición de medio propio, regímenes de contabilidad, presupuestario y de control así como la clasificación en términos de contabilidad nacional, de cada una de las entidades integrantes del sector público institucional.

6. d) Todas las respuestas anteriores son correctas.

Dispone el artículo 82.3 de la Ley 40/2015, de 1 de octubre, de Régimen Jurídico del Sector Público que al menos, la creación, transformación, fusión o extinción de cualquier entidad integrante del sector público institucional, cualquiera que sea su naturaleza jurídica, será inscrita en el Inventario de Entidades del Sector Público Estatal, Autonómico y Local.

7. c) El titular del máximo órgano de dirección de la entidad.

Dispone el artículo 82.3 de la Ley 40/2015, de 1 de octubre, de Régimen Jurídico del Sector Público que el titular del máximo órgano de dirección de la entidad notificará, a través de la intervención general de la Administración correspondiente, la información necesaria para la inscripción definitiva en el Inventario de Entidades del Sector Público Estatal, Autonómico y Local, en los términos previstos reglamentariamente, de los actos relativos a su creación, transformación, fusión o extinción, en el plazo de treinta días hábiles a contar desde que ocurra el acto inscribible. En la citada notificación se acompañará la documentación justificativa que determina tal circunstancia.

8. c) En el plazo de treinta días hábiles a contar desde que ocurra el acto inscribible.

Dispone el artículo 83.1 de la Ley 40/2015, de 1 de octubre, de Régimen Jurídico del Sector Público que el titular del máximo órgano de dirección de la entidad notificará, a través de la intervención general de la Administración correspondiente, la información necesaria para la inscripción definitiva en el Inventario de Entidades del Sector Público Estatal, Autonómico y Local, en los términos previstos reglamentariamente, de los actos relativos a su creación, transformación, fusión o extinción, en el plazo de treinta días hábiles a contar desde que ocurra el acto inscribible. En la citada notificación se acompañará la documentación justificativa que determina tal circunstancia.

9. c) En el plazo de treinta días hábiles desde la entrada en vigor de la norma o del acto, según corresponda.

Dispone el artículo 83.2 de la Ley 40/2015, de 1 de octubre, de Régimen Jurídico del Sector Público que la inscripción definitiva de la creación de cualquier entidad integrante del sector público institucional en el Inventario de Entidades del Sector Público Estatal, Autonómico y Local se realizará de conformidad con las siguientes reglas:

a) El titular del máximo órgano de dirección de la entidad, a través de la intervención general de la Administración correspondiente, notificará, electrónicamente a efectos de su inscripción, al Inventario de Entidades del Sector Público Estatal, Autonómico y Local, la norma o el acto jurídico de creación en el plazo de 30 días hábiles desde la entrada en vigor de la norma o del acto, según corresponda. A la notificación se acompañará la copia o enlace a la publicación electrónica del Boletín Oficial en el que se publicó la norma, o copia del acto jurídico de creación, así como el resto de documentación justificativa que proceda, como los Estatutos o el plan de actuación.

10. b) Se practicará dentro del plazo de 15 días hábiles siguientes a la recepción de la solicitud de inscripción.

Dispone el artículo 83.2 b) de la Ley 40/2015, de 1 de octubre, de Régimen Jurídico del Sector Público que la inscripción definitiva de la creación de cualquier entidad integrante del sector público institucional en el Inventario de Entidades del Sector Público Estatal, Autonómico y Local se realizará de conformidad con las siguientes reglas:

b) La inscripción en el Inventario de Entidades del Sector Público Estatal, Autonómico y Local se practicará dentro del plazo de 15 días hábiles siguientes a la recepción de la solicitud de inscripción.

11. b) La certificación de la inscripción de la entidad en el Inventario de Entidades del Sector Público Estatal, Autonómico y Local.

Dispone el artículo 83.2 c) de la Ley 40/2015, de 1 de octubre, de Régimen Jurídico del Sector Público que la inscripción definitiva de la creación de cualquier entidad integrante del sector público institucional en el Inventario de Entidades del Sector Público Estatal, Autonómico y Local se realizará de conformidad con las siguientes reglas:

c) Para la asignación del Número de Identificación Fiscal definitivo y de la letra identificativa que corresponda a la entidad, de acuerdo con su naturaleza jurídica, por parte de la Administración Tributaria será necesaria la aportación de la certificación de la inscripción de la entidad en el Inventario de Entidades del Sector Público Estatal, Autonómico y Local.

12. c) Las agencias estatales.

Dispone el artículo 84.1 de la Ley 40/2015, de 1 de octubre, de Régimen Jurídico del Sector Público que Integran el sector público institucional estatal las siguientes entidades:

a) Los organismos públicos vinculados o dependientes de la Administración General del Estado, los cuales se clasifican en:

1. Organismos autónomos.

2. Entidades públicas empresariales.

3. Agencias estatales.

b) Las autoridades administrativas independientes.

c) Las sociedades mercantiles estatales.

d) Los consorcios.

e) Las fundaciones del sector público.

f) Los fondos sin personalidad jurídica.

g) Las universidades públicas no transferidas.

13. d) Todas las respuestas anteriores son correctas.

Dispone el artículo 84.1 de la Ley 40/2015, de 1 de octubre, de Régimen Jurídico del Sector Público que Integran el sector público institucional estatal las siguientes entidades:

a) Los organismos públicos vinculados o dependientes de la Administración General del Estado, los cuales se clasifican en:

    1. Organismos autónomos.

    2. Entidades públicas empresariales.

    3. Agencias estatales.

b) Las autoridades administrativas independientes.

c) Las sociedades mercantiles estatales.

d) Los consorcios.

e) Las fundaciones del sector público.

f) Los fondos sin personalidad jurídica.

g) Las universidades públicas no transferidas.

14. a) No podrá, por sí misma ni en colaboración con otras entidades públicas o privadas, crear, ni ejercer el control efectivo, directa ni indirectamente, sobre ningún otro tipo de entidad distinta de las enumeradas en este artículo, con independencia de su naturaleza y régimen jurídico.

Dispone el artículo 84.2 de la Ley 40/2015, de 1 de octubre, de Régimen Jurídico del Sector Público que integran el sector público institucional estatal las siguientes entidades:

La Administración General del Estado o entidad integrante del sector público institucional estatal no podrá, por sí misma ni en colaboración con otras entidades públicas o privadas, crear, ni ejercer el control efectivo, directa ni indirectamente, sobre ningún otro tipo de entidad distinta de las enumeradas en este artículo, con independencia de su naturaleza y régimen jurídico.

15. a) Ministerio de Hacienda y Administraciones Públicas, a través de la Intervención General de la Administración del Estado.

Dispone el artículo 85.3 de la Ley 40/2015, de 1 de octubre, de Régimen Jurídico del Sector Público que todas las entidades integrantes del sector público institucional estatal están sujetas desde su creación hasta su extinción a la supervisión continua del Ministerio de Hacienda y Administraciones Públicas, a través de la Intervención General de la Administración del Estado, que vigilará la concurrencia de los requisitos previstos en esta Ley. En particular verificará, al menos, lo siguiente:

a) La subsistencia de las circunstancias que justificaron su creación. b) Su sostenibilidad financiera. c) La concurrencia de la causa de disolución prevista en esta ley referida al incumplimiento de los fines que justificaron su creación o que su subsistencia no resulte el medio más idóneo para lograrlos.

16. d) Todas las respuestas anteriores son correctas.

Dispone el artículo 85.4 de la Ley 40/2015, de 1 de octubre, de Régimen Jurídico del Sector Público que las actuaciones de control de eficacia y supervisión continua tomarán en consideración:

a) La información económico financiera disponible. b) El suministro de información por parte de los organismos públicos y entidades sometidas al Sistema de control de eficacia y supervisión continúa. c) Las propuestas de las inspecciones de los servicios de los departamentos ministeriales.

17. a) Podrán ser consideradas medios propios y servicios técnicos de los poderes adjudicadores y del resto de entes y sociedades que no tengan la consideración de poder adjudicador cuando cumplan las condiciones y requisitos establecidos en la Ley.

Dispone el artículo 86.1 de la Ley 40/2015, de 1 de octubre, de Régimen Jurídico del Sector Público que las entidades integrantes del sector público institucional podrán ser consideradas medios propios y servicios técnicos de los poderes adjudicadores y del resto de entes y sociedades que no tengan la consideración de poder adjudicador cuando cumplan las condiciones y requisitos establecidos en la Ley 9/2017, de 8 de noviembre, de Contratos del Sector Público, por la que se transponen al ordenamiento jurídico español las Directivas del Parlamento Europeo y del Consejo 2014/23/UE y 2014/24/UE, de 26 de febrero de 2014.

18. a) Tendrán la consideración de medio propio y servicio técnico cuando se acredite que, además de disponer de medios suficientes e idóneos para realizar prestaciones en el sector de actividad que se corresponda con su objeto social, se cumplen con las indicaciones de la ley.

Dispone el artículo 86.2 de la Ley 40/2015, de 1 de octubre, de Régimen Jurídico del Sector Público que tendrán la consideración de medio propio y servicio técnico cuando se acredite que, además de disponer de medios suficientes e idóneos para realizar prestaciones en el sector de actividad que se corresponda con su objeto social, de acuerdo con su norma o acuerdo de creación, se dé alguna de las circunstancias siguientes:

a) Sea una opción más eficiente que la contratación pública y resulta sostenible y eficaz, aplicando criterios de rentabilidad económica. b) Resulte necesario por razones de seguridad pública o de urgencia en la necesidad de disponer de los bienes o servicios suministrados por el medio propio o servicio técnico.

19. d) Son correctas las respuestas a) y c).

Dispone el artículo 86.2 de la Ley 40/2015, de 1 de octubre, de Régimen Jurídico del Sector Público que en la denominación de las entidades integrantes del sector público institucional que tengan la condición de medio propio deberá figurar necesariamente la indicación "Medio Propio" o su abreviatura "M.P.".

20. c) Deberá acompañarse la propuesta de declaración de una memoria justificativa y deberá ser informada por la Intervención General de la Administración del Estado.

Dispone el artículo 86.3 de la Ley 40/2015, de 1 de octubre, de Régimen Jurídico del Sector Público que en el supuesto de creación de un nuevo medio propio y servicio técnico deberá acompañarse la propuesta de declaración de una memoria justificativa que acredite lo dispuesto en el apartado anterior y que, en este supuesto de nueva creación, deberá ser informada por la Intervención General de la Administración del Estado.

21. d) Todas las respuestas anteriores son correctas.

Dispone el artículo 87.1 de la Ley 40/2015, de 1 de octubre, de Régimen Jurídico del Sector Público que cualquier organismo autónomo, entidad pública empresarial, agencias estatales, sociedad mercantil estatal o fundación del sector público institucional estatal podrá transformarse y adoptar la naturaleza jurídica de cualquiera de las entidades citadas.

22. a) Lo hará conservando su personalidad jurídica, por cesión e integración global, en unidad de acto, de todo el activo y el pasivo de la entidad transformada con sucesión universal de derechos y obligaciones.

Dispone el artículo 87.2 de la Ley 40/2015, de 1 de octubre, de Régimen Jurídico del Sector Público que la transformación tendrá lugar, conservando su personalidad jurídica, por cesión e integración global, en unidad de acto, de todo el activo y el pasivo de la entidad transformada con sucesión universal de derechos y obligaciones.

La transformación no alterará las condiciones financieras de las obligaciones asumidas ni podrá ser entendida como causa de resolución de las relaciones jurídicas.

23. a) Lo hará conservando su personalidad jurídica, por cesión e integración global, en unidad de acto, de todo el activo y el pasivo de la entidad transformada con sucesión universal de derechos y obligaciones.

Dispone el artículo 87.2 de la Ley 40/2015, de 1 de octubre, de Régimen Jurídico del Sector Público que la transformación tendrá lugar, conservando su personalidad jurídica, por cesión e integración global, en unidad de acto, de todo el activo y el pasivo de la entidad transformada con sucesión universal de derechos y obligaciones.

La transformación no alterará las condiciones financieras de las obligaciones asumidas ni podrá ser entendida como causa de resolución de las relaciones jurídicas.

24. a) Lo hará conservando su personalidad jurídica, por cesión e integración global, en unidad de acto, de todo el activo y el pasivo de la entidad transformada con sucesión universal de derechos y obligaciones.

Dispone el artículo 87.2 de la Ley 40/2015, de 1 de octubre, de Régimen Jurídico del Sector Público que la transformación tendrá lugar, conservando su personalidad jurídica, por cesión e integración global, en unidad de acto, de todo el activo y el pasivo de la entidad transformada con sucesión universal de derechos y obligaciones.

La transformación no alterará las condiciones financieras de las obligaciones asumidas ni podrá ser entendida como causa de resolución de las relaciones jurídicas.

25. c) Por Real Decreto.

Dispone el artículo 87.2 de la Ley 40/2015, de 1 de octubre, de Régimen Jurídico del Sector Público que la transformación se llevará a cabo mediante Real Decreto, aunque suponga modificación de la Ley de creación, salvo en el caso de la transformación en agencias estatales que deberá efectuarse por ley.

26. c) Por Real Decreto.

Dispone el artículo 87.2 de la Ley 40/2015, de 1 de octubre, de Régimen Jurídico del Sector Público que la transformación se llevará a cabo mediante Real Decreto, aunque suponga modificación de la Ley de creación, salvo en el caso de la transformación en agencias estatales que deberá efectuarse por ley.

27. a) Por Ley.

Dispone el artículo 87.2 de la Ley 40/2015, de 1 de octubre, de Régimen Jurídico del Sector Público que la transformación se llevará a cabo mediante Real Decreto, aunque suponga modificación de la Ley de creación, salvo en el caso de la transformación en agencias estatales que deberá efectuarse por ley.

28. d) Son correctas las respuestas a) y b).

Dispone el artículo 87.4 de la Ley 40/2015, de 1 de octubre, de Régimen Jurídico del Sector Público que cuando un organismo autónomo, entidad pública empresarial o Agencias Estatales se transforme en una entidad pública empresarial, Agencias Estatales, sociedad mercantil estatal o en una fundación del sector público, el Real Decreto o la Ley mediante el que se lleve a cabo la transformación deberá ir acompañado de la siguiente documentación:

a) Una memoria que incluya:

1.º Una justificación de la transformación por no poder asumir sus funciones manteniendo su naturaleza jurídica originaria.

2.º Un análisis de eficiencia que incluirá una previsión del ahorro que generará la transformación y la acreditación de inexistencia de duplicidades con las funciones que ya desarrolle otro órgano, organismo público o entidad preexistente.

3.º Un análisis de la situación en la que quedará el personal, indicando si, en su caso, parte del mismo se integrará, bien en la Administración General del Estado o bien en la entidad pública empresarial, sociedad mercantil estatal o fundación que resulte de la transformación. b) Un informe preceptivo de la Intervención General de la Administración del Estado en el que se valorará el cumplimiento de lo previsto en este artículo.

29. d) Todas las respuestas anteriores son correctas.

Dispone el artículo 87.4 de la Ley 40/2015, de 1 de octubre, de Régimen Jurídico del Sector Público que cuando un organismo autónomo, entidad pública empresarial o Agencias Estatales se transforme en una entidad pública empresarial, Agencias

Estatales, sociedad mercantil estatal o en una fundación del sector público, el Real Decreto o la Ley mediante el que se lleve a cabo la transformación deberá ir acompañado de la siguiente documentación:

a) Una memoria que incluya:

1.º Una justificación de la transformación por no poder asumir sus funciones manteniendo su naturaleza jurídica originaria.

2.º Un análisis de eficiencia que incluirá una previsión del ahorro que generará la transformación y la acreditación de inexistencia de duplicidades con las funciones que ya desarrolle otro órgano, organismo público o entidad preexistente.

3.º Un análisis de la situación en la que quedará el personal, indicando si, en su caso, parte del mismo se integrará, bien en la Administración General del Estado o bien en la entidad pública empresarial, sociedad mercantil estatal o fundación que resulte de la transformación. b) Un informe preceptivo de la Intervención General de la Administración del Estado en el que se valorará el cumplimiento de lo previsto en este artículo.

30. b) La modificación del personal en la entidad transformada.

Dispone el artículo 87.5 de la Ley 40/2015, de 1 octubre, de Régimen Jurídico del Sector Público que la aprobación del Real Decreto de transformación conllevará:

a) La adaptación de la organización de los medios personales, materiales y económicos que resulte necesaria por el cambio de naturaleza jurídica. b) La posibilidad de integrar el personal en la entidad transformada o en la Administración General del Estado. En su caso, esta integración se llevará a cabo de acuerdo con los procedimientos de movilidad establecidos en la legislación de función pública o en la legislación laboral que resulte aplicable.

Los distintos tipos de personal de la entidad transformada tendrán los mismos derechos y obligaciones que les correspondan de acuerdo con la normativa que les sea de aplicación.

La adaptación, en su caso, de personal que conlleve la transformación no supondrá, por sí misma, la atribución de la condición de funcionario público al personal laboral que prestase servicios en la entidad transformada.

La integración de quienes hasta ese momento vinieran ejerciendo funciones reservadas a funcionarios públicos sin serlo podrá realizarse con la condición de "a extinguir", debiéndose valorar previamente las características de los puestos afectados y las necesidades de la entidad donde se integren.

De la ejecución de las medidas de transformación no podrá derivarse incremento alguno de la masa salarial preexistente en la entidad transformada.

31. b) No supondrá, por sí misma, la atribución de la condición de funcionario público al personal laboral que prestase servicios en la entidad transformada.

Dispone el artículo 87.5 de la Ley 40/2015, de 1 de octubre, de Régimen Jurídico del Sector Público que la aprobación del Real Decreto de transformación conllevará:

a) La adaptación de la organización de los medios personales, materiales y económicos que resulte necesaria por el cambio de naturaleza jurídica. b) La posibilidad de integrar el personal en la entidad transformada o en la Administración General del Estado. En su caso, esta integración se llevará a cabo de acuerdo con los procedimientos de movilidad establecidos en la legislación de función pública o en la legislación laboral que resulte aplicable.

Los distintos tipos de personal de la entidad transformada tendrán los mismos derechos y obligaciones que les correspondan de acuerdo con la normativa que les sea de aplicación.

La adaptación, en su caso, de personal que conlleve la transformación no supondrá, por sí misma, la atribución de la condición de funcionario público al personal laboral que prestase servicios en la entidad transformada.

La integración de quienes hasta ese momento vinieran ejerciendo funciones reservadas a funcionarios públicos sin serlo podrá realizarse con la condición de "a extinguir", debiéndose valorar previamente las características de los puestos afectados y las necesidades de la entidad donde se integren.

De la ejecución de las medidas de transformación no podrá derivarse incremento alguno de la masa salarial preexistente en la entidad transformada.

32. a) Organismos públicos dependientes o vinculados a la Administración General del Estado.

Dispone el artículo 88 de la Ley 40/2015, de 1 de octubre, de Régimen Jurídico del Sector Público que son organismos públicos dependientes o vinculados a la Administración General del Estado, bien directamente o bien a través de otro organismo público, los creados para la realización de actividades administrativas, sean de fomento, prestación o de gestión de servicios públicos o de producción de bienes de interés público susceptibles de contraprestación; actividades de contenido económico reservadas a las Administraciones Públicas; así como la supervisión o regulación de sectores económicos, y cuyas características justifiquen su organización en régimen de descentralización funcional o de independencia.

33. a) Organismos públicos dependientes o vinculados a la Administración General del Estado.

Dispone el artículo 88 de la Ley 40/2015, de 1 de octubre, de Régimen Jurídico del Sector Público que son organismos públicos dependientes o vinculados a la Administración General del Estado, bien directamente o bien a través de otro organismo público, los creados para la realización de actividades administrativas, sean de fomento, prestación o de gestión de servicios públicos o de producción de bienes de interés público susceptibles de contraprestación; actividades de contenido económico reservadas a las Administraciones Públicas; así como la supervisión o regulación de sectores económicos, y cuyas características justifiquen su organización en régimen de descentralización funcional o de independencia.

34. a) Organismos públicos dependientes o vinculados a la Administración General del Estado.

Dispone el artículo 88 de la Ley 40/2015, de 1 de octubre, de Régimen Jurídico del Sector Público que son organismos públicos dependientes o vinculados a la Administración General del Estado, bien directamente o bien a través de otro organismo público, los creados para la realización de actividades administrativas, sean de fomento, prestación o de gestión de servicios públicos o de producción de bienes de interés público susceptibles de contraprestación; actividades de contenido económico reservadas a las Administraciones Públicas; así como la supervisión o regulación de sectores económicos, y cuyas características justifiquen su organización en régimen de descentralización funcional o de independencia.

35. c) Tienen personalidad jurídica pública diferenciada.

Dispone el artículo 89.1 de la Ley 40/2015, de 1 de octubre, de Régimen Jurídico del Sector Público que los organismos públicos tienen personalidad jurídica pública diferenciada, patrimonio y tesorería propios, así como autonomía de gestión, en los términos previstos en esta Ley.

36. d) Tienen patrimonio y tesorería propios.

Dispone el artículo 89.1 de la Ley 40/2015, de 1 de octubre, de Régimen Jurídico del Sector Público que los organismos públicos tienen personalidad jurídica pública diferenciada, patrimonio y tesorería propios, así como autonomía de gestión, en los términos previstos en esta Ley.

37. c) No disponen de potestad expropiatoria.

Dispone el artículo 89.2 de la Ley 40/2015, de 1 de octubre, de Régimen Jurídico del Sector Público que dentro de su esfera de competencia, les corresponden las potestades administrativas precisas para el cumplimiento de sus fines, en los términos que prevean sus estatutos, salvo la potestad expropiatoria.

38. d) Son correctas las respuestas a) y b).

Dispone el artículo 90.1 de la Ley 40/2015, de 1 de octubre, de Régimen Jurídico del Sector Público que los organismos públicos se estructuran en los órganos de gobierno, y ejecutivos que se determinen en su respectivo Estatuto.

Los máximos órganos de gobierno son el Presidente y el Consejo Rector. El estatuto puede, no obstante, prever otros órganos de gobierno con atribuciones distintas.

39. a) Ministro de Hacienda y Administraciones Públicas.

Dispone el artículo 90.2 de la Ley 40/2015, de 1 de octubre, de Régimen Jurídico del Sector Público que corresponde al Ministro de Hacienda y Administraciones Públicas la clasificación de las entidades, conforme a su naturaleza y a los criterios previstos en Real Decreto 451/2012, de 5 de marzo, por el que se regula el régimen retributivo de los máximos responsables y directivos en el sector público empresarial y otras entidades. A estos efectos, las entidades serán clasificadas en tres grupos.

40. b) Tres grupos.

Dispone el artículo 90.2 de la Ley 40/2015, de 1 de octubre, de Régimen Jurídico del Sector Público que corresponde al Ministro de Hacienda y Administraciones Públicas la clasificación de las entidades, conforme a su naturaleza y a los criterios previstos en Real Decreto 451/2012, de 5 de marzo, por el que se regula el régimen retributivo de los máximos responsables y directivos en el sector público empresarial y otras entidades. A estos efectos, las entidades serán clasificadas en tres grupos.

41. a) Ley.

Dispone el artículo 91.1 de la Ley 40/2015, de 1 de octubre, de Régimen Jurídico del Sector Público que la creación de los organismos públicos se efectuará por Ley.

42. b) Al Consejo de Ministros.

Dispone el artículo 91.3 de la Ley 40/2015, de 1 de octubre, de Régimen Jurídico del Sector Público que el anteproyecto de ley de creación del organismo público que se eleve al Consejo de Ministros deberá ser acompañado de una propuesta de estatutos y de un plan inicial de actuación, junto con el informe preceptivo favorable del Ministerio de Hacienda y Administraciones Públicas que valorará el cumplimiento de lo previsto en este artículo.

43. d) Todas las respuestas anteriores son correctas.

Dispone el artículo 92.1 de la Ley 40/2015, de 1 de octubre, de Régimen Jurídico del Sector Público que el plan inicial de actuación contendrá, al menos:

a) Las razones que justifican la creación de un nuevo organismo público, por no poder asumir esas funciones otro ya existente, así como la constatación de que la creación no supone duplicidad con la actividad que desarrolle cualquier otro órgano o entidad preexistente.

b) La forma jurídica propuesta y un análisis que justifique que la elegida resulta más eficiente frente a otras alternativas de organización que se hayan descartado.

c) La fundamentación de la estructura organizativa elegida, determinando los órganos directivos y la previsión sobre los recursos humanos necesarios para su funcionamiento.

d) El anteproyecto del presupuesto correspondiente al primer ejercicio junto con un estudio económico-financiero que acredite la suficiencia de la dotación económica prevista inicialmente para el comienzo de su actividad y la sostenibilidad futura del organismo, atendiendo a las fuentes futuras de financiación de los gastos y las inversiones, así como a la incidencia que tendrá sobre los presupuestos generales del Estado.

e) Los objetivos del organismo, justificando su suficiencia o idoneidad, los indicadores para medirlos, y la programación plurianual de carácter estratégico para alcanzarlos, especificando los medios económicos y personales que dedicará, concretando en este último caso la forma de provisión de los puestos de trabajo, su procedencia, coste, retribuciones e indemnizaciones, así como el ámbito temporal en que se prevé desarrollar la actividad del organismo. Asimismo, se incluirán las consecuencias asociadas al grado de cumplimiento de los objetivos establecidos y, en particular, su vinculación con la evaluación de la gestión del personal directivo en el caso de incumplimiento. A tal efecto, el reparto del complemento de productividad o concepto equivalente se realizará teniendo en cuenta el grado de cumplimiento de los objetivos establecidos en el plan de creación y en los anuales.

44. c) La programación plurianual de carácter estratégico para alcanzar los objetivos.

Dispone el artículo 92.1 de la Ley 40/2015, de 1 de octubre, de Régimen Jurídico del Sector Público que el plan inicial de actuación contendrá, al menos:

a) Las razones que justifican la creación de un nuevo organismo público, por no poder asumir esas funciones otro ya existente, así como la constatación de que la creación no supone duplicidad con la actividad que desarrolle cualquier otro órgano o entidad preexistente.

b) La forma jurídica propuesta y un análisis que justifique que la elegida resulta más eficiente frente a otras alternativas de organización que se hayan descartado.

c) La fundamentación de la estructura organizativa elegida, determinando los órganos directivos y la previsión sobre los recursos humanos necesarios para su funcionamiento.

d) El anteproyecto del presupuesto correspondiente al primer ejercicio junto con un estudio económico-financiero que acredite la suficiencia de la dotación económica prevista inicialmente para el comienzo de su actividad y la sostenibilidad futura del organismo, atendiendo a las fuentes futuras de financiación de los gastos y las inversiones, así como a la incidencia que tendrá sobre los presupuestos generales del Estado.

e) Los objetivos del organismo, justificando su suficiencia o idoneidad, los indicadores para medirlos, y la programación plurianual de carácter estratégico para alcanzarlos, especificando los medios económicos y personales que dedicará, concretando en este último caso la forma de provisión de los puestos de trabajo, su procedencia, coste, retribuciones e indemnizaciones, así como el ámbito temporal en que se prevé desarrollar la actividad del organismo. Asimismo, se incluirán las consecuencias asociadas al grado de cumplimiento de los objetivos establecidos y, en particular, su vinculación con la evaluación de la gestión del personal directivo en el caso de incumplimiento. A tal efecto, el reparto del complemento de productividad o concepto equivalente se realizará teniendo en cuenta el grado de cumplimiento de los objetivos establecidos en el plan de creación y en los anuales.

45. a) Anualmente.

Dispone el artículo 92.1 de la Ley 40/2015, de 1 de octubre, de Régimen Jurídico del Sector Público que el plan inicial de actuación contendrá, al menos:

a) Las razones que justifican la creación de un nuevo organismo público, por no poder asumir esas funciones otro ya existente, así como la constatación de que la creación no supone duplicidad con la actividad que desarrolle cualquier otro órgano o entidad preexistente.

b) La forma jurídica propuesta y un análisis que justifique que la elegida resulta más eficiente frente a otras alternativas de organización que se hayan descartado.

c) La fundamentación de la estructura organizativa elegida, determinando los órganos directivos y la previsión sobre los recursos humanos necesarios para su funcionamiento.

d) El anteproyecto del presupuesto correspondiente al primer ejercicio junto con un estudio económico-financiero que acredite la suficiencia de la dotación económica prevista inicialmente para el comienzo de su actividad y la sostenibilidad futura del organismo, atendiendo a las fuentes futuras de financiación de los gastos y las inversiones, así como a la incidencia que tendrá sobre los presupuestos generales del Estado.

e) Los objetivos del organismo, justificando su suficiencia o idoneidad, los indicadores para medirlos, y la programación plurianual de carácter estratégico para alcanzarlos, especificando los medios económicos y personales que dedicará, concretando en este último caso la forma de provisión de los puestos de trabajo, su procedencia, coste, retribuciones e indemnizaciones, así como el ámbito temporal en que se prevé desarrollar la actividad del organismo. Asimismo, se incluirán las consecuencias asociadas al grado de cumplimiento de los objetivos establecidos y, en particular, su vinculación con la evaluación de la gestión del personal directivo en el caso de incumplimiento. A tal efecto, el reparto del complemento de productividad o concepto equivalente se realizará teniendo en cuenta el grado de cumplimiento de los objetivos establecidos en el plan de creación y en los anuales.

46.d) En el último trimestre del año natural.

Dispone el artículo 92.1 de la Ley 40/2015, de 1 de octubre, de Régimen Jurídico del Sector Público que los organismos públicos deberán acomodar su actuación a lo previsto en su plan inicial de actuación. Éste se actualizará anualmente mediante la elaboración del correspondiente plan que permita desarrollar para el ejercicio siguiente las previsiones del plan de creación. El plan anual de actuación deberá ser aprobado en el último trimestre del año natural por el departamento del que dependa o al que esté vinculado el organismo y deberá guardar coherencia con el Programa de actuación plurianual previsto en la normativa presupuestaria. El Plan de actuación incorporará, cada tres años, una revisión de la programación estratégica del organismo.

La falta de aprobación del plan anual de actuación dentro del plazo fijado por causa imputable al organismo, y hasta tanto se subsane la omisión, llevará aparejada la paralización de las transferencias que deban realizarse a favor del organismo con cargo a los Presupuestos Generales del Estado, salvo que el Consejo de Ministros adopte otra decisión.

47. d) Todas las respuestas anteriores son correctas.

Dispone el artículo 93.1 de la Ley 40/2015, de 1 de octubre, de Régimen Jurídico del Sector Público que los estatutos regularán, al menos, los siguientes extremos:

a) Las funciones y competencias del organismo, con indicación de las potestades administrativas que pueda ostentar.

b) La determinación de su estructura organizativa, con expresión de la composición, funciones, competencias y rango administrativo que corresponda a cada órgano. Asimismo se especificarán aquellos de sus actos y resoluciones que agoten la vía administrativa.

c) El patrimonio que se les asigne y los recursos económicos que hayan de financiarlos.

d) El régimen relativo a recursos humanos, patrimonio, presupuesto y contratación.

e) La facultad de participación en sociedades mercantiles cuando ello sea imprescindible para la consecución de los fines asignados.

48. a) Real Decreto del Consejo de Ministros.

Dispone el artículo 93.2 de la Ley 40/2015, de 1 de octubre, de Régimen Jurídico del Sector Público que los estatutos de los organismos públicos se aprobarán por Real Decreto del Consejo de Ministros a propuesta conjunta del Ministerio de Hacienda y Administraciones Públicas y del Ministerio al que el organismo esté vinculado o sea dependiente.

49. a) Con carácter previo a la entrada en funcionamiento efectivo del organismo público.

Dispone el artículo 93.3 de la Ley 40/2015, de 1 de octubre, de Régimen Jurídico del Sector Público que los estatutos deberán ser aprobados y publicados con carácter previo a la entrada en funcionamiento efectivo del organismo público.

50. b) Durante los dos años siguientes a la aprobación de la norma reglamentaria de fusión.

Dispone el artículo 93.4 d) de la Ley 40/2015, de 1 de octubre, de Régimen Jurídico del Sector Público que la aprobación de la norma de fusión conllevará:

d) Si se hubiera previsto en el plan de redimensionamiento, las obligaciones, bienes y derechos patrimoniales que se consideren liquidables se integrarán en un fondo, sin personalidad jurídica y con contabilidad separada, adscrito al nuevo organismo público resultante de la fusión o al organismo público absorbente, según proceda, que designará un liquidador al que le corresponderá la liquidación de este fondo. Esta liquidación se efectuará de conformidad con lo previsto en el artículo 97.

La liquidación deberá llevarse a cabo durante los dos años siguientes a la aprobación de la norma reglamentaria de fusión, salvo que el Consejo de Ministros acuerde su prórroga, sin perjuicio de los posibles derechos que puedan corresponder a los acreedores. La aprobación de las normas a las que tendrá que ajustarse la contabilidad del fondo corresponderá al Ministro de Hacienda y Administraciones Públicas a propuesta de la Intervención General de la Administración del Estado.

51. c) Desarrollan actividades propias de la Administración Pública, tanto actividades de fomento, prestacionales, de gestión de servicios públicos o de producción de bienes de interés público, susceptibles de contraprestación, en calidad de organizaciones instrumentales diferenciadas y dependientes de esta.

El artículo 98 de la Ley 40/2015, en su apartado 1 indica que "los organismos autónomos son entidades de derecho público, con personalidad jurídica propia, tesorería y patrimonio propios y autonomía en su gestión, que desarrollan actividades propias de la Administración Pública, tanto actividades de fomento, prestacionales, de gestión de servicios públicos o de producción de bienes de interés público, susceptibles de contraprestación, en calidad de organizaciones instrumentales diferenciadas y dependientes de esta".

52. d) Todas son correctas.

El artículo 99 de la Ley 40/2015, indica que "os organismos autónomos se regirán por lo dispuesto en esta Ley, en su ley de creación, sus estatutos, la Ley de Procedimiento Administrativo Común de las Administraciones Públicas, el Real Decreto Legislativo 3/2011, de 14 de noviembre (actual Ley 9/2017, de 8 de noviembre), la Ley 33/2003, de 3 de noviembre, y el resto de las normas de derecho administrativo general y especial que le sea de aplicación. En defecto de norma administrativa, se aplicará el derecho común.

53. b) Será funcionario o laboral.

El artículo 100 de la Ley 40/2015, en su apartado 1, indica que "el personal al servicio de los organismos autónomos será funcionario o laboral, y se regirá por lo previsto en la Ley 7/2007, de 12 de abril (actual Real Decreto Legislativo 5/2015, de 30 de octubre), y demás normativa reguladora de los funcionarios públicos y por la normativa laboral.

54. c) Por las normas aplicables a la Administración General del Estado.

El artículo 100 de la Ley 40/2015, en su apartado 1, segundo párrafo, establece que "el nombramiento de los titulares de los órganos de los organismos autónomos se regirá por las normas aplicables a la Administración General del Estado".

55. a) Un patrimonio propio, distinto del de la Administración Pública.

El artículo 101 de la Ley 40/2015, en su apartado 1, establece que "los organismos autónomos tendrán, para el cumplimiento de sus fines, un patrimonio propio, distinto del de la Administración Pública, integrado por el conjunto de bienes y derechos de los que sean titulares".

56. d) Las donaciones, legados, patrocinios y otras aportaciones de entidades públicas.

El artículo 101 de la Ley 40/2015, en su apartado 2, regula las fuentes de las que podrán provenir los recursos económicos de los organismos autónomos, en los términos siguientes:

2. Los recursos económicos de los organismos autónomos podrán provenir de las siguientes fuentes:

   a) Los bienes y valores que constituyen su patrimonio.

   b) Los productos y rentas de dicho patrimonio.

   c) Las consignaciones específicas que tuvieren asignadas en los presupuestos generales del Estado.

   d) Las transferencias corrientes o de capital que procedan de la Administración o entidades públicas.

   e) Las donaciones, legados, patrocinios y otras aportaciones de entidades privadas y de particulares.

   f) Cualquier otro recurso que estén autorizados a percibir, según las disposiciones por las que se rijan o que pudieran serles atribuidos.

57. b) La Ley 47/2003, de 26 de noviembre, General Presupuestaria.

Según indica el artículo 102 de la Ley 40/2015, "los organismos autónomos aplicarán el régimen presupuestario, económico-financiero, de contabilidad, y de control establecido por la Ley 47/2003, de 26 de noviembre".

58. b) Personalidad jurídica propia.

Según indica el artículo 103 de la Ley 40/2015, en su apartado 1, "las entidades públicas empresariales son entidades de Derecho público, con personalidad jurídica propia, patrimonio propio y autonomía en su gestión, que se financian con ingresos de mercado, a excepción de aquellas que tengan la condición o reúnan los requisitos para ser declaradas medio propio personificado de conformidad con la Ley de Contratos del Sector Público, y que junto con el ejercicio de potestades administrativas desarrollan actividades prestacionales, de gestión de servicios o de producción de bienes de interés público, susceptibles de contraprestación".

59. d) Se financian con ingresos de mercado, a excepción de aquellas que tengan la condición o reúnan los requisitos para ser declaradas medio propio personificado.

Según indica el artículo 103 de la Ley 40/2015, en su apartado 1, "las entidades públicas empresariales son entidades de Derecho público, con personalidad jurídica propia, patrimonio propio y autonomía en su gestión, que se financian con ingresos de mercado, a excepción de aquellas que tengan la condición o reúnan los requisitos para ser declaradas medio propio personificado de conformidad con la Ley de Contratos del Sector Público, y que junto con el ejercicio de potestades administrativas desarrollan actividades prestacionales, de gestión de servicios o de producción de bienes de interés público, susceptibles de contraprestación".

60. b) De la Administración General del Estado o de un Organismo autónomo vinculado o dependiente de esta.

El artículo 103 de la Ley 40/2015, en su apartado 2 establece que "las entidades públicas empresariales dependen de la Administración General del Estado o de un Organismo autónomo vinculado o dependiente de ésta, al que le corresponde la dirección estratégica, la evaluación de los resultados de su actividad y el control de eficacia".

61. c) Por el Derecho privado, excepto en la formación de la voluntad de sus órganos.

El artículo 104 de la Ley 40/2015, indica que "las entidades públicas empresariales se rigen por el Derecho privado, excepto en la formación de la voluntad de sus órganos, en el ejercicio de las potestades administrativas que tengan atribuidas y en los aspectos específicamente regulados para las mismas en esta Ley, en su Ley de creación, sus estatutos, la Ley de Procedimiento Administrativo Común, el Real Decreto Legislativo 3/2011, de 14 de noviembre (actual Ley 9/2017, de 8 de noviembre), la Ley 33/2003, de 3 de noviembre, y el resto de normas de derecho administrativo general y especial que le sean de aplicación.

62. b) Órganos a los que los estatutos se les asigne expresamente esta facultad.

El artículo 105 de la Ley 40/2015, en su apartado 1, establece que "las potestades administrativas atribuidas a las entidades públicas empresariales sólo pueden ser ejercidas por aquellos órganos de éstas a los que los estatutos se les asigne expresamente esta facultad".

63. d) Los órganos de las entidades públicas empresariales no son asimilables en cuanto a su rango administrativo al de los órganos de la Administración General del Estado, salvo las excepciones que, a determinados efectos se fijen, en cada caso, en sus estatutos.

El artículo 105 de la Ley 40/2015, relativo al ejercicio de las potestades administrativas establece lo siguiente:

2. No obstante, a los efectos de esta Ley, los órganos de las entidades públicas empresariales no son asimilables en cuanto a su rango administrativo al de los órganos de la Administración General del Estado, salvo las excepciones que, a determinados efectos se fijen, en cada caso, en sus estatutos.

64. b) El derecho laboral, con las especificaciones dispuestas en el artículo 106 de la Ley 40/2015 y las excepciones relativas a los funcionarios públicos de la Administración General del Estado.

El artículo 106 de la Ley 40/2015, en su apartado 1 establece que "el personal de las entidades públicas empresariales se rige por el Derecho laboral, con las especificaciones dispuestas en este artículo y las excepciones relativas a los funcionarios públicos de la Administración General del Estado, quienes se regirán por lo previsto en la Ley 7/2007, de 12 de abril (actual Real Decreto Legislativo 5/2015, de 30 de octubre) y demás normativa reguladora de los funcionarios públicos o por la normativa laboral".

65. c) El personal eventual será nombrado con arreglo a criterios de idoneidad y en base al principio de especialidad.

El artículo 106 en la Ley 40/2015, en su apartado 2 establece lo siguiente:

La selección del personal laboral de estas entidades se realizará conforme a las siguientes reglas:

a) El personal directivo, que se determinará en los estatutos de la entidad, será nombrado con arreglo a los criterios establecidos en el apartado 11 del artículo 55, atendiendo a la experiencia en el desempeño de puestos de responsabilidad en la gestión pública o privada.

b) El resto del personal será seleccionado mediante convocatoria pública basada en los principios de igualdad, mérito y capacidad.

66. c) Con la periodicidad adecuada.

Según indica el artículo 106 de la Ley 40/2015, en su apartado 4, "el Ministerio de Hacienda y Administraciones Públicas (actual Ministerio de Hacienda) efectuará, con la periodicidad adecuada, controles específicos sobre la evolución de los gastos de personal y de la gestión de sus recursos humanos, conforme a los criterios previamente establecidos por los mismos".

67. c) Deberá determinar las condiciones conforme a las cuales, los funcionarios de la Administración General del Estado, podrán cubrir destinos en la referida entidad, y establecerá, asimismo, las competencias que a la misma correspondan sobre este personal que, en todo caso, serán las que tengan legalmente atribuidas los Organismos autónomos.

El apartado 5 del artículo 106 de la Ley 40/2015, establece que "la Ley de creación de cada entidad pública empresarial deberá determinar las condiciones conforme a las cuales, los funcionarios de la Administración General del Estado, podrán cubrir destinos en la referida entidad, y establecerá, asimismo, las competencias que a la misma correspondan sobre este personal que, en todo caso, serán las que tengan legalmente atribuidas los Organismos autónomos".

68. b) Ley 9/2017.

Indica el apartado 6 del artículo 106 de la Ley 40/2015, que "la contratación de las entidades públicas empresariales se rige por las previsiones contenidas al respecto en la legislación de contratos del sector público".

69. c) Transferencias corrientes o de capital que procedan de las Administraciones o entidades privadas, aunque no se prevea en la Ley de creación.

Establece el apartado 2 del artículo 107 de la Ley 40/2015, que "las entidades públicas empresariales podrán financiarse con los ingresos que se deriven de sus operaciones, obtenidos como contraprestación de sus actividades comerciales, y con los recursos económicos que provengan de las siguientes fuentes:

a) Los bienes y valores que constituyen su patrimonio.

b) Los productos y rentas de dicho patrimonio y cualquier otro recurso que pudiera serle atribuido.

Excepcionalmente, cuando así lo prevea la Ley de creación, podrá financiarse con los recursos económicos que provengan de las siguientes fuentes:

a) Las consignaciones específicas que tuvieran asignadas en los Presupuestos Generales del Estado.

b) Las transferencias corrientes o de capital que procedan de las Administraciones o entidades públicas.

c) Las donaciones, legados, patrocinios y otras aportaciones de entidades privadas y de particulares".

70. c) Deberán proceder de entidades privadas y de particulares.

Establece el apartado 2 del artículo 107 de la Ley 40/2015, que "las entidades públicas empresariales podrán financiarse con los ingresos que se deriven de sus operaciones, obtenidos como contraprestación de sus actividades comerciales, y con los recursos económicos que provengan de las siguientes fuentes:

a) Los bienes y valores que constituyen su patrimonio.

b) Los productos y rentas de dicho patrimonio y cualquier otro recurso que pudiera serle atribuido.

Excepcionalmente, cuando así lo prevea la Ley de creación, podrá financiarse con los recursos económicos que provengan de las siguientes fuentes:

a) Las consignaciones específicas que tuvieran asignadas en los Presupuestos Generales del Estado.

b) Las transferencias corrientes o de capital que procedan de las Administraciones o entidades públicas.

c) Las donaciones, legados, patrocinios y otras aportaciones de entidades privadas y de particulares".

71. a) Se entiende que se financia mayoritariamente con ingresos de mercado.

Según indica el artículo 107 de la Ley 40/2015, en su apartado 3, "las entidades público empresariales se financiarán mayoritariamente con ingresos de mercado, a excepción de aquellas que tengan la condición o reúnan los requisitos para ser declaradas medio propio personificado de conformidad con la Ley de Contratos del Sector Público. Se entiende que se financian mayoritariamente con ingresos de mercado cuando tengan la consideración de productor de mercado de conformidad con el Sistema Europeo de Cuentas".

72. d) Todas son correctas.

Establece el apartado 2 del artículo 107 de la Ley 40/2015, que "excepcionalmente, cuando así lo prevea la Ley de creación, podrá financiarse con los recursos económicos que provengan de las siguientes fuentes:

a) Las consignaciones específicas que tuvieran asignadas en los Presupuestos Generales del Estado.

b) Las transferencias corrientes o de capital que procedan de las Administraciones o entidades públicas.

c) Las donaciones, legados, patrocinios y otras aportaciones de entidades privadas y de particulares".

73. a) Ley 33/2003, de 3 de noviembre.

El artículo 107, en su apartado 1 establece que "la gestión y administración de sus bienes y derechos propios, así como de aquellos del Patrimonio de la Administración que se les adscriban para el cumplimiento de sus fines, será ejercida de acuerdo con lo previsto en la Ley 33/2003, de 3 de noviembre".

74. d) Se rige por todas ellas.

El artículo 104 de la Ley 40/2015, indica que "las entidades públicas empresariales se rigen por el Derecho privado, excepto en la formación de la voluntad de sus órganos, en el ejercicio de las potestades administrativas que tengan atribuidas y en los aspectos específicamente regulados para las mismas en esta Ley, en su Ley de creación, sus estatutos, la Ley de Procedimiento Administrativo Común, el Real Decreto Legislativo 3/2011, de 14 de noviembre (actual Ley 9/2017, de 8 de noviembre), la Ley 33/2003, de 3 de noviembre, y el resto de normas de derecho administrativo general y especial que le sean de aplicación.

75. c) Cuando tenga naturaleza jurídica de entidad pública empresarial.

Establece el artículo 103 de la Ley 40/2015, en su apartado 3, que "con independencia de cuál sea su denominación, cuando un organismo público tenga naturaleza jurídica de entidad pública empresarial deberá figurar en su denominación la indicación de «entidad pública empresarial» o su abreviatura «E.P.E».

76. c) Las entidades de derecho público que, vinculadas a la Administración General del Estado y con personalidad jurídica propia, tienen atribuidas funciones de regulación o supervisión de carácter externo sobre sectores económicos o actividades determinadas, por requerir su desempeño de independencia funcional o una especial autonomía respecto de la Administración General del Estado.

De acuerdo con el artículo 109.1 de la Ley 40/2015, de 1 de octubre, de Régimen Jurídico del Sector Público:

"1. Son autoridades administrativas independientes de ámbito estatal las entidades de derecho público que, vinculadas a la Administración General del Estado y con personalidad jurídica propia, tienen atribuidas funciones de regulación o supervisión de carácter externo sobre sectores económicos o actividades determinadas, por requerir su desempeño de independencia funcional o una especial autonomía respecto de la Administración General del Estado, lo que deberá determinarse en una norma con rango de ley."

77. b) Ley.

Conforme al artículo 109.1 de la Ley 40/2015, de 1 de octubre, de Régimen Jurídico del Sector Público:

"1. Son autoridades administrativas independientes de ámbito estatal las entidades de derecho público que, vinculadas a la Administración General del Estado y con personalidad jurídica propia, tienen atribuidas funciones de regulación o supervisión de carácter externo sobre sectores económicos o actividades determinadas, por requerir su desempeño de independencia funcional o una especial autonomía respecto de la Administración General del Estado, lo que deberá determinarse en una norma con rango de ley."

78. a) Cualquier interés empresarial o comercial.

Según el artículo 109.2 de la Ley 40/2015, de 1 de octubre, de Régimen Jurídico del Sector Público:

"2. Las autoridades administrativas independientes actuarán, en el desarrollo de su actividad y para el cumplimiento de sus fines, con independencia de cualquier interés empresarial o comercial."

79. a) La Ley 40/2015, de 1 de octubre, de Régimen Jurídico del Sector Público, por lo previsto en la Ley 33/2003, de 3 de noviembre, y por el ordenamiento jurídico privado, salvo en las materias en que le sea de aplicación la normativa presupuestaria, contable, de personal, de control económico-financiero y de contratación.

De acuerdo con el artículo 110.1 de la Ley 40/2015, de 1 de octubre, de Régimen Jurídico del Sector Público:

"1. Las autoridades administrativas independientes se regirán por su Ley de creación, sus estatutos y la legislación especial de los sectores económicos sometidos a su supervisión y, supletoriamente y en cuanto sea compatible con su naturaleza y autonomía, por lo dispuesto en esta ley, en particular lo dispuesto para organismos autónomos, la Ley del Procedimiento Administrativo Común de las Administraciones Públicas, la Ley 47/2003, de 26 de noviembre, el Real Decreto Legislativo 3/2011, de 14 de noviembre, la Ley 33/2003, de 3 de noviembre, así como el resto de las normas de derecho administrativo general y especial que le sea de aplicación. En defecto de norma administrativa, se aplicará el derecho común."

80. d) La Ley Orgánica 2/2012, de 27 de abril.

Según lo dispuesto en el artículo 110.2 de la Ley 40/2015, de 1 de octubre, de Régimen Jurídico del Sector Público:

"2. Las autoridades administrativas independientes estarán sujetas al principio de sostenibilidad financiera de acuerdo con lo previsto en la Ley Orgánica 2/2012, de 27 de abril."

81. c) Bien porque la participación directa, en su capital social de la Administración General del Estado o alguna de las entidades que, conforme a lo dispuesto en el artículo 84, integran el sector público institucional estatal, incluidas las sociedades mercantiles estatales, sea superior al 50 por 100.

De acuerdo con el artículo 111.1 a) de la Ley 40/2015, de 1 de octubre, de Régimen Jurídico del Sector Público:

"Se entiende por sociedad mercantil estatal aquella sociedad mercantil sobre la que se ejerce control estatal:

a) Bien porque la participación directa, en su capital social de la Administración General del Estado o alguna de las entidades que, conforme a lo dispuesto en el artículo 84, integran el sector público institucional estatal, incluidas las sociedades mercantiles estatales, sea superior al 50 por 100. Para la determinación de este porcentaje, se sumarán las participaciones correspondientes a la Administración General del Estado y a todas las entidades integradas en el sector público institucional estatal, en el caso de que en el capital social participen varias de ellas."

82. b) La sociedad mercantil se encuentre en el supuesto previsto en el artículo 4 de la Ley 24/1988, de 28 de julio, del Mercado de Valores, respecto de la Administración General del Estado o de sus organismos públicos vinculados o dependientes.

Conforme al artículo 111.1 b) de la Ley 40/2015, de 1 de octubre, de Régimen Jurídico del Sector Público:

"Se entiende por sociedad mercantil estatal aquella sociedad mercantil sobre la que se ejerce control estatal:

(…………)

b) Bien porque la sociedad mercantil se encuentre en el supuesto previsto en el artículo 4 de la Ley 24/1988, de 28 de julio, del Mercado de Valores, respecto de la Administración General del Estado o de sus organismos públicos vinculados o dependientes."

83. b) Los accionistas.

Según el artículo 112 de la Ley 40/2015, de 1 de octubre, de Régimen Jurídico del Sector Público:

"La Administración General del Estado y las entidades integrantes del sector público institucional, en cuanto titulares del capital social de las sociedades mercantiles estatales, perseguirán la eficiencia, transparencia y buen gobierno en la gestión de dichas sociedades mercantiles, para lo cual promoverán las buenas prácticas y códigos de conducta adecuados a la naturaleza de cada entidad. Todo ello sin perjuicio de la supervisión general que ejercerá el accionista sobre el funcionamiento de la sociedad mercantil estatal, conforme prevé la Ley 33/2003, de 3 de noviembre, del Patrimonio de las Administraciones Públicas."

84. a) La Administración General del Estado y las entidades integrantes del sector público institucional, en cuanto titulares del capital social de las sociedades mercantiles estatales.

De acuerdo con el artículo 112 de la Ley 40/2015, de 1 de octubre, de Régimen Jurídico del Sector Público:

"La Administración General del Estado y las entidades integrantes del sector público institucional, en cuanto titulares del capital social de las sociedades mercantiles estatales, perseguirán la eficiencia, transparencia y buen gobierno en la gestión de dichas sociedades mercantiles, para lo cual promoverán las buenas prácticas y códigos de conducta adecuados a la naturaleza de cada entidad. Todo ello sin perjuicio de la supervisión general que ejercerá el accionista sobre el funcionamiento de la sociedad mercantil estatal, conforme prevé la Ley 33/2003, de 3 de noviembre, del Patrimonio de las Administraciones Públicas."

85. a) La Ley 40/2015, de 1 de octubre, de Régimen Jurídico del Sector Público, por lo previsto en la Ley 33/2003, de 3 de noviembre, y por el ordenamiento jurídico privado, salvo en las materias en que le sea de aplicación la normativa presupuestaria, contable, de personal, de control económico-financiero y de contratación.

Según lo dispuesto en el artículo 113 de la Ley 40/2015, de 1 de octubre, de Régimen Jurídico del Sector Público:

"Las sociedades mercantiles estatales se regirán por lo previsto en esta Ley, por lo previsto en la Ley 33/2003, de 3 de noviembre, y por el ordenamiento jurídico privado, salvo en las materias en que le sea de aplicación la normativa presupuestaria, contable, de personal, de control económico-financiero y de contratación. En ningún caso podrán disponer de facultades que impliquen el ejercicio de autoridad pública, sin perjuicio de que excepcionalmente la ley pueda atribuirle el ejercicio de potestades administrativas."

86. b) En ningún caso podrán disponer de facultades que impliquen el ejercicio de autoridad pública, sin perjuicio de que excepcionalmente la ley pueda atribuirle el ejercicio de potestades administrativas.

De acuerdo con el artículo 113 de la Ley 40/2015, de 1 de octubre, de Régimen Jurídico del Sector Público:

"Las sociedades mercantiles estatales se regirán por lo previsto en esta Ley, por lo previsto en la Ley 33/2003, de 3 de noviembre, y por el ordenamiento jurídico privado, salvo en las materias en que le sea de aplicación la normativa presupuestaria, contable, de personal, de control económico-financiero y de contratación. En ningún caso podrán disponer de facultades que impliquen el ejercicio de autoridad pública, sin perjuicio de que excepcionalmente la ley pueda atribuirle el ejercicio de potestades administrativas."

87. c) Acuerdo del Consejo de Ministros.

Conforme al artículo 114 de la Ley 40/2015, de 1 de octubre, de Régimen Jurídico del Sector Público:

"1. La creación de una sociedad mercantil estatal o la adquisición de este carácter de forma sobrevenida será autorizada mediante acuerdo del Consejo de Ministros que deberá ser acompañado de una propuesta de estatutos y de un plan de actuación que contendrá, al menos:"

88. d) Una propuesta de estatutos y de un plan de actuación.

Según el artículo 114 de la Ley 40/2015, de 1 de octubre, de Régimen Jurídico del Sector Público:

"1. La creación de una sociedad mercantil estatal o la adquisición de este carácter de forma sobrevenida será autorizada mediante acuerdo del Consejo de Ministros que deberá ser acompañado de una propuesta de estatutos y de un plan de actuación que contendrá, al menos:"

89. a) La Intervención General de la Administración del Estado.

De acuerdo con el artículo 114 de la Ley 40/2015, de 1 de octubre, de Régimen Jurídico del Sector Público:

"1. La creación de una sociedad mercantil estatal o la adquisición de este carácter de forma sobrevenida será autorizada mediante acuerdo del Consejo de Ministros que deberá ser acompañado de una propuesta de estatutos y de un plan de actuación que contendrá, al menos:

a) Las razones que justifican la creación de la sociedad por no poder asumir esas funciones otra entidad ya existente, así como la inexistencia de duplicidades. A estos efectos, deberá dejarse constancia del análisis realizado sobre la existencia de órganos o entidades que desarrollan actividades análogas sobre el mismo territorio y población y las razones por las que la creación de la nueva sociedad no entraña duplicidad con entidades existentes. b) Un análisis que justifique que la forma jurídica propuesta resulta más eficiente frente a la creación de un organismo público u otras alternativas de organización que se hayan descartado. c) Los objetivos anuales y los indicadores para medirlos.

Al acuerdo de creación de la sociedad mercantil estatal se acompañará un informe preceptivo favorable del Ministerio de Hacienda y Administraciones Públicas o la Intervención General de la Administración del Estado, según se determine reglamentariamente, que valorará el cumplimiento de lo previsto en este artículo."

90. a) La Ley 47/2003, de 26 de noviembre.

Según lo dispuesto en el artículo 114.1 de la Ley 40/2015, de 1 de octubre, de Régimen Jurídico del Sector Público:

1. La creación de una sociedad mercantil estatal o la adquisición de este carácter de forma sobrevenida será autorizada mediante acuerdo del Consejo de Ministros que deberá ser acompañado de una propuesta de estatutos y de un plan de actuación que contendrá, al menos:

(……….)

El Programa de Actuación Plurianual que conforme a la Ley 47/2003, de 26 de noviembre, deben elaborar las sociedades cada año incluirá un plan de actuación anual que servirá de base para el control de eficacia de la sociedad. La falta de aprobación del plan de actuación dentro del plazo anual fijado, por causa imputable a la sociedad y hasta tanto se subsane la omisión, llevará aparejada la paralización de las aportaciones que deban realizarse a favor de la sociedad con cargo a los presupuestos generales del Estado.

91. c) La paralización de las aportaciones que deban realizarse a favor de la sociedad con cargo a los presupuestos generales del Estado.

De acuerdo con el artículo 114.1 de la Ley 40/2015, de 1 de octubre, de Régimen Jurídico del Sector Público:

1. La creación de una sociedad mercantil estatal o la adquisición de este carácter de forma sobrevenida será autorizada mediante acuerdo del Consejo de Ministros que deberá ser acompañado de una propuesta de estatutos y de un plan de actuación que contendrá, al menos:

(……….)

El Programa de Actuación Plurianual que conforme a la Ley 47/2003, de 26 de noviembre, deben elaborar las sociedades cada año incluirá un plan de actuación anual que servirá de base para el control de eficacia de la sociedad. La falta de aprobación del plan de actuación dentro del plazo anual fijado, por causa imputable a la sociedad y hasta tanto se subsane la omisión, llevará aparejada la paralización de las aportaciones que deban realizarse a favor de la sociedad con cargo a los presupuestos generales del Estado.

92. a) Un órgano de la Administración General del Estado o en una entidad integrante del sector público institucional estatal.

Conforme al artículo 114.2 de la Ley 40/2015, de 1 de octubre, de Régimen Jurídico del Sector Público

"2. La liquidación de una sociedad mercantil estatal recaerá en un órgano de la Administración General del Estado o en una entidad integrante del sector público institucional estatal."

93. a) La Administración General del Estado que lo designó.

Según el artículo 115.1 de la Ley 40/2015, de 1 de octubre, de Régimen Jurídico del Sector Público:

"1. La responsabilidad que le corresponda al empleado público como miembro del consejo de administración será directamente asumida por la Administración General del Estado que lo designó."

94. b) Dolo, o culpa o negligencia graves, conforme a lo previsto en las leyes administrativas en materia de responsabilidad patrimonial.

De acuerdo con el artículo 114.2 de la Ley 40/2015, de 1 de octubre, de Régimen Jurídico del Sector Público:

"2. La liquidación de una sociedad mercantil estatal recaerá en un órgano de la Administración General del Estado o en una entidad integrante del sector público institucional estatal.

La responsabilidad que le corresponda al empleado público como miembro de la entidad u órgano liquidador será directamente asumida por la entidad o la Administración General del Estado que lo designó, quien podrá exigir de oficio al empleado público la responsabilidad que, en su caso, corresponda cuando concurra dolo, culpa o negligencia grave conforme a lo previsto en las leyes administrativas en materia de responsabilidad patrimonial."

95. d) El Consejo de Ministros.

Según lo dispuesto en el artículo 116.1 de la Ley 40/2015, de 1 de octubre, de Régimen Jurídico del Sector Público:

"1. Al autorizar la constitución de una sociedad mercantil estatal con forma de sociedad anónima, de acuerdo con lo previsto en el artículo 166.2 de la Ley 33/2003, de 3 de noviembre, el Consejo de Ministros podrá atribuir a un ministerio, cuyas competencias guarden una relación específica con el objeto social de la sociedad, la tutela funcional de la misma."

96. b) El Ministerio de tutela.

De acuerdo con el artículo 116.3 de la Ley 40/2015, de 1 de octubre, de Régimen Jurídico del Sector Público:

"3. El Ministerio de tutela ejercerá el control de eficacia e instruirá a la sociedad respecto a las líneas de actuación estratégica y establecerá las prioridades en la ejecución de las mismas, y propondrá su incorporación a los Presupuestos de Explotación y Capital y Programas de Actuación Plurianual, previa conformidad, en cuanto a sus aspectos financieros, de la Dirección General del Patrimonio del Estado si se trata de sociedades cuyo capital corresponda íntegramente a la Administración General del Estado, o del organismo público que sea titular de su capital."

97. b) El titular del Ministerio de tutela.

Conforme al artículo 116.4 de la Ley 40/2015, de 1 de octubre, de Régimen Jurídico del Sector Público:

"4. En casos excepcionales, debidamente justificados, el titular del departamento al que corresponda su tutela podrá dar instrucciones a las sociedades, para que realicen determinadas actividades, cuando resulte de interés público su ejecución."

98. a) Un presupuesto de explotación y capital y un plan de actuación que forma parte del Programa Plurianual, que se integrarán con el Presupuesto General del Estado.

Según el artículo 117.1 de la Ley 40/2015, de 1 de octubre, de Régimen Jurídico del Sector Público:

"1. Las sociedades mercantiles estatales elaborarán anualmente un presupuesto de explotación y capital y un plan de actuación que forma parte del Programa Plurianual, que se integrarán con el Presupuesto General del Estado. El Programa contendrá la revisión trienal del plan de creación a que se refiere el artículo 85."

99. b) Los principios y normas de contabilidad recogidos en el Código de Comercio y el Plan General de Contabilidad y disposiciones que lo desarrollan.

De acuerdo con el artículo 117.2 de la Ley 40/2015, de 1 de octubre, de Régimen Jurídico del Sector Público:

"2. Las sociedades mercantiles estatales formularán y rendirán sus cuentas de acuerdo con los principios y normas de contabilidad recogidos en el Código de Comercio y el Plan General de Contabilidad y disposiciones que lo desarrollan."

100. d) La Intervención General de la Administración del Estado.

Según lo dispuesto en el artículo 117.3 de la Ley 40/2015, de 1 de octubre, de Régimen Jurídico del Sector Público:

"3. Sin perjuicio de las competencias atribuidas al Tribunal de Cuentas, la gestión económico financiera de las sociedades mercantiles estatales estará sometida al control de la Intervención General de la Administración del Estado."

101. b) El Derecho laboral, así como por las normas que le sean de aplicación en función de su adscripción al sector público estatal, incluyendo siempre entre las mismas la normativa presupuestaria, especialmente lo que se establezca en las leyes de Presupuestos Generales del Estado.

De acuerdo con el artículo 117.4 de la Ley 40/2015, de 1 de octubre, de Régimen Jurídico del Sector Público:

"4. El personal de las sociedades mercantiles estatales, incluido el que tenga condición de directivo, se regirá por el Derecho laboral, así como por las normas que le sean de aplicación en función de su adscripción al sector público estatal, incluyendo siempre entre las mismas la normativa presupuestaria, especialmente lo que se establezca en las leyes de Presupuestos Generales del Estado."

102. d) Entidades de derecho público, con personalidad jurídica propia y diferenciada, creadas por varias Administraciones Públicas o entidades integrantes del sector público institucional, entre sí o con participación de entidades privadas, para el desarrollo de actividades de interés común a todas ellas dentro del ámbito de sus competencias.

Conforme al artículo 118.1 de la Ley 40/2015, de 1 de octubre, de Régimen Jurídico del Sector Público:

"1. Los consorcios son entidades de derecho público, con personalidad jurídica propia y diferenciada, creadas por varias Administraciones Públicas o entidades integrantes del sector público institucional, entre sí o con participación de entidades privadas, para el desarrollo de actividades de interés común a todas ellas dentro del ámbito de sus competencias."

103. c) Fomento, prestacionales o de gestión común de servicios públicos y cuantas otras estén previstas en las leyes.

Según el artículo 118.2 de la Ley 40/2015, de 1 de octubre, de Régimen Jurídico del Sector Público:

"2. Los consorcios podrán realizar actividades de fomento, prestacionales o de gestión común de servicios públicos y cuantas otras estén previstas en las leyes."

104. d) Los convenios de cooperación transfronteriza en que participen las Administraciones españolas, y de acuerdo con las previsiones de los convenios internacionales ratificados por España en la materia.

De acuerdo con el artículo 118.3 de la Ley 40/2015, de 1 de octubre, de Régimen Jurídico del Sector Público:

"3. Los consorcios podrán utilizarse para la gestión de los servicios públicos, en el marco de los convenios de cooperación transfronteriza en que participen las Administraciones españolas, y de acuerdo con las previsiones de los convenios internacionales ratificados por España en la materia."

105. c) En la Ley 40/2015, de 1 de octubre, de Régimen Jurídico del Sector Público, en la normativa autonómica de desarrollo y sus estatutos.

Según lo dispuesto en el artículo 119.1 de la Ley 40/2015, de 1 de octubre, de Régimen Jurídico del Sector Público:

"1. Los consorcios se regirán por lo establecido en esta Ley, en la normativa autonómica de desarrollo y sus estatutos."

106. c) El Código Civil sobre la sociedad civil, salvo el régimen de liquidación, que se someterá a lo dispuesto en el artículo 97, y en su defecto, el Real Decreto Legislativo 1/2010, de 2 de julio.

De acuerdo con el artículo 119.2 de la Ley 40/2015, de 1 de octubre, de Régimen Jurídico del Sector Público:

"1. Los consorcios se regirán por lo establecido en esta Ley, en la normativa autonómica de desarrollo y sus estatutos.

2. En lo no previsto en esta Ley, en la normativa autonómica aplicable, ni en sus Estatutos sobre el régimen del derecho de separación, disolución, liquidación y extinción, se estará a lo previsto en el Código Civil sobre la sociedad civil, salvo el régimen de liquidación, que se someterá a lo dispuesto en el artículo 97, y en su defecto, el Real Decreto Legislativo 1/2010, de 2 de julio."

107. d) La Ley 7/1985, de 2 de abril, y en la Ley 27/2013, de 21 de diciembre, de racionalización y sostenibilidad de la Administración Local sobre los Consorcios locales tendrán carácter supletorio respecto a lo dispuesto en esta ley.

Conforme al artículo 119.3 de la Ley 40/2015, de 1 de octubre, de Régimen Jurídico del Sector Público:

"1. Los consorcios se regirán por lo establecido en esta Ley, en la normativa autonómica de desarrollo y sus estatutos.

(……)

3. Las normas establecidas en la Ley 7/1985, de 2 de abril, y en la Ley 27/2013, de 21 de diciembre, de racionalización y sostenibilidad de la Administración Local sobre los Consorcios locales tendrán carácter supletorio respecto a lo dispuesto en esta Ley."

108. d) La Administración pública a la que estará adscrito.

Según el artículo 120.1 de la Ley 40/2015, de 1 de octubre, de Régimen Jurídico del Sector Público:

"1. Los estatutos de cada consorcio determinarán la Administración pública a la que estará adscrito de conformidad con lo previsto en este artículo."

109. a) El primer día del ejercicio presupuestario.

De acuerdo con el artículo 120.2 de la Ley 40/2015, de 1 de octubre, de Régimen Jurídico del Sector Público:

"2. De acuerdo con los siguientes criterios, ordenados por prioridad en su aplicación y referidos a la situación en el primer día del ejercicio presupuestario, el consorcio quedará adscrito, en cada ejercicio presupuestario y por todo este periodo, a la Administración pública que:

a) Disponga de la mayoría de votos en los órganos de gobierno. b) Tenga facultades para nombrar o destituir a la mayoría de los miembros de los órganos ejecutivos. c) Tenga facultades para nombrar o destituir a la mayoría de los miembros del personal directivo. d) Disponga de un mayor control sobre la actividad del consorcio debido a una normativa especial.

e) Tenga facultades para nombrar o destituir a la mayoría de los miembros del órgano de gobierno.

f) Financie en más de un cincuenta por ciento, en su defecto, en mayor medida la actividad desarrollada por el consorcio, teniendo en cuenta tanto la aportación del fondo patrimonial como la financiación concedida cada año.

q) Ostente el mayor porcentaje de participación en el fondo patrimonial.

h) Tenga mayor número de habitantes o extensión territorial dependiendo de si los fines definidos en el estatuto están orientados a la prestación de servicios a las personas, o al desarrollo de actuaciones sobre el territorio."

110. c) Disponga de la mayoría de votos en los órganos de gobierno.

Según lo dispuesto en el artículo 120.2 de la Ley 40/2015, de 1 de octubre, de Régimen Jurídico del Sector Público:

"2. De acuerdo con los siguientes criterios, ordenados por prioridad en su aplicación y referidos a la situación en el primer día del ejercicio presupuestario, el consorcio quedará adscrito, en cada ejercicio presupuestario y por todo este periodo, a la Administración pública que:

a) Disponga de la mayoría de votos en los órganos de gobierno. b) Tenga facultades para nombrar o destituir a la mayoría de los miembros de los órganos ejecutivos. c) Tenga facultades para nombrar o destituir a la mayoría de los miembros del personal directivo. d) Disponga de un mayor control sobre la actividad del consorcio debido a una normativa especial.

e) Tenga facultades para nombrar o destituir a la mayoría de los miembros del órgano de gobierno.

f) Financie en más de un cincuenta por ciento, en su defecto, en mayor medida la actividad desarrollada por el consorcio, teniendo en cuenta tanto la aportación del fondo patrimonial como la financiación concedida cada año.

g) Ostente el mayor porcentaje de participación en el fondo patrimonial.

h) Tenga mayor número de habitantes o extensión territorial dependiendo de si los fines definidos en el estatuto están orientados a la prestación de servicios a las personas, o al desarrollo de actuaciones sobre el territorio."

111. b) No tendrá ánimo de lucro.

De acuerdo con el artículo 120.3 de la Ley 40/2015, de 1 de octubre, de Régimen Jurídico del Sector Público:

"3. En el supuesto de que participen en el consorcio entidades privadas, el consorcio no tendrá ánimo de lucro y estará adscrito a la Administración pública que resulte de acuerdo con los criterios establecidos en el apartado anterior."

112. c) Seis meses, contados desde el inicio del ejercicio presupuestario siguiente a aquel en se produjo el cambio de adscripción.

Conforme al artículo 120.4 de la Ley 40/2015, de 1 de octubre, de Régimen Jurídico del Sector Público:

"4. Cualquier cambio de adscripción a una Administración pública, cualquiera que fuere su causa, conllevará la modificación de los estatutos del consorcio en un plazo no superior a seis meses, contados desde el inicio del ejercicio presupuestario siguiente a aquel en se produjo el cambio de adscripción."

113. a) Podrá ser funcionario o laboral.

Según el artículo 121.1 de la Ley 40/2015, de 1 de octubre, de Régimen Jurídico del Sector Público:

"1. El personal al servicio de los consorcios podrá ser funcionario o laboral y habrá de proceder de las Administraciones participantes, en cuyo caso su régimen jurídico será el de la Administración pública de adscripción y sus retribuciones en ningún caso podrán superar las establecidas para puestos de trabajo equivalentes en aquella."

114. d) Las Administraciones participantes, en cuyo caso su régimen jurídico será el de la Administración pública de adscripción.

De acuerdo con el artículo 121.1 de la Ley 40/2015, de 1 de octubre, de Régimen Jurídico del Sector Público:

"1. El personal al servicio de los consorcios podrá ser funcionario o laboral y habrá de proceder de las Administraciones participantes, en cuyo caso su régimen jurídico será el de la Administración pública de adscripción y sus retribuciones en ningún caso podrán superar las establecidas para puestos de trabajo equivalentes en aquella."

115. d) En ningún caso podrán superar las establecidas para puestos de trabajo equivalentes en las Administraciones participantes.

Según lo dispuesto en el artículo 121.1 de la Ley 40/2015, de 1 de octubre, de Régimen Jurídico del Sector Público:

"1. El personal al servicio de los consorcios podrá ser funcionario o laboral y habrá de proceder de las Administraciones participantes, en cuyo caso su régimen jurídico será el de la Administración pública de adscripción y sus retribuciones en ningún caso podrán superar las establecidas para puestos de trabajo equivalentes en aquella."

116. b) El Ministerio de Hacienda y Función Pública (actualmente de Transformación Digital y Función Pública), u órgano competente de la Administración a la que se adscriba el consorcio.

De acuerdo con el artículo 121.1 de la Ley 40/2015, de 1 de octubre, de Régimen Jurídico del Sector Público:

"Excepcionalmente, cuando no resulte posible contar con personal procedente de las Administraciones participantes en el consorcio en atención a la singularidad de las funciones a desempeñar o cuando, tras un anuncio público de convocatoria para la cobertura de un puesto de trabajo restringida a las administraciones consorciadas, no fuera posible cubrir dicho puesto, el Ministerio de Hacienda y Función Pública, u órgano competente de la Administración a la que se adscriba el consorcio, podrá autorizar la contratación de personal por parte del consorcio para el ejercicio de dichas funciones, en los términos previstos en la correspondiente Ley de Presupuestos Generales del Estado."

117. c) La Administración pública a la que estén adscritos, sin perjuicio de su sujeción a lo previsto en la Ley Orgánica 2/2012, de 27 de abril.

Conforme al artículo 122.1 de la Ley 40/2015, de 1 de octubre, de Régimen Jurídico del Sector Público:

"1. Los consorcios estarán sujetos al régimen de presupuestación, contabilidad y control de la Administración pública a la que estén adscritos, sin perjuicio de su sujeción a lo previsto en la Ley Orgánica 2/2012, de 27 de abril."

118. d) Todas las respuestas son correctas.

Según el artículo 122.2 de la Ley 40/2015, de 1 de octubre, de Régimen Jurídico del Sector Público:

"2. A efectos de determinar la financiación por parte de las Administraciones consorciadas, se tendrán en cuenta tanto los compromisos estatutarios o convencionales existentes como la financiación real, mediante el análisis de los desembolsos efectivos de todas las aportaciones realizadas."

119. c) El órgano de control interno de la Administración pública a la que estén adscritos.

De acuerdo con el artículo 122.3 de la Ley 40/2015, de 1 de octubre, de Régimen Jurídico del Sector Público:

"3. El órgano de control interno de la Administración a la que se haya adscrito el consorcio, deberá realizar la auditoría de cuentas anuales de aquellos consorcios en los que, a fecha de cierre del ejercicio, concurran, al menos, dos de las tres circunstancias siguientes:

a) Que el total de las partidas del activo supere 2.400.000 euros. b) Que el importe total de sus ingresos por gestión ordinaria en el caso de los consorcios del sector público administrativo, o la suma del importe de la cifra de negocios más otros ingresos de gestión, en el caso de los pertenecientes al sector público empresarial, sea superior a 2.400.000 euros. c) Que el número medio de trabajadores empleados durante el ejercicio sea superior a 50."

120. c) 2.400.000 euros.

Según lo dispuesto en el artículo 122.3 de la Ley 40/2015, de 1 de octubre, de Régimen Jurídico del Sector Público:

"3. El órgano de control interno de la Administración a la que se haya adscrito el consorcio, deberá realizar la auditoría de cuentas anuales de aquellos consorcios en los que, a fecha de cierre del ejercicio, concurran, al menos, dos de las tres circunstancias siguientes:

a) Que el total de las partidas del activo supere 2.400.000 euros. b) Que el importe total de sus ingresos por gestión ordinaria en el caso de los consorcios del sector público administrativo, o la suma del importe de la cifra de negocios más otros ingresos de gestión, en el caso de los pertenecientes al sector público empresarial, sea superior a 2.400.000 euros. c) Que el número medio de trabajadores empleados durante el ejercicio sea superior a 50."

121. c) 2.400.000 euros.

De acuerdo con el artículo 122.3 de la Ley 40/2015, de 1 de octubre, de Régimen Jurídico del Sector Público:

"3. El órgano de control interno de la Administración a la que se haya adscrito el consorcio, deberá realizar la auditoría de cuentas anuales de aquellos consorcios en los que, a fecha de cierre del ejercicio, concurran, al menos, dos de las tres circunstancias siguientes:

a) Que el total de las partidas del activo supere 2.400.000 euros. b) Que el importe total de sus ingresos por gestión ordinaria en el caso de los consorcios del sector público administrativo, o la suma del importe de la cifra de negocios más otros ingresos de gestión, en el caso de los pertenecientes al sector público empresarial, sea superior a 2.400.000 euros. c) Que el número medio de trabajadores empleados durante el ejercicio sea superior a 50."

122. c) 50.

Conforme al artículo 122.3 de la Ley 40/2015, de 1 de octubre, de Régimen Jurídico del Sector Público:

"3. El órgano de control interno de la Administración a la que se haya adscrito el consorcio, deberá realizar la auditoría de cuentas anuales de aquellos consorcios en los que, a fecha de cierre del ejercicio, concurran, al menos, dos de las tres circunstancias siguientes:

a) Que el total de las partidas del activo supere 2.400.000 euros. b) Que el importe total de sus ingresos por gestión ordinaria en el caso de los consorcios del sector público administrativo, o la suma del importe de la cifra de negocios más otros ingresos de gestión, en el caso de los pertenecientes al sector público empresarial, sea superior a 2.400.000 euros. c) Que el número medio de trabajadores empleados durante el ejercicio sea superior a 50."

123. c) Ley.

Según el artículo 122.3 de la Ley 40/2015, de 1 de octubre, de Régimen Jurídico del Sector Público:

"3. El órgano de control interno de la Administración a la que se haya adscrito el consorcio, deberá realizar la auditoría de cuentas anuales de aquellos consorcios en los que, a fecha de cierre del ejercicio, concurran, al menos, dos de las tres circunstancias siguientes:

a) Que el total de las partidas del activo supere 2.400.000 euros. b) Que el importe total de sus ingresos por gestión ordinaria en el caso de los consorcios del sector público administrativo, o la suma del importe de la cifra de negocios más otros ingresos de gestión, en el caso de los pertenecientes al sector público empresarial, sea superior a 2.400.000 euros. c) Que el número medio de trabajadores empleados durante el ejercicio sea superior a 50.

Mediante Ley, podrán modificarse los límites anteriores cuando la estructura y composición de los consorcios adscritos a una administración así lo requiera."

124. d) Todas las repuestas son correctas.

De acuerdo con el artículo 123.3 de la Ley 40/2015, de 1 de octubre, de Régimen Jurídico del Sector Público:

"3. El órgano de control interno de la Administración a la que se haya adscrito el consorcio, deberá realizar la auditoría de cuentas anuales de aquellos consorcios en los que, a fecha de cierre del ejercicio, concurran, al menos, dos de las tres circunstancias siguientes:

a) Que el total de las partidas del activo supere 2.400.000 euros. b) Que el importe total de sus ingresos por gestión ordinaria en el caso de los consorcios del sector público administrativo, o la suma del importe de la cifra de negocios más otros ingresos de gestión, en el caso de los pertenecientes al sector público empresarial, sea superior a 2.400.000 euros. c) Que el número medio de trabajadores empleados durante el ejercicio sea superior a 50.

Mediante Ley, podrán modificarse los límites anteriores cuando la estructura y composición de los consorcios adscritos a una administración así lo requiera.

Las circunstancias señaladas anteriormente se aplicarán teniendo en cuenta lo siguiente:

a) Cuando un consorcio, en la fecha de cierre del ejercicio, pase a cumplir dos de las citadas circunstancias, o bien cese de cumplirlas, tal situación únicamente producirá efectos en cuanto a lo señalado si se repite durante dos ejercicios consecutivos. b) En el primer ejercicio económico desde su constitución o su adscripción al sector público correspondiente, los consorcios cumplirán lo dispuesto en los apartados anteriormente mencionados si reúnen, al cierre de dicho ejercicio, al menos dos de las tres circunstancias que se señalan. c) Aun cuando, según las circunstancias señaladas, no exista obligación de someter las cuentas anuales de un consorcio a auditoría de cuentas, los órganos de control interno podrán, en todo caso, incluir su realización en sus planes anuales de control y auditoría."

125. c) Los presupuestos e incluirse en la cuenta general de la Administración pública a la que estén adscritos.

Según lo dispuesto en el artículo 122.4 de la Ley 40/2015, de 1 de octubre, de Régimen Jurídico del Sector Público:

"4. Los consorcios deberán formar parte de los presupuestos e incluirse en la cuenta general de la Administración pública de adscripción."

126. c) Las normas patrimoniales de la Administración pública a la que estén adscritos.

Conforme al artículo 122.5 de la Ley 40/2015, de 1 de octubre, de Régimen Jurídico del Sector Público:

(…)

5. Los consorcios se regirán por las normas patrimoniales de la Administración Pública a la que estén adscritos.

127. b) Convenio suscrito por las Administraciones, organismos públicos o entidades participantes.

Conforme al artículo 123.1 de la Ley 40/2015, de 1 de octubre, de Régimen Jurídico del Sector Público:

"1. Los consorcios se crearán mediante convenio suscrito por las Administraciones, organismos públicos o entidades participantes."

128. c) Ley.

Según el artículo 123.2 de la Ley 40/2015, de 1 de octubre, de Régimen Jurídico del Sector Público:

"2. En los consorcios en los que participe la Administración General del Estado o sus organismos públicos y entidades vinculados o dependientes se requerirá:

a) Que su creación se autorice por ley. b) El convenio de creación precisará de autorización previa del Consejo de Ministros."

129. d) Del Consejo de Ministros.

De acuerdo con el artículo 123.2 de la Ley 40/2015, de 1 de octubre, de Régimen Jurídico del Sector Público:

"2. En los consorcios en los que participe la Administración General del Estado o sus organismos públicos y entidades vinculados o dependientes se requerirá:

a) Que su creación se autorice por ley. b) El convenio de creación precisará de autorización previa del Consejo de Ministros."

130. b) Al titular del departamento ministerial participante.

Según lo dispuesto en el artículo 2. En los consorcios en los que participe la Administración General del Estado o sus organismos públicos y entidades vinculados o dependientes se requerirá:

a) Que su creación se autorice por ley. b) El convenio de creación precisará de autorización previa del Consejo de Ministros.

La competencia para la suscripción del convenio no podrá ser objeto de delegación, y corresponderá al titular del departamento ministerial participante, y en el ámbito de los organismos autónomos, al titular del máximo órgano de dirección del organismo, previo informe del ministerio del que dependa o al que esté vinculado.

131. c) Al titular del máximo órgano de dirección del organismo.

De acuerdo con el artículo 2. En los consorcios en los que participe la Administración General del Estado o sus organismos públicos y entidades vinculados o dependientes se requerirá:

a) Que su creación se autorice por ley. b) El convenio de creación precisará de autorización previa del Consejo de Ministros.

La competencia para la suscripción del convenio no podrá ser objeto de delegación, y corresponderá al titular del departamento ministerial participante, y en el ámbito de los organismos autónomos, al titular del máximo órgano de dirección del organismo, previo informe del ministerio del que dependa o al que esté vinculado.

132. d) Todas las respuestas son correctas.

Conforme al artículo 123.2. c) de la Ley 40/2015, de 1 de octubre, de Régimen Jurídico del Sector Público:

"c) Del convenio formarán parte los estatutos, un plan de actuación, de conformidad con lo previsto en el artículo 92, y una proyección presupuestaria trienal, además del informe preceptivo favorable del Ministerio de Hacienda y Administraciones Públicas.

El convenio suscrito junto con los estatutos, así como sus modificaciones, serán objeto de publicación en el «Boletín Oficial del Estado»."

133. a) El «Boletín Oficial del Estado».

Según el artículo 123.2. c) de la Ley 40/2015, de 1 de octubre, de Régimen Jurídico del Sector Público:

"c) Del convenio formarán parte los estatutos, un plan de actuación, de conformidad con lo previsto en el artículo 92, y una proyección presupuestaria trienal, además del informe preceptivo favorable del Ministerio de Hacienda y Administraciones Públicas.

El convenio suscrito junto con los estatutos, así como sus modificaciones, serán objeto de publicación en el «Boletín Oficial del Estado»."

134. d) Causas de liquidación.

De acuerdo con el artículo 124 de la Ley 40/2015, de 1 de octubre, de Régimen Jurídico del Sector Público:

"Los estatutos de cada consorcio determinarán la Administración pública a la que estará adscrito, así como su régimen orgánico, funcional y financiero de acuerdo con lo previsto en esta ley, y, al menos, los siguientes aspectos:

a) Sede, objeto, fines y funciones. b) Identificación de participantes en el consorcio, así como las aportaciones de sus miembros.

A estos efectos, en aplicación del principio de responsabilidad previsto en el artículo 8 de la Ley Orgánica 2/2012, de 27 de abril, los estatutos incluirán cláusulas que limiten las actividades del consorcio si las entidades consorciadas incumplieran los compromisos de financiación o de cualquier otro tipo, así como fórmulas tendentes al aseguramiento de las cantidades comprometidas por las entidades consorciadas con carácter previo a la realización de las actividades presupuestadas. c) Órganos de gobiernos y administración, así como su composición y funcionamiento, con indicación expresa del régimen de adopción de acuerdos. Podrán incluirse cláusulas que contemplen la suspensión temporal del derecho de voto o a la participación en la formación de los acuerdos cuando las Administraciones o entidades consorciadas incumplan manifiestamente sus obligaciones para con el consorcio, especialmente en lo que se refiere a los compromisos de financiación de las actividades del mismo. d) Causas de disolución."

135. b) Fórmulas tendentes al aseguramiento de las cantidades comprometidas por las entidades consorciadas con carácter previo a la realización de las actividades presupuestadas.

Según lo dispuesto en el artículo 124. b) de la Ley 40/2015, de 1 de octubre, de Régimen Jurídico del Sector Público:

"Los estatutos de cada consorcio determinarán la Administración pública a la que estará adscrito, así como su régimen orgánico, funcional y financiero de acuerdo con lo previsto en esta ley y, al menos, los siguientes aspectos:

a) Sede, objeto, fines y funciones. b) Identificación de participantes en el consorcio, así como las aportaciones de sus miembros.

A estos efectos, en aplicación del principio de responsabilidad previsto en el artículo 8 de la Ley Orgánica 2/2012, de 27 de abril, los estatutos incluirán cláusulas que limiten las actividades del consorcio si las entidades consorciadas incumplieran los compromisos de financiación o de cualquier otro tipo, así como fórmulas tendentes al aseguramiento de las cantidades comprometidas por las entidades consorciadas con carácter previo a la realización de las actividades presupuestadas. c) Órganos de gobiernos y administración, así como su composición y funcionamiento, con indicación expresa del régimen de adopción de acuerdos. Podrán incluirse cláusulas que contemplen la suspensión temporal del derecho de voto o a la participación en la formación de los acuerdos cuando las Administraciones o entidades consorciadas incumplan manifiestamente sus obligaciones para con el consorcio, especialmente en lo que se refiere a los compromisos de financiación de las actividades del mismo. d) Causas de disolución."

136. a) Los miembros de un consorcio, al que le resulte de aplicación lo previsto en esta Ley o en la Ley 7/1985, de 2 de abril, podrán separarse del mismo en cualquier momento siempre que se haya señalado término para la duración del consorcio.

De acuerdo con el artículo 125.1 de la Ley 40/2015, de 1 de octubre, de Régimen Jurídico del Sector Público:

"Los miembros de un consorcio, al que le resulte de aplicación lo previsto en esta ley o en la Ley 7/1985, de 2 de abril, podrán separarse del mismo en cualquier momento siempre que no se haya señalado término para la duración del consorcio.

Cuando el consorcio tenga una duración determinada, cualquiera de sus miembros podrá separase antes de la finalización del plazo si alguno de los miembros del consorcio hubiera incumplido alguna de sus obligaciones estatutarias y, en particular, aquellas que impidan cumplir con el fin para el que fue creado el consorcio, como es la obligación de realizar aportaciones al fondo patrimonial.

Cuando un municipio deje de prestar un servicio, de acuerdo con lo previsto en la Ley 7/1985, de 2 de abril, y ese servicio sea uno de los prestados por el Consorcio al que pertenece, el municipio podrá separarse del mismo."

137. b) El consorcio.

Conforme al artículo 125.2 de la Ley 40/2015, de 1 de octubre, de Régimen Jurídico del Sector Público:

"2. El derecho de separación habrá de ejercitarse mediante escrito notificado al máximo órgano de gobierno del consorcio. En el escrito deberá hacerse constar, en su caso, el incumplimiento que motiva la separación si el consorcio tuviera duración determinada, la formulación de requerimiento previo de su cumplimiento y el transcurso del plazo otorgado para cumplir tras el requerimiento."

138. c) La disolución del consorcio.

Según el artículo 126.1 de la Ley 40/2015, de 1 de octubre, de Régimen Jurídico del Sector Público:

"1. El ejercicio del derecho de separación produce la disolución del consorcio salvo que el resto de sus miembros, de conformidad con lo previsto en sus estatutos, acuerden su continuidad y sigan permaneciendo en el consorcio, al menos, dos Administraciones, o entidades u organismos públicos vinculados o dependientes de más de una Administración."

139. a) De acuerdo con la participación que le hubiera correspondido en el saldo resultante del patrimonio neto, de haber tenido lugar la liquidación, teniendo en cuenta el criterio de reparto dispuesto en los estatutos.

Conforme al artículo 126.2 a) de la Ley 40/2015, de 1 de octubre, de Régimen Jurídico del Sector Público:

"2. Cuando el ejercicio del derecho de separación no conlleve la disolución del consorcio se aplicarán las siguientes reglas:

a) Se calculará la cuota de separación que corresponda a quien ejercite su derecho de separación, de acuerdo con la participación que le hubiera correspondido en el saldo resultante del patrimonio neto, de haber tenido lugar la liquidación, teniendo en cuenta el criterio de reparto dispuesto en los estatutos."

140. b) Un órgano o entidad, vinculada o dependiente, de la Administración pública a la que el consorcio esté adscrito.

Según lo dispuesto en el artículo 127.2 de la Ley 40/2015, de 1 de octubre, de Régimen Jurídico del Sector Público:

"1. La disolución del consorcio produce su liquidación y extinción. En todo caso será causa de disolución que los fines para los que fue creado el consorcio hayan sido cumplidos.

2. El máximo órgano de gobierno del consorcio al adoptar el acuerdo de disolución nombrará un liquidador que será un órgano o entidad, vinculada o dependiente, de la Administración pública a la que el consorcio esté adscrito."

141. b) Dolo, o culpa o negligencia graves, conforme a lo previsto en las leyes administrativas en materia de responsabilidad patrimonial.

De acuerdo con el artículo 127.2 de la Ley 40/2015, de 1 de octubre, de Régimen Jurídico del Sector Público:

"1. La disolución del consorcio produce su liquidación y extinción. En todo caso será causa de disolución que los fines para los que fue creado el consorcio hayan sido cumplidos.

2. El máximo órgano de gobierno del consorcio al adoptar el acuerdo de disolución nombrará un liquidador que será un órgano o entidad, vinculada o dependiente, de la Administración pública a la que el consorcio esté adscrito.

La responsabilidad que le corresponda al empleado público como miembro de la entidad u órgano liquidador será directamente asumida por la entidad o la Administración pública que lo designó, quien podrá exigir de oficio al empleado público la responsabilidad que, en su caso, corresponda cuando haya concurrido dolo, culpa o negligencia graves conforme a lo previsto en las leyes administrativas en materia de responsabilidad patrimonial."

142. a) De acuerdo con la participación que le corresponda en el saldo resultante del patrimonio neto tras la liquidación, teniendo en cuenta que el criterio de reparto será el dispuesto en los estatutos.

Conforme al artículo 127.3 de la Ley 40/2015, de 1 de octubre, de Régimen Jurídico del Sector Público:

"3. El liquidador calculará la cuota de liquidación que corresponda a cada miembro del consorcio de conformidad con lo previsto en los estatutos. Si no estuviera previsto en los estatutos, se calculará la mencionada cuota de acuerdo con la participación que le corresponda en el saldo resultante del patrimonio neto tras la liquidación, teniendo en cuenta que el criterio de reparto será el dispuesto en los estatutos.

A falta de previsión estatutaria, se tendrán en cuenta tanto el porcentaje de las aportaciones que haya efectuado cada miembro del consorcio al fondo patrimonial del mismo como la financiación concedida cada año.

Si alguno de los miembros del consorcio no hubiere realizado aportaciones por no estar obligado a ello, el criterio de reparto será la participación en los ingresos que, en su caso, hubiera recibido durante el tiempo que ha pertenecido en el consorcio."

143. b) El consorcio.

Según el artículo 127.4 de la Ley 40/2015, de 1 de octubre, de Régimen Jurídico del Sector Público:

"4. Se acordará por el consorcio la forma y condiciones en que tendrá lugar el pago de la cuota de liquidación en el supuesto en que esta resulte positiva."

144. c) Se establezca en los estatutos, o a falta de previsión estatutaria por unanimidad.

De acuerdo con el artículo 127.5 de la Ley 40/2015, de 1 de octubre, de Régimen Jurídico del Sector Público:

"Las entidades consorciadas podrán acordar, con la mayoría que se establezca en los estatutos, o a falta de previsión estatutaria por unanimidad, la cesión global de activos y pasivos a otra entidad del sector público jurídicamente adecuada con la finalidad de mantener la continuidad de la actividad y alcanzar los objetivos del consorcio que se extingue."

145. d) Todas las respuestas son correctas.

Según lo dispuesto en el artículo 128.1 de la Ley 40/2015, de 1 de octubre, de Régimen Jurídico del Sector Público:

"1. Son fundaciones del sector público estatal aquellas que reúnan alguno de los requisitos siguientes:

a) Que se constituyan de forma inicial, con una aportación mayoritaria, directa o indirecta, de la Administración General del Estado o cualquiera de los sujetos integrantes del sector público institucional estatal, o bien reciban dicha aportación con posterioridad a su constitución. b) Que el patrimonio de la fundación esté integrado en más de un 50 % por bienes o derechos aportados o cedidos por la Administración General del Estado o cualquiera de los sujetos integrantes del sector público institucional estatal con carácter permanente. c) La mayoría de derechos de voto en su patronato corresponda a representantes de la Administración General del Estado o del sector público institucional estatal."

146. b) El Derecho laboral, así como por las normas que le sean de aplicación en función de su adscripción al sector público estatal, incluyendo siempre entre las mismas la normativa presupuestaria, especialmente lo que se establezca en las leyes de Presupuestos Generales del Estado.

De acuerdo con el artículo 132.3 de la Ley 40/2015, de 1 de octubre, de Régimen Jurídico del Sector Público:

"3. El personal de las fundaciones del sector público estatal, incluido el que tenga condición de directivo, se regirá por el Derecho laboral, así como por las normas que le sean de aplicación en función de su adscripción al sector público estatal, incluyendo entre las mismas la normativa presupuestaria, así como lo que se establezca en las leyes de Presupuestos Generales del Estado."

147. b) Ley.

Conforme al artículo 137 de la Ley 40/2015, de 1 de octubre, de Régimen Jurídico del Sector Público:

"1. La creación de fondos carentes de personalidad jurídica en el sector público estatal se efectuará por Ley. La norma de creación determinará expresamente su adscripción a la Administración General del Estado.

2. Con independencia de su creación por Ley se extinguirán por norma de rango reglamentario.

3. En la denominación de los fondos carentes de personalidad jurídica deberá figurar necesariamente la indicación «fondo carente de personalidad jurídica» o su abreviatura «F.C.P.J»"

148. a) Dos Administraciones, o entidades u organismos públicos vinculados o dependientes de más de una Administración.

Según el artículo 126.1 de la Ley 40/2015, de 1 de octubre, de Régimen Jurídico del Sector Público:

"1. El ejercicio del derecho de separación produce la disolución del consorcio salvo que el resto de sus miembros, de conformidad con lo previsto en sus estatutos, acuerden su continuidad y sigan permaneciendo en el consorcio, al menos, dos Administraciones, o entidades u organismos públicos vinculados o dependientes de más de una Administración."

149. b) Dolo, o culpa o negligencia graves, conforme a lo previsto en las leyes administrativas en materia de responsabilidad patrimonial.

De acuerdo con el artículo 115.2 de la Ley 40/2015, de 1 de octubre, de Régimen Jurídico del Sector Público:

"2. La Administración General del Estado podrá exigir de oficio al empleado público que designó como miembro del consejo de administración la responsabilidad en que hubiera incurrido por los daños y perjuicios causados en sus bienes o derechos cuando hubiera concurrido dolo, o culpa o negligencia graves, conforme a lo previsto en las leyes administrativas en materia de responsabilidad patrimonial."

150. d) Todas las respuestas son correctas.

Según lo dispuesto en el artículo 114 de la Ley 40/2015, de 1 de octubre, de Régimen Jurídico del Sector Público:

"1. La creación de una sociedad mercantil estatal o la adquisición de este carácter de forma sobrevenida será autorizada mediante acuerdo del Consejo de Ministros que deberá ser acompañado de una propuesta de estatutos y de un plan de actuación que contendrá, al menos:

a) Las razones que justifican la creación de la sociedad por no poder asumir esas funciones otra entidad ya existente, así como la inexistencia de duplicidades. A estos efectos, deberá dejarse constancia del análisis realizado sobre la existencia de órganos o entidades que desarrollan actividades análogas sobre el mismo territorio y población y las razones por las que la creación de la nueva sociedad no entraña duplicidad con entidades existentes. b) Un análisis que justifique que la forma jurídica propuesta resulta más eficiente frente a la creación de un organismo público u otras alternativas de organización que se hayan descartado. c) Los objetivos anuales y los indicadores para medirlos.

Al acuerdo de creación de la sociedad mercantil estatal se acompañará un informe preceptivo favorable del Ministerio de Hacienda y Administraciones Públicas o la Intervención General de la Administración del Estado, según se determine reglamentariamente, que valorará el cumplimiento de lo previsto en este artículo."

TÍTULO III Y DISPOSICIONES

Relaciones interadministrativas.
Disposiciones Adicionales, Transitorias, Derogatorias y Finales

1. La lealtad institucional:

a) Solo es obligatoria en el desarrollo de la actividad del Gobierno de la Nación.
b) Es un principio que rige la relación entre diferentes Administraciones públicas que actúan y se relacionan con otras Administraciones.
c) Es exigible en las relaciones entre el Poder Ejecutivo y el Poder Legislativo.
d) Las respuestas a) y c) son correctas.

2. La garantía e igualdad en el ejercicio de los derechos de todos los ciudadanos en sus relaciones con las diferentes Administraciones:

a) Solo es obligatoria en el desarrollo de la actividad del Gobierno de la Nación.
b) Es un principio que rige la relación entre diferentes Administraciones públicas actúan y se relacionan con otras Administraciones.
c) Es exigible en las relaciones entre el Poder Ejecutivo y el Poder Legislativo.
d) Las respuestas a) y c) son correctas.

3. La solidaridad interterritorial de acuerdo con la Constitución:

a) Solo es obligatoria en el desarrollo de la actividad del Gobierno de la Nación.
b) Es un principio que rige la relación entre diferentes Administraciones públicas actúan y se relacionan con otras Administraciones.
c) Es exigible en las relaciones entre el Poder Ejecutivo y el Poder Legislativo.
d) Solo es obligatoria en las relaciones entre el Estado y las Comunidades Autónomas.

4. La solidaridad interterritorial de acuerdo con la Constitución:

a) Solo es obligatoria en el desarrollo de la actividad del Gobierno de la Nación.
b) Es un principio que rige la relación entre diferentes Administraciones Públicas actúan y se relacionan con otras Administraciones.
c) Es exigible en las relaciones entre el Poder Ejecutivo y el Poder Legislativo.
d) Solo es obligatoria en las relaciones entre el Estado y las Comunidades Autónomas.

5. El deber de actuar con el resto de Administraciones públicas para el logro de fines comunes se conoce como:

a) Colaboración.
b) Cooperación.
c) Coordinación.
d) Eficiencia.

6. Cuando dos o más Administraciones públicas, de manera voluntaria y en ejercicio de sus competencias, asumen compromisos específicos en aras de una acción común, estamos ante la:

a) Colaboración.
b) Cooperación.
c) Coordinación.
d) Eficiencia.

7. ¿En virtud de qué principio una Administración pública y, singularmente, la Administración General del Estado, tiene la obligación de garantizar la coherencia de las actuaciones de las diferentes Administraciones públicas afectadas por una misma materia para la consecución de un resultado común, cuando así lo prevé la Constitución y el resto del ordenamiento jurídico?

a) Colaboración.
b) Cooperación.
c) Coordinación.
d) Eficiencia.

8. Es un deber de la Administración pública:

a) Respetar el ejercicio legítimo por las otras Administraciones de sus competencias.
b) Facilitar a las otras Administraciones la información que precisen sobre la actividad que desarrollen en el ejercicio de sus propias competencias o que sea necesaria para que los ciudadanos puedan acceder de forma integral a la información relativa a una materia.
c) Prestar, en el ámbito propio, la asistencia que las otras Administraciones pudieran solicitar para el eficaz ejercicio de sus competencias.
d) Todas las respuestas anteriores son correctas.

9. La asistencia y colaboración entre las Administraciones públicas:

a) Se podrá negar si no uno no se siente cómodo.
b) Solo podrá negarse cuando el organismo público o la entidad del que se solicita no esté facultado para prestarla de acuerdo con lo previsto en su normativa específica y en ningún otro caso.

c) Podrá negarse cuando el organismo público no disponga de medios suficientes para ello o cuando, de hacerlo, causara un perjuicio grave a los intereses cuya tutela tiene encomendada o al cumplimiento de sus propias funciones o cuando la información solicitada tenga carácter confidencial o reservado.

d) No es necesario motivar la negativa a prestar la asistencia.

10. Deberán colaborar y auxiliarse para la ejecución de sus actos que hayan de realizarse o tengan efectos fuera de sus respectivos ámbitos territoriales:

a) La Administración General del Estado y las de las Comunidades Autónomas.

b) La Administración de las Comunidades Autónomas y las de las Entidades Locales.

c) La Administración General del Estado, las de las Comunidades Autónomas y las de las Entidades Locales.

d) La Administración General del Estado y las de las Entidades Locales.

11. El suministro de información, datos, documentos o medios probatorios que se hallen a disposición del organismo público o la entidad al que se dirige la solicitud y que la Administración solicitante precise disponer para el ejercicio de sus competencias:

a) Es una técnica a través de la que se deriva la obligación del deber de colaboración.

b) Es una técnica a través de la que se deriva la obligación del deber de coordinación.

c) Es una técnica a través de la que se deriva la obligación del deber de eficiencia.

d) Es una técnica a través de la que se deriva la obligación del deber de seguridad jurídica.

12. El desarrollo de la Plataforma Digital de Colaboración entre las Administraciones públicas como instrumento destinado a facilitar las relaciones y el soporte electrónico de los órganos integrantes del sistema de Conferencias Sectoriales y en general de los órganos de cooperación, así como de otras de plataformas comunes para el intercambio de datos en el ámbito de todas las Administraciones públicas:

a) Es una técnica a través de la que se deriva la obligación del deber de colaboración.

b) Es una técnica a través de la que se deriva la obligación del deber de coordinación.

c) Es una técnica a través de la que se deriva la obligación del deber de eficiencia.

d) Es una técnica a través de la que se deriva la obligación del deber de seguridad jurídica.

13. La creación y mantenimiento de sistemas integrados de información administrativa con el fin de disponer de datos actualizados, completos y permanentes referentes a los diferentes ámbitos de actividad administrativa en todo el territorio nacional:

a) Es una técnica a través de la que se deriva la obligación del deber de colaboración.

b) Es una técnica a través de la que se deriva la obligación del deber de coordinación.

c) Es una técnica a través de la que se deriva la obligación del deber de eficiencia.

d) Es una técnica a través de la que se deriva la obligación del deber de seguridad jurídica.

14. El deber de asistencia y auxilio, para atender las solicitudes formuladas por otras Administraciones para el mejor ejercicio de sus competencias, en especial cuando los efectos de su actividad administrativa se extiendan fuera de su ámbito territorial:

a) Es una técnica a través de la que se deriva la obligación del deber de colaboración.

b) Es una técnica a través de la que se deriva la obligación del deber de coordinación.

c) Es una técnica a través de la que se deriva la obligación del deber de eficiencia.

d) Es una técnica a través de la que se deriva la obligación del deber de seguridad jurídica.

15. Las Administraciones:

a) Cooperaran Cooperarán al servicio del interés general.

b) Cooperaran Cooperarán al servicio del interés particular.

c) Podrán acordar de manera voluntaria la forma de ejercer sus respectivas competencias que mejor sirva al principio de cooperación.

d) Son correctas las respuestas a) y c).

16. La formalización de relaciones de cooperación:

a) Requerirá la aceptación expresa de las partes, formulada en acuerdos de órganos de cooperación o en convenios.

b) No requerirá la aceptación expresa de las partes.

c) Requerirá la aceptación expresa o tácita de las partes.

d) Requerirá la aceptación expresa de las partes, pero no en convenios.

17. Se podrá dar cumplimiento al principio de cooperación de acuerdo con las técnicas que las Administraciones interesadas estimen más adecuadas. Una de las mismas es:

a) La participación en órganos de cooperación, con el fin de deliberar y, en su caso, acordar medidas en materias sobre las que tengan competencias diferentes Administraciones públicas.

b) La participación en órganos consultivos de otras Administraciones públicas.

c) La participación de una Administración pública en organismos públicos o entidades dependientes o vinculados a otra Administración diferente.

d) Todas las respuestas anteriores son correctas.

18. La cooperación se formaliza:

a) En resoluciones.

b) En convenios y acuerdos.

c) En órdenes.

d) En dictámenes.

19. Los órganos de cooperación:

a) Son siempre estatales.
b) Son siempre autonómicos.
c) Son órganos de composición multilateral o bilateral.
d) Son siempre bilaterales.

20. En relación con los órganos de cooperación:

a) Siempre tienen una composición multilateral.
b) Son de ámbito general.
c) Están constituidos por representantes de la Administración General del Estado, de las Administraciones de las Comunidades o Ciudades de Ceuta y Melilla.
d) No pueden ser constituidos por órganos de la administración local.

21. Los órganos de cooperación se regirán:

a) Solo por la normativa específica.
b) Únicamente por la Ley 40/2015.
c) Principalmente por la Ley 39/2015.
d) Por lo dispuesto en esta Ley y por las disposiciones específicas que les sean de aplicación.

22. Los órganos de cooperación entre distintas Administraciones públicas en los que participe la Administración General del Estado:

a) Se deben comunicar para que sean eficientes.
b) Deberán inscribirse en el Registro estatal de Órganos e Instrumentos de Cooperación.
c) Deberán inscribirse en el Registro Civil.
d) Deberán inscribirse en el Registro Mercantil.

23. La inscripción en el Registro estatal de Órganos e Instrumentos de Cooperación de la participación de la Administración General del Estado en órganos de cooperación:

a) Es informativa.
b) Es recomendable.
c) Es necesaria para que resulte válida su sesión constitutiva.
d) Es necesaria para su eficiencia.

24. Los órganos de cooperación podrán adoptar acuerdos a través de un procedimiento simplificado y por suscripción sucesiva de las partes, por cualquiera de las formas admitidas en Derecho:

a) Siempre y en todo caso.
b) Nunca.

c) Salvo oposición por alguna de las partes.
d) Solo de forma excepcional.

25. Es un órgano de cooperación multilateral entre el Gobierno de la Nación y los respectivos Gobiernos de las Comunidades Autónomas y está formada por el presidente del Gobierno, que la preside, y por los presidentes de las Comunidades Autónomas y de las Ciudades de Ceuta y Melilla:

a) La Conferencia de Presidentes.
b) El Congreso de Gobernantes.
c) La Conferencia Ministerial.
d) La Conferencia General.

26. La Conferencia de Presidentes:

a) Es un órgano de cooperación multilateral.
b) Es un órgano de cooperación bilateral.
c) Es un órgano de cooperación unilateral.
d) No es un órgano de cooperación.

27. La Conferencia de Presidentes:

a) Está formada por el presidente del Gobierno y los de las Comunidades Autónomas y de las Ciudades de Ceuta y Melilla.
b) Está formado por los presidentes de las Comunidades Autónomas.
c) Está formado por los presidentes de las Comunidades Autónomas y de las Ciudades de Ceuta y Melilla.
d) Está formada por el presidente del Gobierno y los de las Ciudades de Ceuta y Melilla.

28. Preside la Conferencia de Presidentes:

a) Cada medio año un presidente diferente, autonómico o del Estado.
b) El presidente del Gobierno.
c) Los presidentes de las Comunidades Autónomas.
d) Los presidentes de las Ciudades de Ceuta y Melilla.

29. Tiene por objeto la deliberación de asuntos y la adopción de acuerdos de interés para el Estado y las Comunidades Autónomas:

a) La Conferencia General.
b) La Conferencia Sectorial.
c) La Conferencia de Presidentes.
d) La Conferencia de Regiones.

30. Está asistida para la preparación de sus reuniones por un Comité preparatorio del que forman parte un ministro del Gobierno, que lo preside, y un Consejero de cada Comunidad Autónoma:

a) La Conferencia General.
b) La Conferencia Sectorial.
c) La Conferencia de Presidentes.
d) La Conferencia de Regiones.

31. Las Conferencias Sectoriales, u órganos sometidos a su régimen jurídico con otra denominación:

a) No es necesario que se inscriban en Registro alguno.
b) Habrán de inscribirse en el Registro Electrónico estatal de Órganos e Instrumentos de Cooperación para su válida constitución.
c) Habrán de inscribirse en el Registro Electrónico estatal de Órganos e Instrumentos de Cooperación para que desplieguen efectos.
d) No habrán de inscribirse en el Registro Electrónico estatal de Órganos e Instrumentos de Cooperación para su válida constitución.

32. Es un órgano de cooperación, de composición multilateral y ámbito sectorial determinado, que reúne, como presidente, al miembro del Gobierno que, en representación de la Administración General del Estado, resulte competente por razón de la materia, y a los correspondientes miembros de los Consejos de Gobierno, en representación de las Comunidades Autónomas y de las Ciudades de Ceuta y Melilla:

a) La Conferencia General.
b) La Conferencia Sectorial.
c) La Conferencia de Presidentes.
d) La Conferencia de Regiones.

33. La Conferencia Sectorial:

a) Es un órgano de cooperación multilateral.
b) Es un órgano de cooperación bilateral.
c) Es un órgano de cooperación unilateral.
d) No es un órgano de cooperación.

34. Forman parte de la Conferencia Sectorial:

a) El presidente del Gobierno.
b) El miembro del Gobierno que, en representación de la Administración General del Estado.
c) Los correspondientes miembros de los Consejos de Gobierno, en representación de las Comunidades Autónomas y de las Ciudades de Ceuta y Melilla.
d) Son correctas las respuestas b) y c).

35. El presidente de la Conferencia Sectorial es:

a) El presidente del Gobierno.

b) El miembro del Gobierno que, en representación de la Administración General del Estado, resulte competente por razón de la materia.

c) Va rotando la presidencia entre los presidentes de las Comunidades Autónomas.

d) No tiene presidente.

36. Cada Conferencia Sectorial dispondrá:

a) De una ley interna de organización.

b) De un reglamento de organización y funcionamiento interno aprobado por sus miembros.

c) De un reglamento de organización y funcionamiento interno aprobado por el Gobierno.

d) De un reglamento de organización y funcionamiento interno aprobado por las Comunidades Autónomas.

37. Las Conferencias Sectoriales pueden ejercer funciones:

a) Consultivas.

b) Decisorias.

c) De coordinación orientadas a alcanzar acuerdos sobre materias comunes.

d) Todas las respuestas anteriores son correctas.

38. Establecer planes específicos de cooperación entre Comunidades Autónomas en la materia sectorial correspondiente, procurando la supresión de duplicidades, y la consecución de una mejor eficiencia de los servicios públicos es una función de:

a) La Conferencia General.

b) La Conferencia Sectorial.

c) La Conferencia de Presidentes.

d) La Conferencia de Regiones.

39. Intercambiar información sobre las actuaciones programadas por las distintas Administraciones públicas, en ejercicio de sus competencias, y que puedan afectar a las otras Administraciones es una función de:

a) La Conferencia General.

b) La Conferencia Sectorial.

c) La Conferencia de Presidentes.

d) La Conferencia de Regiones.

40. Acordar la organización interna de la Conferencia Sectorial y de su método de trabajo es una función de:

a) La Conferencia General.
b) La Conferencia Sectorial.
c) La Conferencia de Presidentes.
d) La Conferencia de Regiones.

41. Acordar la convocatoria de las reuniones de la Conferencia Sectorial:

a) Corresponde al presidente del Gobierno.
b) Corresponde al ministro que la presida.
c) Corresponde al Consejo de Administración.
d) Corresponde a las Comunidades Autónomas.

42. El Presidente de la Conferencia Sectorial debe convocarla:

a) Al menos, una vez a la semana.
b) Al menos, una vez al mes.
c) Al menos, una vez al cuatrimestre.
d) Al menos, una vez al año.

43. El Presidente de la Conferencia Sectorial debe convocarla:

a) Siempre que algún miembro de lo pida.
b) Siempre que lo soliciten al menos una tercera parte de sus miembros.
c) Siempre que lo soliciten al menos la mitad de sus miembros.
d) Siempre que lo soliciten al menos dos terceras partes de sus miembros.

44. Cuando sean los miembros los que soliciten la convocatoria de la reunión de la Conferencia Sectorial:

a) Deberán solicitar permiso al Presidente del Gobierno.
b) Deberán solicitar permiso al ministro competente en la materia.
c) La solicitud deberá incluir la propuesta de orden del día.
d) La solicitud deberá incluir la firma de todos sus miembros.

45. La convocatoria de la Conferencia Sectorial:

a) Puede ir acompañada de los documentos relativos a la misma.
b) Puede contener el orden del día previsto para cada sesión.
c) En la misma no se pueden examinar asuntos que no figuren en el orden del día, salvo que todos los miembros de la Conferencia Sectorial manifiesten su conformidad.
d) Todas las respuestas anteriores son incorrectas.

46. El orden del día de cada reunión de la Conferencia Sectorial:

a) Será propuesto por el presidente.

b) Deberá especificar el carácter consultivo, decisorio o de coordinación de cada uno de los asuntos a tratar.

c) Será propuesto por cualquiera de los miembros.

d) Son correctas las respuestas a) y b).

47. Cuando la conferencia sectorial hubiera de reunirse con el objeto exclusivo de informar un proyecto normativo, la convocatoria:

a) Deberá realizarse de forma presencial.

b) Podrá efectuarse por medios electrónicos, telefónicos o audiovisuales, que garanticen la intercomunicación entre ellos y la unidad de acto.

c) No podrá efectuarse por videoconferencia.

d) Solo se puede realizar por teléfono.

48. Cuando la conferencia sectorial hubiera de reunirse con el objeto exclusivo de informar un proyecto normativo, la constitución:

a) Deberá realizarse de forma presencial.

b) Podrá efectuarse por medios electrónicos, telefónicos o audiovisuales, que garanticen la intercomunicación entre ellos y la unidad de acto.

c) No podrá efectuarse por videoconferencia.

d) Solo se puede realizar por teléfono.

49. Cuando la conferencia sectorial hubiera de reunirse con el objeto exclusivo de informar un proyecto normativo, la adopción de acuerdos:

a) Deberá realizarse de forma presencial.

b) Podrá efectuarse por medios electrónicos, telefónicos o audiovisuales, que garanticen la intercomunicación entre ellos y la unidad de acto.

c) No podrá efectuarse por correo electrónico.

d) Solo se puede realizar por teléfono.

50. La elaboración de las actas de las reuniones de las Conferencias Sectoriales:

a) Solo se pueden realizar en papel.

b) Solo se pueden realizar en documento público.

c) Pueden realizarse a través de medios electrónicos.

d) Pueden realizarse telefónicamente.

51. La remisión de las actas de las reuniones de las Conferencias Sectoriales:

a) Solo se pueden realizar en papel.

b) Solo se pueden realizar en documento público.

c) Pueden realizarse a través de medios electrónicos.
d) Pueden realizarse telefónicamente.

52. Cada Conferencia Sectorial tendrá:

a) Un secretario.
b) Dos secretarios.
c) Tres secretarios.
d) Cuatro secretarios.

53. El Secretario de la Conferencia Sectorial:

a) Se establece por la minoría de sus miembros.
b) Se establece por la mayoría simple de sus miembros.
c) Se establece por la mayoría absoluta de sus miembros.
d) Será designado por el Presidente de la Conferencia Sectorial.

54. Preparar las reuniones de la Conferencia Sectorial y asistir a ellas, es una función de:

a) El Secretario.
b) El presidente.
c) El miembro más antiguo.
d) El miembro de mayor edad.

55. El Secretario de la Conferencia Sectorial:

a) Solo prepara las reuniones de la misma.
b) Puede acudir a las reuniones con voz y con voto.
c) Puede acudir a las reuniones sin voz y sin voto.
d) Puede acudir a las reuniones sin voz y pero con voto.

56. Recibir los actos de comunicación de los miembros de la Conferencia Sectorial y, por tanto, las notificaciones, peticiones de datos, rectificaciones o cualquiera otra clase de escritos de los que deba tener conocimiento es una función de:

a) El Secretario.
b) El presidente.
c) El miembro más antiguo.
d) El miembro de mayor edad.

57. Redactar y autorizar las actas de las sesiones de la Conferencia Sectorial es una función de:

a) El Secretario.
b) El presidente.

c) El miembro más antiguo.
d) El miembro de mayor edad.

58. Expedir certificaciones de las consultas, recomendaciones y acuerdos apro-bados y custodiar la documentación generada con motivo de la celebración de sus reuniones de la Conferencia Sectorial es una función de:

a) El Secretario.
b) El presidente.
c) El miembro más antiguo.
d) El miembro de mayor edad.

59. La adopción de decisiones de la Conferencia Sectorial:

a) Requerirá la previa votación de los miembros.
b) No requerirá la previa votación de los miembros.
c) Requerirá un acuerdo previo de los miembros.
d) Requerirá una decisión previa del presidente.

60. La votación para la adopción de decisiones de la Conferencia Sectorial:

a) Se producirá por la representación que cada Administración pública tenga y no por los distintos miembros de cada una de ellas.
b) Se producirá por la representación de los distintos miembros de cada una de las Administraciones.
c) Se producirá por la representación de las Comunidades Autónomas con más repre-sentación.
d) Todas las respuestas anteriores son incorrectas.

61. Las decisiones que adopte la Conferencia Sectorial podrán revestir la forma de:

a) Acuerdo.
b) Recomendación.
c) Son correctas las respuestas a) y b).
d) Cualquier forma.

62. En el ámbito de la Conferencia Sectorial, supone un compromiso de actua-ción en el ejercicio de las respectivas competencias:

a) El acuerdo.
b) La resolución.
c) La recomendación.
d) La orden.

63. En el ámbito de la Conferencia Sectorial, son de obligado cumplimiento y directamente exigibles:

a) El acuerdo.
b) La resolución.
c) La recomendación.
d) La orden.

64. En el ámbito de la Conferencia Sectorial, será certificado en acta:

a) El acuerdo.
b) La resolución.
c) La recomendación.
d) La orden.

65. En el ámbito de la Conferencia Sectorial, el acuerdo:

a) Siempre es de obligado cumplimiento.
b) Nunca es de obligado cumplimiento.
c) Es de obligado cumplimiento salvo para quienes hayan votado en contra mientras no decidan suscribirlos con posterioridad.
d) También es de obligado cumplimiento para quienes hayan votado en contra.

66. Cuando la Administración General del Estado ejerza funciones de coordinación, de acuerdo con el orden constitucional de distribución de competencias del ámbito material respectivo, el Acuerdo que se adopte en la Conferencia Sectorial, y en el que se incluirán los votos particulares que se hayan formulado:

a) Será de obligado cumplimiento para todas las Administraciones públicas integrantes de la Conferencia Sectorial, con independencia del sentido de su voto, siendo exigibles conforme a lo establecido en la Ley 29/1998, de 13 de julio.
b) No será de obligado cumplimiento para todas las Administraciones públicas integrantes de la Conferencia Sectorial, con independencia del sentido de su voto, siendo exigibles conforme a lo establecido en la Ley 29/1998, de 13 de julio.
c) Será de obligado cumplimiento para todas las Administraciones públicas integrantes de la Conferencia Sectorial, solo para los que hayan votado a favor.
d) Será de obligado cumplimiento solo para las Administraciones mayoritarias.

67. Las Conferencias Sectoriales:

a) Podrán adoptar planes conjuntos, de carácter multilateral, entre la Administración General del Estado y la de las Comunidades Autónomas, para comprometer actuaciones conjuntas para la consecución de los objetivos comunes, que tendrán la naturaleza de Acuerdo de la conferencia sectorial.
b) Adoptarán planes conjuntos que no se publicarán en el «Boletín Oficial del Estado».

c) Podrán adoptar planes conjuntos, de carácter bilateral, entre la Administración General del Estado y la de las Comunidades Autónomas, para comprometer actuaciones conjuntas para la consecución de los objetivos comunes, que tendrán la naturaleza de Acuerdo de la conferencia sectorial.

d) Podrán adoptar planes unitarios, de carácter multilateral, entre la Administración General del Estado y la de las Comunidades Autónomas, para comprometer actuaciones conjuntas para la consecución de los objetivos comunes, que tendrán la naturaleza de Acuerdo de la conferencia sectorial.

68. El acuerdo aprobatorio de los planes deberá especificar, según su naturaleza:

a) Los objetivos de interés común a cumplir.
b) Las actuaciones a desarrollar por cada Administración.
c) Las aportaciones de medios personales y materiales de cada Administración.
d) Todas las respuestas anteriores son correctas.

69. Tiene como finalidad expresar la opinión de la Conferencia Sectorial sobre un asunto que se somete a su consulta:

a) El acuerdo.
b) La resolución.
c) La recomendación.
d) La orden.

70. En relación con la recomendación:

a) Los miembros de la Conferencia Sectorial se comprometen a orientar su actuación en esa materia de conformidad con lo previsto, salvo quienes hayan votado en contra mientras no decidan suscribirla con posterioridad.
b) Los miembros de la Conferencia Sectorial se comprometen a orientar su actuación en esa materia de conformidad con lo previsto, en todo caso.
c) Los miembros de la Conferencia Sectorial no se comprometen a orientar su actuación en esa materia de conformidad con lo previsto.
d) Los miembros de la Conferencia Sectorial tratarán de orientar su actuación en esa materia de conformidad con lo previsto.

71. Si algún miembro se aparta de la Recomendación:

a) Deberá motivarlo e incorporar dicha justificación en el correspondiente expediente.
b) No es necesario justificarse.
c) Se debe justificar, pero de manera informal.
d) No es necesario incorporar la justificación al expediente.

72. Es el órgano de trabajo y apoyo de carácter general de la Conferencia Sectorial:

a) La Comisión General.
b) La Comisión Sectorial.
c) La Comisión Consultiva.
d) La Comisión Asesora.

73. La Comisión Sectorial:

a) Está constituida por el Secretario de Estado u órgano superior de la Administración General del Estado designado al efecto por el ministro correspondiente.
b) No forman parte de la misma los representantes de cada Comunidad Autónoma.
c) No forman parte de la misma los representantes de la Ciudad de Ceuta y de la Ciudad Melilla.
d) Está constituida por el presidente del Gobierno.

74. Presidirá la Comisión Sectorial:

a) El miembro de mayor edad.
b) El miembro más antiguo.
c) El presidente de la Conferencia Sectorial.
d) El Secretario de Estado u órgano superior de la Administración General del Estado designado al efecto por el ministro correspondiente.

75. El ejercicio de las funciones propias de la secretaría de la Comisión Sectorial corresponderá:

a) A un funcionario del ministerio correspondiente.
b) Al Secretario de la Conferencia Sectorial.
c) Al ministro correspondiente.
d) Al presidente del Gobierno.

76. La preparación de las reuniones de la Conferencia Sectorial, para lo que tratará los asuntos incluidos en el orden del día de la convocatoria es una función:

a) Del presidente del Gobierno.
b) Del presidente de la Conferencia Sectorial.
c) De la Comisión Sectorial.
d) De la Secretaria General.

77. El seguimiento de los acuerdos adoptados por la Conferencia Sectorial es una función:

a) Del presidente del Gobierno.
b) Del presidente de la Conferencia Sectorial.

c) De la Comisión Sectorial.
d) De la Secretaria General.

78. El seguimiento y evaluación de los Grupos de trabajo constituidos es una función:

a) Del ministro competente.
b) Del presidente de la Conferencia Sectorial.
c) De la Comisión Sectorial.
d) De la Secretaria General.

79. Las Conferencias Sectoriales:

a) No podrán crear Grupos de trabajo.
b) Podrán crear Grupos de trabajo.
c) Podrán crear Grupos de trabajo pero solo de carácter permanente.
d) Podrán crear Grupos de trabajo pero solo de carácter temporal.

80. Los Grupos de trabajo de las Conferencias Sectoriales:

a) Podrán ser de carácter permanente o temporal.
b) Podrán ser formados por Directores Generales, Subdirectores Generales o equivalentes de las diferentes Administraciones públicas que formen parte de dicha Conferencia, para llevar a cabo las tareas técnicas que les asigne la Conferencia Sectorial o la Comisión Sectorial.
c) Podrán ser invitados expertos de reconocido prestigio en la materia a tratar.
d) Todas las respuestas anteriores son correctas.

81. El director del Grupo de trabajo:

a) Será un representante de la Administración General del Estado.
b) Será un representante del Gobierno.
c) Será un representante del Estado.
d) Será un representante de las Comunidades Autónomas.

82. El director del Grupo de trabajo de la Conferencia Sectorial, con el fin de recabar propuestas o formular consultas:

a) Podrá solicitar con el voto favorable de la mayoría de sus miembros, la participación en el mismo de las organizaciones representativas de intereses afectados.
b) Podrá solicitar con el voto favorable de la mitad de sus miembros, la participación en el mismo de las organizaciones representativas de intereses afectados.
c) Podrá solicitar con el voto favorable de un tercio de sus miembros, la participación en el mismo de las organizaciones representativas de intereses afectados.
d) Podrá solicitar con el voto favorable de un quinto de sus miembros, la participación en el mismo de las organizaciones representativas de intereses afectados.

83. Son órganos de cooperación de composición bilateral que reúnen, por un número igual de representantes, a miembros del Gobierno, en representación de la Administración General del Estado, y miembros del Consejo de Gobierno de la Comunidad Autónoma o representantes de la Ciudad de Ceuta o de la Ciudad de Melilla:

a) Las Comisiones Bilaterales de Cooperación.
b) Las Comisiones Multilaterales de Cooperación.
c) Las Comisiones Bilaterales de Información.
d) Las Comisiones Bilaterales de Consulta.

84. En la Comisiones Bilaterales de Cooperación:

a) Solo está representada la Administración General del Estado.
b) Solo están representadas la Administraciones autonómicas.
c) Están representadas la Administración General del Estado, la Comunidad Autónoma y la Ciudad de Ceuta o de la Ciudad de Melilla.
d) Hay mayoritariamente miembros del Gobierno Central.

85. Ejercen funciones de consulta y adopción de acuerdos que tengan por objeto la mejora de la coordinación entre las respectivas Administraciones en asuntos que afecten de forma singular a la Comunidad Autónoma, a la Ciudad de Ceuta o a la Ciudad de Melilla:

a) Las Comisiones Bilaterales de Cooperación.
b) Las Comisiones de Coordinación.
c) Las Comisiones Bilaterales de Información.
d) Las Comisiones Bilaterales de Consulta.

86. Para el desarrollo de su actividad, las Comisiones Bilaterales de Cooperación podrán:

a) Crear Grupos de trabajo.
b) Crear Equipos de trabajo.
c) Establecer proyectos.
d) Establecer líneas de trabajo.

87. Las decisiones adoptadas por las Comisiones Bilaterales de Cooperación revestirán la forma de:

a) Contratos.
b) Resoluciones.
c) Acuerdos.
d) Recomendaciones.

88. Los acuerdos de las Comisiones Bilaterales de Cooperación:

a) Pueden ser expresos o tácitos.
b) No serán de obligado cumplimiento.
c) Serán certificados en acta.
d) Siempre se tomarán al inicio de la reunión.

89. Cuando la proximidad territorial o la concurrencia de funciones administrativas así lo requiera, podrán crearse:

a) Comisiones Autonómicas.
b) Comisiones por materias.
c) Comisiones Territoriales de Coordinación.
d) Comisiones Territoriales de Información.

90. Las Comisiones Territoriales de Coordinación:

a) Son de composición multilateral, entre Administraciones cuyos territorios sean coincidentes o limítrofes.
b) Son de composición multilateral, entre Administraciones del Estado.
c) Son de composición bilateral, entre Administraciones del Estado.
d) Son de composición bilateral, entre Administraciones cuyos territorios sean coincidentes o limítrofes.

91. La finalidad de las Comisiones Territoriales de Coordinación es:

a) Mejorar la coordinación de la prestación de servicios.
b) Prevenir duplicidades.
c) Mejorar la eficiencia y calidad de los servicios.
d) Todas las respuestas anteriores son correctas.

92. Las decisiones adoptadas por las Comisiones Territoriales de Cooperación revestirán la forma de:

a) Contratos.
b) Resoluciones.
c) Acuerdos.
d) Recomendaciones.

93. Los acuerdos de las Comisiones Territoriales de Cooperación:

a) Pueden ser expresos o tácitos.
b) No serán de obligado cumplimiento.
c) Serán certificados en acta.
d) Siempre se tomarán al inicio de la reunión.

94. Los acuerdos de las Comisiones Territoriales de Cooperación:

a) Serán obligatorios para todos.
b) Serán de obligado cumplimiento para las Administraciones que lo suscriban.
c) Serán de obligado cumplimiento para las Administraciones que lo suscriban, pero no exigibles.
d) Serán de obligado cumplimiento para todas las Administraciones.

95. Acordar la convocatoria de las reuniones de las Comisiones Territoriales de Cooperación:

a) Corresponde al presidente del Gobierno.
b) Corresponde al ministro que la presida.
c) Corresponde al Consejo de Administración.
d) Corresponde a las Comunidades Autónomas.

96. El presidente de las Comisiones Territoriales de Cooperación debe convocarlas:

a) Al menos, una vez a la semana.
b) Al menos, una vez al mes.
c) Al menos, una vez al cuatrimestre.
d) Al menos, una vez al año.

97. El presidente de las Comisiones Territoriales de Cooperación debe convocarlas:

a) Siempre que algún miembro de lo pida.
b) Siempre que lo soliciten al menos una tercera parte de sus miembros.
c) Siempre que lo soliciten al menos la mitad de sus miembros.
d) Siempre que lo soliciten al menos dos terceras partes de sus miembros.

98. Cuando sean los miembros los que soliciten la convocatoria de la reunión de las Comisiones Territoriales de Cooperación:

a) Deberán solicitar permiso al presidente del Gobierno.
b) Deberán solicitar permiso al ministro competente en la materia.
c) La solicitud deberá incluir la propuesta de orden del día.
d) La solicitud deberá incluir la firma de todos sus miembros.

99. La convocatoria de las Comisiones Territoriales de Cooperación:

a) Puede ir acompañada de los documentos relativos a la misma.
b) Puede contener el orden del día previsto para cada sesión.
c) En la misma no se pueden examinar asuntos que no figuren en el orden del día, salvo que todos los miembros de la Conferencia Sectorial manifiesten su conformidad.
d) Todas las respuestas anteriores son incorrectas.

100. El orden del día de cada reunión de las Comisiones Territoriales de Cooperación:

a) Será propuesto por el presidente.
b) Deberá especificar el carácter consultivo, decisorio o de coordinación de cada uno de los asuntos a tratar.
c) Será propuesto por cualquiera de los miembros.
d) Son correctas las respuestas a) y b).

101. Cuando las Comisiones Territoriales de Cooperación de reunirse con el objeto exclusivo de informar un proyecto normativo, la convocatoria:

a) Deberá realizarse de forma presencial.
b) Podrá efectuarse por medios electrónicos, telefónicos o audiovisuales, que garanticen la intercomunicación entre ellos y la unidad de acto.
c) No podrá efectuarse por videoconferencia.
d) Solo se puede realizar por teléfono.

102. La elaboración de las actas de las reuniones de las Comisiones Territoriales de Cooperación:

a) Solo se pueden realizar en papel.
b) Solo se pueden realizar en documento público.
c) Pueden realizarse a través de medios electrónicos.
d) Pueden realizarse telefónicamente.

103. La remisión de las actas de las reuniones de las Comisiones Territoriales de Cooperación:

a) Solo se pueden realizar en papel.
b) Solo se pueden realizar en documento público.
c) Pueden realizarse a través de medios electrónicos.
d) Pueden realizarse telefónicamente.

104. El Secretario de las Comisiones Territoriales de Cooperación:

a) Solo prepara las reuniones de la misma.
b) Puede acudir a las reuniones con voz y con voto.
c) Puede acudir a las reuniones sin voz y sin voto.
d) Puede acudir a las reuniones sin voz y pero con voto.

105. Recibir los actos de comunicación de los miembros de las Comisiones Territoriales de Cooperación y, por tanto, las notificaciones, peticiones de datos, rectificaciones o cualquiera otra clase de escritos de los que deba tener conocimiento es una función de:

a) El secretario.
b) El presidente.

c) El miembro más antiguo.
d) El miembro de mayor edad.

106. Redactar y autorizar las actas de las sesiones de las Comisiones Territoriales de Cooperación es una función de:

a) El secretario.
b) El presidente.
c) El miembro más antiguo.
d) El miembro de mayor edad.

107. Expedir certificaciones de las consultas, recomendaciones y acuerdos aprobados y custodiar la documentación generada con motivo de la celebración de sus reuniones de las Comisiones Territoriales de Cooperación es una función de:

a) El secretario.
b) El presidente.
c) El miembro más antiguo.
d) El miembro de mayor edad.

108. Comprende el conjunto de criterios y recomendaciones en materia de seguridad, conservación y normalización de la información, de los formatos y de las aplicaciones que deberán ser tenidos en cuenta por las Administraciones públicas para la toma de decisiones tecnológicas que garanticen la interoperabilidad:

a) El Esquema Nacional de Interoperabilidad.
b) El Esquema Nacional de Interrelación.
c) El Esquema Nacional de Tecnológico.
d) El Esquema Nacional de Relaciones.

109. Tiene por objeto establecer la política de seguridad en la utilización de medios electrónicos en el ámbito de la presente ley, y está constituido por los principios básicos y requisitos mínimos que garanticen adecuadamente la seguridad de la información tratada:

a) El Esquema Nacional de Interoperabilidad.
b) El Esquema Nacional de Interrelación.
c) El Esquema Nacional de Tecnológico.
d) El Esquema Nacional de Relaciones.

110. Las Administraciones cedentes y cesionarias:

a) Harán las gestiones de forma gratuita.
b) Podrán acordar la repercusión del coste de adquisición o fabricación de las aplicaciones cedidas.

c) Deberán acordar la repercusión del coste de adquisición o fabricación de las aplicaciones cedidas.

d) No computan el coste de la gestión.

111. Cuando de ello se derive una mayor transparencia en el funcionamiento de la Administración pública o se fomente con ello la incorporación de los ciudadanos a la Sociedad de la información, las aplicaciones:

a) Serán declaradas de utilidad pública.
b) Serán declaradas de uso social.
c) Podrán ser declaradas como de fuentes abiertas.
d) Podrán ser declaradas como de fuentes flexibles.

112. Las Administraciones públicas, con carácter previo a la adquisición, desarrollo o al mantenimiento a lo largo de todo el ciclo de vida de una aplicación:

a) Deberán consultar en el directorio general de aplicaciones, dependiente de la Administración General del Estado, si existen soluciones disponibles para su reutilización, que puedan satisfacer total o parcialmente las necesidades, mejoras o actualizaciones que se pretenden cubrir, y siempre que los requisitos tecnológicos de interoperabilidad y seguridad así lo permitan.

b) Deberán consultar en el directorio general de aplicaciones, dependiente de la Administración General del Estado, si existen soluciones disponibles para su reutilización, que puedan satisfacer total o parcialmente las necesidades, mejoras o actualizaciones que se pretenden cubrir, y siempre que los requisitos tecnológicos de interoperabilidad y seguridad así lo permitan, solo cuando se realicen con medios propios.

c) Deberán consultar en el directorio general de aplicaciones, dependiente de la Administración General del Estado, si existen soluciones disponibles para su reutilización, que puedan satisfacer total o parcialmente las necesidades, mejoras o actualizaciones que se pretenden cubrir, y siempre que los requisitos tecnológicos de interoperabilidad y seguridad así lo permitan, solo cuando se deba proceder a la contratación de los servicios correspondientes.

d) Deberán consultar en el directorio general de aplicaciones, dependiente de la Administración Autonómica, si existen soluciones disponibles para su reutilización, que puedan satisfacer total o parcialmente las necesidades, mejoras o actualizaciones que se pretenden cubrir, y siempre que los requisitos tecnológicos de interoperabilidad y seguridad así lo permitan.

113. En el Directorio General de Aplicaciones:

a) Solo constan las disponibles de la Administración General del Estado.
b) Solo constan las disponibles de las Administraciones Autonómicas.
c) Constarán tanto las aplicaciones disponibles de la Administración General del Estado como las disponibles en los directorios integrados de aplicaciones del resto de Administraciones.
d) No constan las disponibles en las Administraciones locales.

114. En el caso de existir una solución disponible para su reutilización total o parcial de las aplicaciones en el Directorio General:

a) Las Administraciones públicas estarán obligadas a su uso, salvo que la decisión de no reutilizarla se justifique en términos de eficiencia.
b) Las Administraciones públicas estarán obligadas a su uso, en todo caso.
c) Las Administraciones públicas no estarán obligadas a su uso.
d) Las Administraciones públicas estarán obligadas a su uso, pero de forma excepcional.

115. Los directorios de aplicaciones:

a) Deberán ser plenamente interoperables con el directorio general de la Administración General del Estado, de modo que se garantice su compatibilidad informática e interconexión.
b) Deberán ser plenamente intercoordinados con el directorio general de la Administración General del Estado, de modo que se garantice su compatibilidad informática e interconexión.
c) Deberán ser plenamente interoperables con el directorio general de la Administración General del Estado, de modo que se garantice su compatibilidad técnica.
d) Todas las respuestas anteriores son incorrectas.

116. En la Comunidad Autónoma del País Vasco, a efectos de lo dispuesto en el artículo segundo, se entenderá por Administraciones públicas:

a) Las Diputaciones Forales y las Administraciones institucionales de ellas dependientes o vinculadas.
b) Las Diputaciones Provinciales.
c) Las Provincias.
d) Las ciudades.

117. En las Ciudades de Ceuta y Melilla:

a) No hay representación del Gobierno.
b) No hay representación de la Ciudad Autónoma.
c) Existirá un Delegado del Gobierno que representará al Gobierno de la Nación en su territorio.
d) Existirá un Diputado del Gobierno que representará al Gobierno de la Nación en su territorio.

118. Las disposiciones contenidas en la presente Ley que hagan referencia a los Delegados del Gobierno en las Comunidades Autónomas:

a) Se entienden cancelados.
b) Se entienden nulos.
c) Se deberán entender también referidas a los Delegados del Gobierno en las Ciudades de Ceuta y Melilla.
d) Se deberán entender también referidas a los Delegados del Gobierno en el Estado.

119. En las Ciudades de Ceuta y Melilla:

a) Existirá una Comisión de asistencia al Delegado del Gobierno.
b) La Comisión de asistencia al Delegado del Gobierno es presidida por el mismo.
c) La Comisión de asistencia al Delegado del Gobierno es integrada por el Secretario General y los responsables de los servicios territoriales.
d) Todas las respuestas anteriores son correctas.

120. Todas las entidades y organismos públicos que en el momento de la entrada en vigor de esta Ley tengan la condición de medio propio en el ámbito estatal deberán adaptarse a lo previsto en esta Ley en el plazo de:

a) Un mes a contar desde su entrada en vigor.
b) Tres meses a contar desde su entrada en vigor.
c) Seis meses a contar desde su entrada en vigor.
d) Un año a contar desde su entrada en vigor.

121. El registro electrónico de los órganos de cooperación:

a) Dependerá del Registro Central.
b) Será dependiente de la Secretaría de Estado de Administraciones Públicas.
c) Será dependiente del ministro competente en la materia.
d) Está en proceso de creación.

122. La creación, modificación o extinción de los órganos de cooperación, así como la suscripción, extinción, prórroga o modificación de cualquier convenio celebrado por la Administración General del Estado o alguno de sus organismos públicos o entidades vinculados o dependientes deberá ser comunicada por el órgano de esta que lo haya suscrito, en el plazo de:

a) Un día desde que ocurra el hecho inscribible.
b) Tres días desde que ocurra el hecho inscribible.
c) Cinco días desde que ocurra el hecho inscribible.
d) Diez días desde que ocurra el hecho inscribible.

123. Los Departamentos Ministeriales que ejerzan la Secretaría de los órganos de cooperación deberán comunicar al registro:

a) Antes del 10 de enero de cada año los órganos de cooperación que hayan extinguido.
b) Antes del 30 de enero de cada año los órganos de cooperación que hayan extinguido.
c) Antes del 30 de marzo de cada año los órganos de cooperación que hayan extinguido.
d) Antes del 30 de septiembre de cada año los órganos de cooperación que hayan extinguido.

124. El ministro de Hacienda y Administraciones Públicas elevará al Consejo de Ministros un informe sobre la actividad de los órganos de cooperación existentes, así como sobre los convenios vigentes a partir de los datos y análisis proporcionados por el Registro Electrónico estatal de Órganos e Instrumentos de Cooperación:

a) Mensualmente.
b) Trimestralmente.
c) Anualmente.
d) Quinquenalmente.

125. Quedarán extinguidos los órganos de cooperación:

a) Que no se hayan reunido en un plazo de dos años desde su creación o en un plazo de dos años desde la entrada en vigor de esta ley.
b) Que no se hayan reunido en un plazo de tres años desde su creación o en un plazo de tres años desde la entrada en vigor de esta ley.
c) Que no se hayan reunido en un plazo de cuatro años desde su creación o en un plazo de cuatro años desde la entrada en vigor de esta ley.
d) Que no se hayan reunido en un plazo de cinco años desde su creación o en un plazo de cinco años desde la entrada en vigor de esta ley.

Soluciones comentadas

1. b) Es un principio que rige la relación entre diferentes Administraciones públicas que actúan y se relacionan con otras Administraciones.

Dispone el artículo 140 de la Ley 40/2015, de 1 de octubre, de Régimen Jurídico del Sector Público que las diferentes Administraciones públicas actúan y se relacionan con otras Administraciones y entidades u organismos vinculados o dependientes de estas de acuerdo con los siguientes principios:

a) Lealtad institucional.

b) Adecuación al orden de distribución de competencias establecido en la Constitución y en los Estatutos de Autonomía y en la normativa del régimen local.

c) Colaboración, entendido como el deber de actuar con el resto de Administraciones públicas para el logro de fines comunes.

d) Cooperación, cuando dos o más Administraciones públicas, de manera voluntaria y en ejercicio de sus competencias, asumen compromisos específicos en aras de una acción común.

e) Coordinación, en virtud del cual una Administración pública y, singularmente, la Administración General del Estado, tiene la obligación de garantizar la coherencia de las actuaciones de las diferentes Administraciones públicas afectadas por una misma materia para la consecución de un resultado común, cuando así lo prevé la Constitución y el resto del ordenamiento jurídico.

f) Eficiencia en la gestión de los recursos públicos, compartiendo el uso de recursos comunes, salvo que no resulte posible o se justifique en términos de su mejor aprovechamiento.

g) Responsabilidad de cada Administración pública en el cumplimiento de sus obligaciones y compromisos.

h) Garantía e igualdad en el ejercicio de los derechos de todos los ciudadanos en sus relaciones con las diferentes Administraciones.

i) Solidaridad interterritorial de acuerdo con la Constitución.

2. b) Es un principio que rige la relación entre diferentes Administraciones públicas actúan y se relacionan con otras Administraciones.

Dispone el artículo 140 de la Ley 40/2015, de 1 de octubre, de Régimen Jurídico del Sector Público que las diferentes Administraciones públicas actúan y se relacionan con otras Administraciones y entidades u organismos vinculados o dependientes de estas de acuerdo con los siguientes principios:

a) Lealtad institucional.

b) Adecuación al orden de distribución de competencias establecido en la Constitución y en los Estatutos de Autonomía y en la normativa del régimen local.

c) Colaboración, entendido como el deber de actuar con el resto de Administraciones públicas para el logro de fines comunes.

d) Cooperación, cuando dos o más Administraciones públicas, de manera voluntaria y en ejercicio de sus competencias, asumen compromisos específicos en aras de una acción común.

e) Coordinación, en virtud del cual una Administración pública y, singularmente, la Administración General del Estado, tiene la obligación de garantizar la coherencia de las actuaciones de las diferentes Administraciones públicas afectadas por una misma materia para la consecución de un resultado común, cuando así lo prevé la Constitución y el resto del ordenamiento jurídico.

f) Eficiencia en la gestión de los recursos públicos, compartiendo el uso de recursos comunes, salvo que no resulte posible o se justifique en términos de su mejor aprovechamiento.

g) Responsabilidad de cada Administración pública en el cumplimiento de sus obligaciones y compromisos.

h) Garantía e igualdad en el ejercicio de los derechos de todos los ciudadanos en sus relaciones con las diferentes Administraciones.

i) Solidaridad interterritorial de acuerdo con la Constitución.

3. b) Es un principio que rige la relación entre diferentes Administraciones públicas actúan y se relacionan con otras Administraciones.

Dispone el artículo 140 de la Ley 40/2015, de 1 de octubre, de Régimen Jurídico del Sector Público que las diferentes Administraciones públicas actúan y se relacionan con otras Administraciones y entidades u organismos vinculados o dependientes de estas de acuerdo con los siguientes principios:

a) Lealtad institucional.

b) Adecuación al orden de distribución de competencias establecido en la Constitución y en los Estatutos de Autonomía y en la normativa del régimen local.

c) Colaboración, entendido como el deber de actuar con el resto de Administraciones públicas para el logro de fines comunes.

d) Cooperación, cuando dos o más Administraciones públicas, de manera voluntaria y en ejercicio de sus competencias, asumen compromisos específicos en aras de una acción común.

e) Coordinación, en virtud del cual una Administración pública y, singularmente, la Administración General del Estado, tiene la obligación de garantizar la coherencia de las actuaciones de las diferentes Administraciones públicas afectadas por una misma materia para la consecución de un resultado común, cuando así lo prevé la Constitución y el resto del ordenamiento jurídico.

f) Eficiencia en la gestión de los recursos públicos, compartiendo el uso de recursos comunes, salvo que no resulte posible o se justifique en términos de su mejor aprovechamiento.

g) Responsabilidad de cada Administración pública en el cumplimiento de sus obligaciones y compromisos.

h) Garantía e igualdad en el ejercicio de los derechos de todos los ciudadanos en sus relaciones con las diferentes Administraciones.

i) Solidaridad interterritorial de acuerdo con la Constitución.

4. b) Es un principio que rige la relación entre diferentes Administraciones Públicas actúan y se relacionan con otras Administraciones.

Dispone el artículo 140 de la Ley 40/2015, de 1 de octubre, de Régimen Jurídico del Sector Público que las diferentes Administraciones Públicas actúan y se relacionan con otras Administraciones y entidades u organismos vinculados o dependientes de estas de acuerdo con los siguientes principios:

a) Lealtad institucional.

b) Adecuación al orden de distribución de competencias establecido en la Constitución y en los Estatutos de Autonomía y en la normativa del régimen local.

c) Colaboración, entendido como el deber de actuar con el resto de Administraciones Públicas para el logro de fines comunes.

d) Cooperación, cuando dos o más Administraciones públicas, de manera voluntaria y en ejercicio de sus competencias, asumen compromisos específicos en aras de una acción común.

e) Coordinación, en virtud del cual una Administración pública y, singularmente, la Administración General del Estado, tiene la obligación de garantizar la coherencia de las actuaciones de las diferentes Administraciones públicas afectadas por una misma materia para la consecución de un resultado común, cuando así lo prevé la Constitución y el resto del ordenamiento jurídico.

f) Eficiencia en la gestión de los recursos públicos, compartiendo el uso de recursos comunes, salvo que no resulte posible o se justifique en términos de su mejor aprovechamiento.

g) Responsabilidad de cada Administración pública en el cumplimiento de sus obligaciones y compromisos.

h) Garantía e igualdad en el ejercicio de los derechos de todos los ciudadanos en sus relaciones con las diferentes Administraciones.

i) Solidaridad interterritorial de acuerdo con la Constitución.

5. a) Colaboración.

Dispone el artículo 140.1 c) de la Ley 40/2015, de 1 de octubre, de Régimen Jurídico del Sector Público: Colaboración, entendido como el deber de actuar con el resto de Administraciones públicas para el logro de fines comunes.

6. b) Cooperación.

Dispone el artículo 140.1 d) de la Ley 40/2015, de 1 de octubre, de Régimen Jurídico del Sector Público: Cooperación, cuando dos o más Administraciones públicas, de manera voluntaria y en ejercicio de sus competencias, asumen compromisos específicos en aras de una acción común.

7. c) Coordinación.

Dispone el artículo 140.1 e) de la Ley 40/2015, de 1 de octubre, de Régimen Jurídico del Sector Público: Coordinación, en virtud del cual una Administración pública y, singularmente, la Administración General del Estado, tiene la obligación de garantizar la coherencia de las actuaciones de las diferentes Administraciones públicas afectadas por una misma materia para la consecución de un resultado común, cuando así lo prevé la Constitución y el resto del ordenamiento jurídico.

8. d) Todas las respuestas anteriores son correctas.

Dispone el artículo 141.1 de la Ley 40/2015, de 1 de octubre, de Régimen Jurídico del Sector Público que las Administraciones públicas deberán:

a) Respetar el ejercicio legítimo por las otras Administraciones de sus competencias.

b) Ponderar, en el ejercicio de las competencias propias, la totalidad de los intereses públicos implicados y, en concreto, aquellos cuya gestión esté encomendada a las otras Administraciones.

c) Facilitar a las otras Administraciones la información que precisen sobre la actividad que desarrollen en el ejercicio de sus propias competencias o que sea necesaria para que los ciudadanos puedan acceder de forma integral a la información relativa a una materia.

d) Prestar, en el ámbito propio, la asistencia que las otras Administraciones pudieran solicitar para el eficaz ejercicio de sus competencias.

e) Cumplir con las obligaciones concretas derivadas del deber de colaboración y las restantes que se establezcan normativamente.

9. c) Podrá negarse cuando el organismo público no disponga de medios suficientes para ello o cuando, de hacerlo, causara un perjuicio grave a los intereses cuya tutela tiene encomendada o al cumplimiento de sus propias funciones o cuando la información solicitada tenga carácter confidencial o reservado.

Dispone el artículo 141.2 de la Ley 40/2015, de 1 de octubre, de Régimen Jurídico del Sector Público que la asistencia y colaboración requerida solo podrá negarse cuando el organismo público o la entidad del que se solicita no esté facultado para prestarla de acuerdo con lo previsto en su normativa específica, no disponga de medios suficientes para ello o cuando, de hacerlo, causara un perjuicio grave a los intereses cuya tutela tiene encomendada o al cumplimiento de sus propias funciones o cuando la información solicitada tenga carácter confidencial o reservado. La negativa a prestar la asistencia se comunicará motivadamente a la Administración solicitante.

10. c) La Administración General del Estado, las de las Comunidades Autónomas y las de las Entidades Locales.

Dispone el artículo 141.3 de la Ley 40/2015, de 1 de octubre, de Régimen Jurídico del Sector Público que la Administración General del Estado, las de las Comunidades Autónomas y las de las Entidades Locales deberán colaborar y auxiliarse para la ejecución de sus actos que hayan de realizarse o tengan efectos fuera de sus respectivos ámbitos territoriales. Los posibles costes que pueda generar el deber de colaboración podrán ser repercutidos cuando así se acuerde.

11. a) Es una técnica a través de la que se deriva la obligación del deber de colaboración.

Dispone el artículo 142 de la Ley 40/2015, de 1 de octubre, de Régimen Jurídico del Sector Público que las obligaciones que se derivan del deber de colaboración se harán efectivas a través de las siguientes técnicas:

a) El suministro de información, datos, documentos o medios probatorios que se hallen a disposición del organismo público o la entidad al que se dirige la solicitud y que la Administración solicitante precise disponer para el ejercicio de sus competencias.

[...]

12. a) Es una técnica a través de la que se deriva la obligación del deber de colaboración.

Dispone el artículo 142 de la Ley 40/2015, de 1 de octubre, de Régimen Jurídico del Sector Público que las obligaciones que se derivan del deber de colaboración se harán efectivas a través de las siguientes técnicas:

Las obligaciones que se derivan del deber de colaboración se harán efectivas a través de las siguientes técnicas:

a) El suministro de información, datos, documentos o medios probatorios que se hallen a disposición del organismo público o la entidad al que se dirige la solicitud y que la Administración solicitante precise disponer para el ejercicio de sus competencias.

b) La colaboración a fin de proporcionar la inclusión en un sistema integrado de información de las respectivas áreas personalizadas o carpetas ciudadanas, o determinadas funcionalidades de las mismas, de forma que el interesado pueda acceder a sus contenidos, notificaciones o funcionalidades mediante procedimientos seguros que garanticen la integridad y confidencialidad de los datos de carácter personal, independientemente de cuál haya sido el punto de acceso.

c) El desarrollo de la Plataforma Digital de Colaboración entre las Administraciones públicas como instrumento destinado a facilitar las relaciones y el soporte electrónico de los órganos integrantes del sistema de Conferencias Sectoriales y en general de los órganos de cooperación, así como de otras de plataformas comunes para el intercambio de datos en el ámbito de todas las administraciones públicas.

[…]

13. a) Es una técnica a través de la que se deriva la obligación del deber de colaboración.

Dispone el artículo 142 de la Ley 40/2015, de 1 de octubre, de Régimen Jurídico del Sector Público que las obligaciones que se derivan del deber de colaboración se harán efectivas a través de las siguientes técnicas:

Las obligaciones que se derivan del deber de colaboración se harán efectivas a través de las siguientes técnicas:

a) El suministro de información, datos, documentos o medios probatorios que se hallen a disposición del organismo público o la entidad al que se dirige la solicitud y que la Administración solicitante precise disponer para el ejercicio de sus competencias.

b) La colaboración a fin de proporcionar la inclusión en un sistema integrado de información de las respectivas áreas personalizadas o carpetas ciudadanas, o determinadas funcionalidades de las mismas, de forma que el interesado pueda acceder a sus contenidos, notificaciones o funcionalidades mediante procedimientos seguros que garanticen la integridad y confidencialidad de los datos de carácter personal, independientemente de cuál haya sido el punto de acceso.

c) El desarrollo de la Plataforma Digital de Colaboración entre las Administraciones públicas como instrumento destinado a facilitar las relaciones y el soporte electrónico de los órganos integrantes del sistema de Conferencias Sectoriales y en general de los órganos de cooperación, así como de otras de plataformas comunes para el intercambio de datos en el ámbito de todas las Administraciones públicas.

d) La creación y mantenimiento de sistemas integrados de información administrativa con el fin de disponer de datos actualizados, completos y permanentes referentes a los diferentes ámbitos de actividad administrativa en todo el territorio nacional.

[…]

14. a) Es una técnica a través de la que se deriva la obligación del deber de colaboración.

Dispone el artículo 142 de la Ley 40/2015, de 1 de octubre, de Régimen Jurídico del Sector Público que las obligaciones que se derivan del deber de colaboración se harán efectivas a través de las siguientes técnicas:

Las obligaciones que se derivan del deber de colaboración se harán efectivas a través de las siguientes técnicas:

a) El suministro de información, datos, documentos o medios probatorios que se hallen a disposición del organismo público o la entidad al que se dirige la solicitud y que la Administración solicitante precise disponer para el ejercicio de sus competencias.

b) La colaboración a fin de proporcionar la inclusión en un sistema integrado de información de las respectivas áreas personalizadas o carpetas ciudadanas, o determinadas funcionalidades de las mismas, de forma que el interesado pueda acceder a sus contenidos, notificaciones o funcionalidades mediante procedimientos seguros que garanticen la integridad y confidencialidad de los datos de carácter personal, independientemente de cuál haya sido el punto de acceso.

c) El desarrollo de la Plataforma Digital de Colaboración entre las Administraciones públicas como instrumento destinado a facilitar las relaciones y el soporte electrónico de los órganos integrantes del sistema de Conferencias Sectoriales y en general de los órganos de cooperación, así como de otras de plataformas comunes para el intercambio de datos en el ámbito de todas las administraciones públicas.

d) La creación y mantenimiento de sistemas integrados de información administrativa con el fin de disponer de datos actualizados, completos y permanentes referentes a los diferentes ámbitos de actividad administrativa en todo el territorio nacional.

e) El deber de asistencia y auxilio, para atender las solicitudes formuladas por otras Administraciones para el mejor ejercicio de sus competencias, en especial cuando los efectos de su actividad administrativa se extiendan fuera de su ámbito territorial.

f) Cualquier otra prevista en una ley.

15. d) Son correctas las respuestas a) y c).

Dispone el artículo 143.1 de la Ley 40/2015, de 1 de octubre, de Régimen Jurídico del Sector Público que las Administraciones cooperarán al servicio del interés general y podrán acordar de manera voluntaria la forma de ejercer sus respectivas competencias que mejor sirva a este principio.

16. a) Requerirá la aceptación expresa de las partes, formulada en acuerdos de órganos de cooperación o en convenios.

Dispone el artículo 143.2 de la Ley 40/2015, de 1 de octubre, de Régimen Jurídico del Sector Público que la formalización de relaciones de cooperación requerirá la aceptación expresa de las partes, formulada en acuerdos de órganos de cooperación o en convenios.

17. d) Todas las respuestas anteriores son correctas.

Dispone el artículo 144.1 de la Ley 40/2015, de 1 de octubre, de Régimen Jurídico del Sector Público que se podrá dar cumplimiento al principio de cooperación de acuerdo con las técnicas que las Administraciones interesadas estimen más adecuadas, como pueden ser:

a) La participación en órganos de cooperación, con el fin de deliberar y, en su caso, acordar medidas en materias sobre las que tengan competencias diferentes Administraciones públicas.

b) La participación en órganos consultivos de otras Administraciones públicas.

c) La participación de una Administración pública en organismos públicos o entidades dependientes o vinculados a otra Administración diferente.

d) La prestación de medios materiales, económicos o personales a otras Administraciones públicas.

e) La cooperación interadministrativa para la aplicación coordinada de la normativa reguladora de una determinada materia.

f) La emisión de informes no preceptivos con el fin de que las diferentes Administraciones expresen su criterio sobre propuestas o actuaciones que incidan en sus competencias.

g) Las actuaciones de cooperación en materia patrimonial, incluidos los cambios de titularidad y la cesión de bienes, previstas en la legislación patrimonial.

h) Cualquier otra prevista en la ley.

18. b) En convenios y acuerdos.

Dispone el artículo 144.2 de la Ley 40/2015, de 1 de octubre, de Régimen Jurídico del Sector Público que en los convenios y acuerdos en los que se formalice la cooperación se preverán las condiciones y compromisos que asumen las partes que los suscriben.

19. c) Son órganos de composición multilateral o bilateral.

Dispone el artículo 145.1 de la Ley 40/2015, de 1 de octubre, de Régimen Jurídico del Sector Público que los órganos de cooperación son órganos de composición multilateral o bilateral, de ámbito general o especial, constituidos por representantes de la Administración General del Estado, de las Administraciones de las Comunidades o Ciudades de Ceuta y Melilla o, en su caso, de las Entidades Locales, para acordar voluntariamente actuaciones que mejoren el ejercicio de las competencias que cada Administración pública tiene.

20. c) Están constituidos por representantes de la Administración General del Estado, de las Administraciones de las Comunidades o Ciudades de Ceuta y Melilla.

Dispone el artículo 145.1 de la Ley 40/2015, de 1 de octubre, de Régimen Jurídico del Sector Público que los órganos de cooperación son órganos de composición multilateral o bilateral, de ámbito general o especial, constituidos por representantes de la Administración General del Estado, de las Administraciones de las Comunidades o Ciudades de Ceuta y Melilla o, en su caso, de las Entidades Locales, para acordar voluntariamente actuaciones que mejoren el ejercicio de las competencias que cada Administración pública tiene.

21. d) Por lo dispuesto en la Ley 40/2015 y por las disposiciones específicas que les sean de aplicación.

Dispone el artículo 145.2 de la Ley 40/2015, de 1 de octubre, de Régimen Jurídico del Sector Público que los órganos de cooperación se regirán por lo dispuesto en esta ley y por las disposiciones específicas que les sean de aplicación.

22. b) Deberán inscribirse en el Registro estatal de Órganos e Instrumentos de Cooperación.

Dispone el artículo 145.3 de la Ley 40/2015, de 1 de octubre, de Régimen Jurídico del Sector Público que los órganos de cooperación entre distintas Administraciones públicas en los que participe la Administración General del Estado, deberán inscribirse en el Registro estatal de Órganos e Instrumentos de Cooperación para que resulte válida su sesión constitutiva.

23. c) Es necesaria para que resulte válida su sesión constitutiva.

Dispone el artículo 145.3 de la Ley 40/2015, de 1 de octubre, de Régimen Jurídico del Sector Público que los órganos de cooperación entre distintas Administraciones públicas en los que participe la Administración General del Estado, deberán inscribirse en el Registro estatal de Órganos e Instrumentos de Cooperación para que resulte válida su sesión constitutiva.

24. c) Salvo oposición por alguna de las partes.

Dispone el artículo 145.4 de la Ley 40/2015, de 1 de octubre, de Régimen Jurídico del Sector Público que los órganos de cooperación, salvo oposición por alguna de las partes, podrán adoptar acuerdos a través de un procedimiento simplificado y por suscripción sucesiva de las partes, por cualquiera de las formas admitidas en Derecho, en los términos que se establezcan de común acuerdo.

25. a) La Conferencia de Presidentes.

Dispone el artículo 146.1 de la Ley 40/2015, de 1 de octubre, de Régimen Jurídico del Sector Público que la Conferencia de presidentes es un órgano de cooperación multilateral entre el Gobierno de la Nación y los respectivos Gobiernos de las Comunidades Autónomas y está formada por el presidente del Gobierno, que la preside, y por los presidentes de las Comunidades Autónomas y de las Ciudades de Ceuta y Melilla.

26. a) Es un órgano de cooperación multilateral.

Dispone el artículo 146.1 de la Ley 40/2015, de 1 de octubre, de Régimen Jurídico del Sector Público que la Conferencia de Presidentes es un órgano de cooperación multilateral entre el Gobierno de la Nación y los respectivos Gobiernos de las Comunidades Autónomas y está formada por el presidente del Gobierno, que la preside, y por los presidentes de las Comunidades Autónomas y de las Ciudades de Ceuta y Melilla.

27. a) Está formada por el presidente del Gobierno y los de las Comunidades Autónomas y de las Ciudades de Ceuta y Melilla.

Dispone el artículo 146.1 de la Ley 40/2015, de 1 de octubre, de Régimen Jurídico del Sector Público que la Conferencia de Presidentes es un órgano de cooperación multilateral entre el Gobierno de la Nación y los respectivos Gobiernos de las Comunidades Autónomas y está formada por el presidente del Gobierno, que la preside, y por los presidentes de las Comunidades Autónomas y de las Ciudades de Ceuta y Melilla.

28. b) El presidente del Gobierno.

Dispone el artículo 146.1 de la Ley 40/2015, de 1 de octubre, de Régimen Jurídico del Sector Público que la Conferencia de Presidentes es un órgano de cooperación multilateral entre el Gobierno de la Nación y los respectivos Gobiernos de las Comunidades Autónomas y está formada por el presidente del Gobierno, que la preside, y por los presidentes de las Comunidades Autónomas y de las Ciudades de Ceuta y Melilla.

29. c) La Conferencia de Presidentes.

Dispone el artículo 146.2 de la Ley 40/2015, de 1 de octubre, de Régimen Jurídico del Sector Público que la Conferencia de Presidentes tiene por objeto la deliberación de asuntos y la adopción de acuerdos de interés para el Estado y las Comunidades Autónomas, estando asistida para la preparación de sus reuniones por un Comité preparatorio del que forman parte un ministro del Gobierno, que lo preside, y un Consejero de cada Comunidad Autónoma.

30. c) La Conferencia de Presidentes.

Dispone el artículo 146.2 de la Ley 40/2015, de 1 de octubre, de Régimen Jurídico del Sector Público que la Conferencia de Presidentes tiene por objeto la deliberación de asuntos y la adopción de acuerdos de interés para el Estado y las Comunidades Autónomas, estando asistida para la preparación de sus reuniones por un Comité preparatorio del que forman parte un ministro del Gobierno, que lo preside, y un Consejero de cada Comunidad Autónoma.

31. b) Habrán de inscribirse en el Registro Electrónico estatal de Órganos e Instrumentos de Cooperación para su válida constitución.

Dispone el artículo 147.2 de la Ley 40/2015, de 1 de octubre, de Régimen Jurídico del Sector Público que las Conferencias Sectoriales, u órganos sometidos a su régimen jurídico con otra denominación, habrán de inscribirse en el Registro Electrónico estatal de Órganos e Instrumentos de Cooperación para su válida constitución.

32. b) La Conferencia Sectorial.

Dispone el artículo 147.1 de la Ley 40/2015, de 1 de octubre, de Régimen Jurídico del Sector Público que la conferencia Sectorial es un órgano de cooperación, de composición multilateral y ámbito sectorial determinado, que reúne, como presidente, al miembro del Gobierno que, en representación de la Administración General del Estado, resulte competente por razón de la materia, y a los correspondientes miembros de los Consejos de Gobierno, en representación de las Comunidades Autónomas y de las Ciudades de Ceuta y Melilla.

33. a) Es un órgano de cooperación multilateral.

Dispone el artículo 147.1 de la Ley 40/2015, de 1 de octubre, de Régimen Jurídico del Sector Público que la conferencia Sectorial es un órgano de cooperación, de composición multilateral y ámbito sectorial determinado, que reúne, como presidente, al miembro del Gobierno que, en representación de la Administración General del Estado, resulte competente por razón de la materia, y a los correspondientes miembros de los Consejos de Gobierno, en representación de las Comunidades Autónomas y de las Ciudades de Ceuta y Melilla.

34. d) Son correctas las respuestas b) y c).

Dispone el artículo 147.1 de la Ley 40/2015, de 1 de octubre, de Régimen Jurídico del Sector Público que la conferencia Sectorial es un órgano de cooperación, de composición multilateral y ámbito sectorial determinado, que reúne, como presidente, al miembro del Gobierno que, en representación de la Administración General del Estado, resulte competente por razón de la materia, y a los correspondientes miembros de los Consejos de Gobierno, en representación de las Comunidades Autónomas y de las Ciudades de Ceuta y Melilla.

35. b) El miembro del Gobierno que, en representación de la Administración General del Estado, resulte competente por razón de la materia.

Dispone el artículo 147.1 de la Ley 40/2015, de 1 de octubre, de Régimen Jurídico del Sector Público que la conferencia Sectorial es un órgano de cooperación, de composición multilateral y ámbito sectorial determinado, que reúne, como presidente, al miembro del Gobierno que, en representación de la Administración General del Estado, resulte competente por razón de la materia, y a los correspondientes miembros de los Consejos de Gobierno, en representación de las Comunidades Autónomas y de las Ciudades de Ceuta y Melilla.

36. b) De un reglamento de organización y funcionamiento interno aprobado por sus miembros.

Dispone el artículo 147.3 de la Ley 40/2015, de 1 de octubre, de Régimen Jurídico del Sector Público que cada Conferencia Sectorial dispondrá de un reglamento de organización y funcionamiento interno aprobado por sus miembros.

37. c) De coordinación orientadas a alcanzar acuerdos sobre materias comunes.

Dispone el artículo 148.1 de la Ley 40/2015, de 1 de octubre, de Régimen Jurídico del Sector Público que las Conferencias Sectoriales pueden ejercer funciones consultivas, decisorias o de coordinación orientadas a alcanzar acuerdos sobre materias comunes.

38. b) La Conferencia Sectorial.

Dispone el artículo 148.2 de la Ley 40/2015, de 1 de octubre, de Régimen Jurídico del Sector Público que en particular, las Conferencias Sectoriales ejercerán, entre otras, las siguientes funciones:

a) Ser informadas sobre los anteproyectos de leyes y los proyectos de reglamentos del Gobierno de la Nación o de los Consejos de Gobierno de las Comunidades Autónomas cuando afecten de manera directa al ámbito competencial de las otras Administraciones públicas o cuando así esté previsto en la normativa sectorial aplicable, bien a través de su pleno o bien a través de la comisión o el grupo de trabajo mandatado al efecto.

b) Establecer planes específicos de cooperación entre Comunidades Autónomas en la materia sectorial correspondiente, procurando la supresión de duplicidades, y la consecución de una mejor eficiencia de los servicios públicos.

[…]

39. b) La Conferencia Sectorial.

Dispone el artículo 148.2 de la Ley 40/2015, de 1 de octubre, de Régimen Jurídico del Sector Público que en particular, las Conferencias Sectoriales ejercerán, entre otras, las siguientes funciones:

a) Ser informadas sobre los anteproyectos de leyes y los proyectos de reglamentos del Gobierno de la Nación o de los Consejos de Gobierno de las Comunidades Autónomas cuando afecten de manera directa al ámbito competencial de las otras Administraciones públicas o cuando así esté previsto en la normativa sectorial aplicable, bien a través de su pleno o bien a través de la comisión o el grupo de trabajo mandatado al efecto.

b) Establecer planes específicos de cooperación entre Comunidades Autónomas en la materia sectorial correspondiente, procurando la supresión de duplicidades, y la consecución de una mejor eficiencia de los servicios públicos.

c) Intercambiar información sobre las actuaciones programadas por las distintas Administraciones públicas, en ejercicio de sus competencias, y que puedan afectar a las otras Administraciones.

40. b) La Conferencia Sectorial.

Dispone el artículo 148.2 de la Ley 40/2015, de 1 de octubre, de Régimen Jurídico del Sector Público que en particular, las Conferencias Sectoriales ejercerán, entre otras, las siguientes funciones:

a) Ser informadas sobre los anteproyectos de leyes y los proyectos de reglamentos del Gobierno de la Nación o de los Consejos de Gobierno de las Comunidades Autónomas cuando afecten de manera directa al ámbito competencial de las otras Administraciones públicas o cuando así esté previsto en la normativa sectorial aplicable, bien a través de su pleno o bien a través de la comisión o el grupo de trabajo mandatado al efecto.

b) Establecer planes específicos de cooperación entre Comunidades Autónomas en la materia sectorial correspondiente, procurando la supresión de duplicidades, y la consecución de una mejor eficiencia de los servicios públicos.

c) Intercambiar información sobre las actuaciones programadas por las distintas Administraciones públicas, en ejercicio de sus competencias, y que puedan afectar a las otras Administraciones.

d) Establecer mecanismos de intercambio de información, especialmente de contenido estadístico.

e) Acordar la organización interna de la Conferencia Sectorial y de su método de trabajo.

f) Fijar los criterios objetivos que sirvan de base para la distribución territorial de los créditos presupuestarios, así como su distribución al comienzo del ejercicio económico, de acuerdo con lo previsto en la Ley 47/2003, de 26 de noviembre.

41. b) Corresponde al ministro que la presida.

Dispone el artículo 149.1 de la Ley 40/2015, de 1 de octubre, de Régimen Jurídico del Sector Público que corresponde al ministro que presida la Conferencia Sectorial acordar la convocatoria de las reuniones por iniciativa propia, al menos una vez al año, o cuando lo soliciten, al menos, la tercera parte de sus miembros. En este último caso, la solicitud deberá incluir la propuesta de orden del día.

42. d) Al menos, una vez al año.

Dispone el artículo 149.1 de la Ley 40/2015, de 1 de octubre, de Régimen Jurídico del Sector Público que corresponde al ministro que presida la Conferencia Sectorial acordar la convocatoria de las reuniones por iniciativa propia, al menos una vez al año, o cuando lo soliciten, al menos, la tercera parte de sus miembros. En este último caso, la solicitud deberá incluir la propuesta de orden del día.

43. b) Siempre que lo soliciten al menos una tercera parte de sus miembros.

Dispone el artículo 149.1 de la Ley 40/2015, de 1 de octubre, de Régimen Jurídico del Sector Público que corresponde al ministro que presida la Conferencia Sectorial acordar la convocatoria de las reuniones por iniciativa propia, al menos una vez al año, o cuando lo soliciten, al menos, la tercera parte de sus miembros. En este último caso, la solicitud deberá incluir la propuesta de orden del día.

44. c) La solicitud deberá incluir la propuesta de orden del día.

Dispone el artículo 149.1 de la Ley 40/2015, de 1 de octubre, de Régimen Jurídico del Sector Público que corresponde al ministro que presida la Conferencia Sectorial acordar la convocatoria de las reuniones por iniciativa propia, al menos una vez al año, o cuando lo soliciten, al menos, la tercera parte de sus miembros. En este último caso, la solicitud deberá incluir la propuesta de orden del día.

45. c) En la misma no se pueden examinar asuntos que no figuren en el orden del día, salvo que todos los miembros de la Conferencia Sectorial manifiesten su conformidad.

Dispone el artículo 149.2 de la Ley 40/2015, de 1 de octubre, de Régimen Jurídico del Sector Público que la convocatoria, que deberá acompañarse de los documentos necesarios con la suficiente antelación, deberá contener el orden del día previsto para cada sesión, sin que puedan examinarse asuntos que no figuren en el mismo, salvo que todos los miembros de la Conferencia Sectorial manifiesten su conformidad. El orden del día de cada reunión será propuesto por el presidente y deberá especificar el carácter consultivo, decisorio o de coordinación de cada uno de los asuntos a tratar.

46. d) Son correctas las respuestas a) y b).

Dispone el artículo 149.2 de la Ley 40/2015, de 1 de octubre, de Régimen Jurídico del Sector Público que la convocatoria, que deberá acompañarse de los documentos necesarios con la suficiente antelación, deberá contener el orden del día previsto para cada sesión, sin que puedan examinarse asuntos que no figuren en el mismo, salvo que todos los miembros de la Conferencia Sectorial manifiesten su conformidad. El orden del día de cada reunión será propuesto por el presidente y deberá especificar el carácter consultivo, decisorio o de coordinación de cada uno de los asuntos a tratar.

47. b) Podrá efectuarse por medios electrónicos, telefónicos o audiovisuales, que garanticen la intercomunicación entre ellos y la unidad de acto.

Dispone el artículo 149.3 de la Ley 40/2015, de 1 de octubre, de Régimen Jurídico del Sector Público que cuando la conferencia sectorial hubiera de reunirse con el objeto exclusivo de informar un proyecto normativo, la convocatoria, la constitución y adopción de acuerdos podrá efectuarse por medios electrónicos, telefónicos o audiovisuales, que garanticen la intercomunicación entre ellos y la unidad de acto, tales como la videoconferencia o el correo electrónico, entendiéndose los acuerdos adoptados en el lugar donde esté la presidencia, de acuerdo con el procedimiento que se establezca en el reglamento de funcionamiento interno de la conferencia sectorial.

48. b) Podrá efectuarse por medios electrónicos, telefónicos o audiovisuales, que garanticen la intercomunicación entre ellos y la unidad de acto.

Dispone el artículo 149.3 de la Ley 40/2015, de 1 de octubre, de Régimen Jurídico del Sector Público que cuando la conferencia sectorial hubiera de reunirse con el objeto exclusivo de informar un proyecto normativo, la convocatoria, la constitución y adopción de acuerdos podrá efectuarse por medios electrónicos, telefónicos o audiovisuales, que garanticen la intercomunicación entre ellos y la unidad de acto, tales como la videoconferencia o el correo electrónico, entendiéndose los acuerdos adoptados en el lugar donde esté la presidencia, de acuerdo con el procedimiento que se establezca en el reglamento de funcionamiento interno de la conferencia sectorial.

49. b) Podrá efectuarse por medios electrónicos, telefónicos o audiovisuales, que garanticen la intercomunicación entre ellos y la unidad de acto.

Dispone el artículo 149.3 de la Ley 40/2015, de 1 de octubre, de Régimen Jurídico del Sector Público que cuando la conferencia sectorial hubiera de reunirse con el objeto exclusivo de informar un proyecto normativo, la convocatoria, la constitución y adopción de acuerdos podrá efectuarse por medios electrónicos, telefónicos o audiovisuales, que garanticen la intercomunicación entre ellos y la unidad de acto, tales como la videoconferencia o el correo electrónico, entendiéndose los acuerdos adoptados en el lugar donde esté la presidencia, de acuerdo con el procedimiento que se establezca en el reglamento de funcionamiento interno de la conferencia sectorial.

50. c) Pueden realizarse a través de medios electrónicos.

Dispone el artículo 149.3 de la Ley 40/2015, de 1 de octubre, de Régimen Jurídico del Sector Público que [...] de conformidad con lo previsto en este apartado la elaboración y remisión de actas podrá realizarse a través de medios electrónicos.

51. c) Pueden realizarse a través de medios electrónicos.

Dispone el artículo 149.3 de la Ley 40/2015, de 1 de octubre, de Régimen Jurídico del Sector Público que [...] de conformidad con lo previsto en este apartado la elaboración y remisión de actas podrá realizarse a través de medios electrónicos.

52. a) Un secretario.

Dispone el artículo 150.1 de la Ley 40/2015, de 1 de octubre, de Régimen Jurídico del Sector Público que cada Conferencia Sectorial tendrá un secretario que será designado por el Presidente de la Conferencia Sectorial.

53. d) Será designado por el Presidente de la Conferencia Sectorial.

Dispone el artículo 150.1 de la Ley 40/2015, de 1 de octubre, de Régimen Jurídico del Sector Público que cada Conferencia Sectorial tendrá un secretario que será designado por el presidente de la Conferencia Sectorial.

54. a) El Secretario.

Dispone el artículo 150.1 de la Ley 40/2015, de 1 de octubre, de Régimen Jurídico del Sector Público que corresponde al secretario de la Conferencia Sectorial, al menos, las siguientes funciones:

a) Preparar las reuniones y asistir a ellas con voz pero sin voto [...]

55. d) Puede acudir a las reuniones sin voz y pero con voto.

Dispone el artículo 150.1 de la Ley 40/2015, de 1 de octubre, de Régimen Jurídico del Sector Público que corresponde al secretario de la Conferencia Sectorial, al menos, las siguientes funciones:

a) Preparar las reuniones y asistir a ellas con voz pero sin voto [...]

56. a) El Secretario.

Dispone el artículo 150.1 de la Ley 40/2015, de 1 de octubre, de Régimen Jurídico del Sector Público que corresponde al secretario de la Conferencia Sectorial, al menos, las siguientes funciones:

a) Preparar las reuniones y asistir a ellas con voz pero sin voto.

b) Efectuar la convocatoria de las sesiones de la Conferencia Sectorial por orden del presidente.

c) Recibir los actos de comunicación de los miembros de la Conferencia Sectorial y, por tanto, las notificaciones, peticiones de datos, rectificaciones o cualquiera otra clase de escritos de los que deba tener conocimiento.

d) Redactar y autorizar las actas de las sesiones.

e) Expedir certificaciones de las consultas, recomendaciones y acuerdos aprobados y custodiar la documentación generada con motivo de la celebración de sus reuniones.

f) Cuantas otras funciones sean inherentes a su condición de secretario.

57. a) El Secretario.

Dispone el artículo 150.1 de la Ley 40/2015, de 1 de octubre, de Régimen Jurídico del Sector Público que corresponde al secretario de la Conferencia Sectorial, al menos, las siguientes funciones:

a) Preparar las reuniones y asistir a ellas con voz pero sin voto.

b) Efectuar la convocatoria de las sesiones de la Conferencia Sectorial por orden del presidente.

c) Recibir los actos de comunicación de los miembros de la Conferencia Sectorial y, por tanto, las notificaciones, peticiones de datos, rectificaciones o cualquiera otra clase de escritos de los que deba tener conocimiento.

d) Redactar y autorizar las actas de las sesiones.

e) Expedir certificaciones de las consultas, recomendaciones y acuerdos aprobados y custodiar la documentación generada con motivo de la celebración de sus reuniones.

f) Cuantas otras funciones sean inherentes a su condición de secretario.

58. a) El Secretario.

Dispone el artículo 150.1 de la Ley 40/2015, de 1 de octubre, de Régimen Jurídico del Sector Público que corresponde al secretario de la Conferencia Sectorial, al menos, las siguientes funciones:

a) Preparar las reuniones y asistir a ellas con voz pero sin voto.

b) Efectuar la convocatoria de las sesiones de la Conferencia Sectorial por orden del presidente.

c) Recibir los actos de comunicación de los miembros de la Conferencia Sectorial y, por tanto, las notificaciones, peticiones de datos, rectificaciones o cualquiera otra clase de escritos de los que deba tener conocimiento.

d) Redactar y autorizar las actas de las sesiones.

e) Expedir certificaciones de las consultas, recomendaciones y acuerdos aprobados y custodiar la documentación generada con motivo de la celebración de sus reuniones.

f) Cuantas otras funciones sean inherentes a su condición de secretario.

59. a) Requerirá la previa votación de los miembros.

Dispone el artículo 151.1 de la Ley 40/2015, de 1 de octubre, de Régimen Jurídico del Sector Público que la adopción de decisiones requerirá la previa votación de los miembros de la Conferencia Sectorial. Esta votación se producirá por la representación que cada Administración pública tenga y no por los distintos miembros de cada una de ellas.

60. a) Se producirá por la representación que cada Administración pública tenga y no por los distintos miembros de cada una de ellas.

Dispone el artículo 151.1 de la Ley 40/2015, de 1 de octubre, de Régimen Jurídico del Sector Público que la adopción de decisiones requerirá la previa votación de los miembros de la Conferencia Sectorial. Esta votación se producirá por la representación que cada Administración pública tenga y no por los distintos miembros de cada una de ellas.

61. c) Son correctas las respuestas a) y b).

Dispone el artículo 151.2 de la Ley 40/2015, de 1 de octubre, de Régimen Jurídico del Sector Público que las decisiones que adopte la Conferencia Sectorial podrán revestir la forma de:

a) Acuerdo: supone un compromiso de actuación en el ejercicio de las respectivas competencias. Son de obligado cumplimiento y directamente exigibles de acuerdo con lo previsto en la Ley 29/1998, de 13 de julio, reguladora de la Jurisdicción Contencioso-administrativa, salvo para quienes hayan votado en contra mientras no decidan suscribirlos con posterioridad. El acuerdo será certificado en acta.

Cuando la Administración General del Estado ejerza funciones de coordinación, de acuerdo con el orden constitucional de distribución de competencias del ámbito material respectivo, el Acuerdo que se adopte en la Conferencia Sectorial, y en el que se incluirán los votos particulares que se hayan formulado, será de obligado cumplimiento para todas las Administraciones públicas integrantes de la Conferencia Sectorial, con independencia del sentido de su voto, siendo exigibles conforme a lo establecido en la Ley 29/1998, de 13 de julio. El acuerdo será certificado en acta.

Las Conferencias Sectoriales podrán adoptar planes conjuntos, de carácter multilateral, entre la Administración General del Estado y la de las Comunidades Autónomas, para comprometer actuaciones conjuntas para la consecución de los objetivos comunes, que tendrán la naturaleza de Acuerdo de la conferencia sectorial y se publicarán en el «Boletín Oficial del Estado».

El acuerdo aprobatorio de los planes deberá especificar, según su naturaleza, los siguientes elementos, de acuerdo con lo previsto en la legislación presupuestaria:

1.º Los objetivos de interés común a cumplir.

2.º Las actuaciones a desarrollar por cada Administración.

3.º Las aportaciones de medios personales y materiales de cada Administración.

4.º Los compromisos de aportación de recursos financieros.

5.º La duración, así como los mecanismos de seguimiento, evaluación y modificación.

b) Recomendación: tiene como finalidad expresar la opinión de la Conferencia Sectorial sobre un asunto que se somete a su consulta. Los miembros de la Conferencia Sectorial se comprometen a orientar su actuación en esa materia de conformidad con lo previsto en la Recomendación salvo quienes hayan votado en contra mientras no decidan suscribirla con posterioridad. Si algún miembro se aparta de la Recomendación, deberá motivarlo e incorporar dicha justificación en el correspondiente expediente.

62. a) El acuerdo.

Dispone el artículo 151.2 de la Ley 40/2015, de 1 de octubre, de Régimen Jurídico del Sector Público que las decisiones que adopte la Conferencia Sectorial podrán revestir la forma de:

a) Acuerdo: supone un compromiso de actuación en el ejercicio de las respectivas competencias. Son de obligado cumplimiento y directamente exigibles de acuerdo con lo previsto en la Ley 29/1998, de 13 de julio, reguladora de la Jurisdicción Contencioso-administrativa, salvo para quienes hayan votado en contra mientras no decidan suscribirlos con posterioridad. El acuerdo será certificado en acta.

Cuando la Administración General del Estado ejerza funciones de coordinación, de acuerdo con el orden constitucional de distribución de competencias del ámbito material respectivo, el Acuerdo que se adopte en la Conferencia Sectorial, y en el que se incluirán los votos particulares que se hayan formulado, será de obligado cumplimiento para todas las Administraciones públicas integrantes de la Conferencia Sectorial, con independencia del sentido de su voto, siendo exigibles conforme a lo establecido en la Ley 29/1998, de 13 de julio. El acuerdo será certificado en acta.

Las Conferencias Sectoriales podrán adoptar planes conjuntos, de carácter multilateral, entre la Administración General del Estado y la de las Comunidades Autónomas, para comprometer actuaciones conjuntas para la consecución de los objetivos comunes, que tendrán la naturaleza de Acuerdo de la conferencia sectorial y se publicarán en el «Boletín Oficial del Estado».

El acuerdo aprobatorio de los planes deberá especificar, según su naturaleza, los siguientes elementos, de acuerdo con lo previsto en la legislación presupuestaria:

1.º Los objetivos de interés común a cumplir.

2.º Las actuaciones a desarrollar por cada Administración.

3.º Las aportaciones de medios personales y materiales de cada Administración.

4.º Los compromisos de aportación de recursos financieros.

5.º La duración, así como los mecanismos de seguimiento, evaluación y modificación.

b) Recomendación: tiene como finalidad expresar la opinión de la Conferencia Sectorial sobre un asunto que se somete a su consulta. Los miembros de la Conferencia Sectorial se comprometen a orientar su actuación en esa materia de conformidad con lo previsto en la Recomendación salvo quienes hayan votado en contra mientras no decidan suscribirla con posterioridad. Si algún miembro se aparta de la Recomendación, deberá motivarlo e incorporar dicha justificación en el correspondiente expediente.

63. a) El acuerdo.

Dispone el artículo 151.2 de la Ley 40/2015, de 1 de octubre, de Régimen Jurídico del Sector Público que las decisiones que adopte la Conferencia Sectorial podrán revestir la forma de:

a) Acuerdo: supone un compromiso de actuación en el ejercicio de las respectivas competencias. Son de obligado cumplimiento y directamente exigibles de acuerdo con lo previsto en la Ley 29/1998, de 13 de julio, reguladora de la Jurisdicción Contencioso-administrativa, salvo para quienes hayan votado en contra mientras no decidan suscribirlos con posterioridad. El acuerdo será certificado en acta.

Cuando la Administración General del Estado ejerza funciones de coordinación, de acuerdo con el orden constitucional de distribución de competencias del ámbito material respectivo, el Acuerdo que se adopte en la Conferencia Sectorial, y en el que se incluirán los votos particulares que se hayan formulado, será de obligado cumplimiento para todas las Administraciones públicas integrantes de la Conferencia Sectorial, con independencia del sentido de su voto, siendo exigibles conforme a lo establecido en la Ley 29/1998, de 13 de julio. El acuerdo será certificado en acta.

Las Conferencias Sectoriales podrán adoptar planes conjuntos, de carácter multilateral, entre la Administración General del Estado y la de las Comunidades Autónomas, para comprometer actuaciones conjuntas para la consecución de los objetivos comunes, que tendrán la naturaleza de Acuerdo de la conferencia sectorial y se publicarán en el «Boletín Oficial del Estado».

El acuerdo aprobatorio de los planes deberá especificar, según su naturaleza, los siguientes elementos, de acuerdo con lo previsto en la legislación presupuestaria:

1.º Los objetivos de interés común a cumplir.

2.º Las actuaciones a desarrollar por cada Administración.

3.º Las aportaciones de medios personales y materiales de cada Administración.

4.º Los compromisos de aportación de recursos financieros.

5.º La duración, así como los mecanismos de seguimiento, evaluación y modificación.

b) Recomendación: tiene como finalidad expresar la opinión de la Conferencia Sectorial sobre un asunto que se somete a su consulta. Los miembros de la Conferencia Sectorial se comprometen a orientar su actuación en esa materia de conformidad con lo previsto en la Recomendación salvo quienes hayan votado en contra mientras no decidan suscribirla con posterioridad. Si algún miembro se aparta de la Recomendación, deberá motivarlo e incorporar dicha justificación en el correspondiente expediente.

64. a) El acuerdo.

Dispone el artículo 151.2 de la Ley 40/2015, de 1 de octubre, de Régimen Jurídico del Sector Público que las decisiones que adopte la Conferencia Sectorial podrán revestir la forma de:

a) Acuerdo: supone un compromiso de actuación en el ejercicio de las respectivas competencias. Son de obligado cumplimiento y directamente exigibles de acuerdo con lo previsto en la Ley 29/1998, de 13 de julio, reguladora de la Jurisdicción Contencioso-administrativa, salvo para quienes hayan votado en contra mientras no decidan suscribirlos con posterioridad. El acuerdo será certificado en acta.

Cuando la Administración General del Estado ejerza funciones de coordinación, de acuerdo con el orden constitucional de distribución de competencias del ámbito material respectivo, el Acuerdo que se adopte en la Conferencia Sectorial, y en el que se incluirán los votos particulares que se hayan formulado, será de obligado cumplimiento para todas las Administraciones públicas integrantes de la Conferencia Sectorial, con independencia del sentido de su voto, siendo exigibles conforme a lo establecido en la Ley 29/1998, de 13 de julio. El acuerdo será certificado en acta.

Las Conferencias Sectoriales podrán adoptar planes conjuntos, de carácter multilateral, entre la Administración General del Estado y la de las Comunidades Autónomas, para comprometer actuaciones conjuntas para la consecución de los objetivos comunes, que tendrán la naturaleza de Acuerdo de la conferencia sectorial y se publicarán en el «Boletín Oficial del Estado».

El acuerdo aprobatorio de los planes deberá especificar, según su naturaleza, los siguientes elementos, de acuerdo con lo previsto en la legislación presupuestaria:

1.º Los objetivos de interés común a cumplir.

2.º Las actuaciones a desarrollar por cada Administración.

3.º Las aportaciones de medios personales y materiales de cada Administración.

4.º Los compromisos de aportación de recursos financieros.

5.º La duración, así como los mecanismos de seguimiento, evaluación y modificación.

b) Recomendación: tiene como finalidad expresar la opinión de la Conferencia Sectorial sobre un asunto que se somete a su consulta. Los miembros de la Conferencia Sectorial se comprometen a orientar su actuación en esa materia de conformidad con lo previsto en la Recomendación salvo quienes hayan votado en contra mientras no decidan suscribirla con posterioridad. Si algún miembro se aparta de la Recomendación, deberá motivarlo e incorporar dicha justificación en el correspondiente expediente.

65. c) Es de obligado cumplimiento salvo para quienes hayan votado en contra mientras no decidan suscribirlos con posterioridad.

Dispone el artículo 151.2 de la Ley 40/2015, de 1 de octubre, de Régimen Jurídico del Sector Público que las decisiones que adopte la Conferencia Sectorial podrán revestir la forma de:

a) Acuerdo: supone un compromiso de actuación en el ejercicio de las respectivas competencias. Son de obligado cumplimiento y directamente exigibles de acuerdo con lo previsto en la Ley 29/1998, de 13 de julio, reguladora de la Jurisdicción Contencioso-administrativa, salvo para quienes hayan votado en contra mientras no decidan suscribirlos con posterioridad. El acuerdo será certificado en acta.

Cuando la Administración General del Estado ejerza funciones de coordinación, de acuerdo con el orden constitucional de distribución de competencias del ámbito material respectivo, el Acuerdo que se adopte en la Conferencia Sectorial, y en el que se incluirán los votos particulares que se hayan formulado, será de obligado cumplimiento para todas las Administraciones públicas integrantes de la Conferencia Sectorial, con independencia del sentido de su voto, siendo exigibles conforme a lo establecido en la Ley 29/1998, de 13 de julio. El acuerdo será certificado en acta.

Las Conferencias Sectoriales podrán adoptar planes conjuntos, de carácter multilateral, entre la Administración General del Estado y la de las Comunidades Autónomas, para comprometer actuaciones conjuntas para la consecución de los objetivos comunes, que tendrán la naturaleza de Acuerdo de la conferencia sectorial y se publicarán en el «Boletín Oficial del Estado».

El acuerdo aprobatorio de los planes deberá especificar, según su naturaleza, los siguientes elementos, de acuerdo con lo previsto en la legislación presupuestaria:

1.º Los objetivos de interés común a cumplir.

2.º Las actuaciones a desarrollar por cada Administración.

3.º Las aportaciones de medios personales y materiales de cada Administración.

4.º Los compromisos de aportación de recursos financieros.

5.º La duración, así como los mecanismos de seguimiento, evaluación y modificación.

b) Recomendación: tiene como finalidad expresar la opinión de la Conferencia Sectorial sobre un asunto que se somete a su consulta. Los miembros de la Conferencia Sectorial se comprometen a orientar su actuación en esa materia de conformidad con lo previsto en la Recomendación salvo quienes hayan votado en contra mientras no decidan suscribirla con posterioridad. Si algún miembro se aparta de la Recomendación, deberá motivarlo e incorporar dicha justificación en el correspondiente expediente.

66. a) Será de obligado cumplimiento para todas las Administraciones públicas integrantes de la Conferencia Sectorial, con independencia del sentido de su voto, siendo exigibles conforme a lo establecido en la Ley 29/1998, de 13 de julio.

Dispone el artículo 151.2 de la Ley 40/2015, de 1 de octubre, de Régimen Jurídico del Sector Público que las decisiones que adopte la Conferencia Sectorial podrán revestir la forma de:

a) Acuerdo: supone un compromiso de actuación en el ejercicio de las respectivas competencias. Son de obligado cumplimiento y directamente exigibles de acuerdo con lo previsto en la Ley 29/1998, de 13 de julio, reguladora de la Jurisdicción Contencioso-administrativa, salvo para quienes hayan votado en contra mientras no decidan suscribirlos con posterioridad. El acuerdo será certificado en acta.

Cuando la Administración General del Estado ejerza funciones de coordinación, de acuerdo con el orden constitucional de distribución de competencias del ámbito material respectivo, el Acuerdo que se adopte en la Conferencia Sectorial, y en el que se incluirán los votos particulares que se hayan formulado, será de obligado cumplimiento para todas las Administraciones públicas integrantes de la Conferencia Sectorial, con independencia del sentido de su voto, siendo exigibles conforme a lo establecido en la Ley 29/1998, de 13 de julio. El acuerdo será certificado en acta.

Las Conferencias Sectoriales podrán adoptar planes conjuntos, de carácter multilateral, entre la Administración General del Estado y la de las Comunidades Autónomas, para comprometer actuaciones conjuntas para la consecución de los objetivos comunes, que tendrán la naturaleza de Acuerdo de la conferencia sectorial y se publicarán en el «Boletín Oficial del Estado».

El acuerdo aprobatorio de los planes deberá especificar, según su naturaleza, los siguientes elementos, de acuerdo con lo previsto en la legislación presupuestaria:

1.º Los objetivos de interés común a cumplir.

2.º Las actuaciones a desarrollar por cada Administración.

3.º Las aportaciones de medios personales y materiales de cada Administración.

4.º Los compromisos de aportación de recursos financieros.

5.º La duración, así como los mecanismos de seguimiento, evaluación y modificación.

b) Recomendación: tiene como finalidad expresar la opinión de la Conferencia Sectorial sobre un asunto que se somete a su consulta. Los miembros de la Conferencia Sectorial se comprometen a orientar su actuación en esa materia de conformidad con lo previsto en la Recomendación salvo quienes hayan votado en contra mientras no decidan suscribirla con posterioridad. Si algún miembro se aparta de la Recomendación, deberá motivarlo e incorporar dicha justificación en el correspondiente expediente.

67. a) Podrán adoptar planes conjuntos, de carácter multilateral, entre la Administración General del Estado y la de las Comunidades Autónomas, para comprometer actuaciones conjuntas para la consecución de los objetivos comunes, que tendrán la naturaleza de Acuerdo de la conferencia sectorial.

Dispone el artículo 151.2 de la Ley 40/2015, de 1 de octubre, de Régimen Jurídico del Sector Público que las decisiones que adopte la Conferencia Sectorial podrán revestir la forma de:

a) Acuerdo: supone un compromiso de actuación en el ejercicio de las respectivas competencias. Son de obligado cumplimiento y directamente exigibles de acuerdo con lo previsto en la Ley 29/1998, de 13 de julio, reguladora de la Jurisdicción Contencioso-administrativa, salvo para quienes hayan votado en contra mientras no decidan suscribirlos con posterioridad. El acuerdo será certificado en acta.

Cuando la Administración General del Estado ejerza funciones de coordinación, de acuerdo con el orden constitucional de distribución de competencias del ámbito material respectivo, el Acuerdo que se adopte en la Conferencia Sectorial, y en el que se incluirán los votos particulares que se hayan formulado, será de obligado cumplimiento para todas las Administraciones públicas integrantes de la Conferencia Sectorial, con independencia del sentido de su voto, siendo exigibles conforme a lo establecido en la Ley 29/1998, de 13 de julio. El acuerdo será certificado en acta.

Las Conferencias Sectoriales podrán adoptar planes conjuntos, de carácter multilateral, entre la Administración General del Estado y la de las Comunidades Autónomas, para comprometer actuaciones conjuntas para la consecución de los objetivos comunes, que tendrán la naturaleza de Acuerdo de la conferencia sectorial y se publicarán en el «Boletín Oficial del Estado».

El acuerdo aprobatorio de los planes deberá especificar, según su naturaleza, los siguientes elementos, de acuerdo con lo previsto en la legislación presupuestaria:

1.º Los objetivos de interés común a cumplir.

2.º Las actuaciones a desarrollar por cada Administración.

3.º Las aportaciones de medios personales y materiales de cada Administración.

4.º Los compromisos de aportación de recursos financieros.

5.º La duración, así como los mecanismos de seguimiento, evaluación y modificación.

b) Recomendación: tiene como finalidad expresar la opinión de la Conferencia Sectorial sobre un asunto que se somete a su consulta. Los miembros de la Conferencia Sectorial se comprometen a orientar su actuación en esa materia de conformidad con lo previsto en la Recomendación salvo quienes hayan votado en contra mientras no decidan suscribirla con posterioridad. Si algún miembro se aparta de la Recomendación, deberá motivarlo e incorporar dicha justificación en el correspondiente expediente.

68. d) Todas las respuestas anteriores son correctas.

Dispone el artículo 151.2 de la Ley 40/2015, de 1 de octubre, de Régimen Jurídico del Sector Público que las decisiones que adopte la Conferencia Sectorial podrán revestir la forma de:

a) Acuerdo: supone un compromiso de actuación en el ejercicio de las respectivas competencias. Son de obligado cumplimiento y directamente exigibles de acuerdo con lo previsto en la Ley 29/1998, de 13 de julio, reguladora de la Jurisdicción Contencioso-administrativa, salvo para quienes hayan votado en contra mientras no decidan suscribirlos con posterioridad. El acuerdo será certificado en acta.

Cuando la Administración General del Estado ejerza funciones de coordinación, de acuerdo con el orden constitucional de distribución de competencias del ámbito material respectivo, el Acuerdo que se adopte en la Conferencia Sectorial, y en el que se incluirán los votos particulares que se hayan formulado, será de obligado cumplimiento para todas las Administraciones públicas integrantes de la Conferencia Sectorial, con independencia del sentido de su voto, siendo exigibles conforme a lo establecido en la Ley 29/1998, de 13 de julio. El acuerdo será certificado en acta.

Las Conferencias Sectoriales podrán adoptar planes conjuntos, de carácter multilateral, entre la Administración General del Estado y la de las Comunidades Autónomas, para comprometer actuaciones conjuntas para la consecución de los objetivos comunes, que tendrán la naturaleza de Acuerdo de la conferencia sectorial y se publicarán en el «Boletín Oficial del Estado».

El acuerdo aprobatorio de los planes deberá especificar, según su naturaleza, los siguientes elementos, de acuerdo con lo previsto en la legislación presupuestaria:

1.º Los objetivos de interés común a cumplir.

2.º Las actuaciones a desarrollar por cada Administración.

3.º Las aportaciones de medios personales y materiales de cada Administración.

4.º Los compromisos de aportación de recursos financieros.

5.º La duración, así como los mecanismos de seguimiento, evaluación y modificación.

b) Recomendación: tiene como finalidad expresar la opinión de la Conferencia Sectorial sobre un asunto que se somete a su consulta. Los miembros de la Conferencia Sectorial se comprometen a orientar su actuación en esa materia de conformidad con lo previsto en la Recomendación salvo quienes hayan votado en contra mientras no decidan suscribirla con posterioridad. Si algún miembro se aparta de la Recomendación, deberá motivarlo e incorporar dicha justificación en el correspondiente expediente.

69. c) La recomendación.

Dispone el artículo 151.2 de la Ley 40/2015, de 1 de octubre, de Régimen Jurídico del Sector Público que las decisiones que adopte la Conferencia Sectorial podrán revestir la forma de:

a) Acuerdo: supone un compromiso de actuación en el ejercicio de las respectivas competencias. Son de obligado cumplimiento y directamente exigibles de acuerdo con lo previsto en la Ley 29/1998, de 13 de julio, reguladora de la Jurisdicción Contencioso-administrativa, salvo para quienes hayan votado en contra mientras no decidan suscribirlos con posterioridad. El acuerdo será certificado en acta.

Cuando la Administración General del Estado ejerza funciones de coordinación, de acuerdo con el orden constitucional de distribución de competencias del ámbito material respectivo, el Acuerdo que se adopte en la Conferencia Sectorial, y en el que se incluirán los votos particulares que se hayan formulado, será de obligado cumplimiento para todas las Administraciones públicas integrantes de la Conferencia Sectorial, con independencia del sentido de su voto, siendo exigibles conforme a lo establecido en la Ley 29/1998, de 13 de julio. El acuerdo será certificado en acta.

Las Conferencias Sectoriales podrán adoptar planes conjuntos, de carácter multilateral, entre la Administración General del Estado y la de las Comunidades Autónomas, para comprometer actuaciones conjuntas para la consecución de los objetivos comunes, que tendrán la naturaleza de Acuerdo de la conferencia sectorial y se publicarán en el «Boletín Oficial del Estado».

El acuerdo aprobatorio de los planes deberá especificar, según su naturaleza, los siguientes elementos, de acuerdo con lo previsto en la legislación presupuestaria:

1.º Los objetivos de interés común a cumplir.

2.º Las actuaciones a desarrollar por cada Administración.

3.º Las aportaciones de medios personales y materiales de cada Administración.

4.º Los compromisos de aportación de recursos financieros.

5.º La duración, así como los mecanismos de seguimiento, evaluación y modificación.

b) Recomendación: tiene como finalidad expresar la opinión de la Conferencia Sectorial sobre un asunto que se somete a su consulta. Los miembros de la Conferencia Sectorial se comprometen a orientar su actuación en esa materia de conformidad con lo previsto en la Recomendación salvo quienes hayan votado en contra mientras no decidan suscribirla con posterioridad. Si algún miembro se aparta de la Recomendación, deberá motivarlo e incorporar dicha justificación en el correspondiente expediente.

70. a) Los miembros de la Conferencia Sectorial se comprometen a orientar su actuación en esa materia de conformidad con lo previsto, salvo quienes hayan votado en contra mientras no decidan suscribirla con posterioridad.

Dispone el artículo 151.2 de la Ley 40/2015, de 1 de ocubre, de Régimen Jurídico del Sector Público que las decisiones que adopte la Conferencia Sectorial podrán revestir la forma de:

a) Acuerdo: supone un compromiso de actuación en el ejercicio de las respectivas competencias. Son de obligado cumplimiento y directamente exigibles de acuerdo con lo previsto en la Ley 29/1998, de 13 de julio, reguladora de la Jurisdicción Contencioso-administrativa, salvo para quienes hayan votado en contra mientras no decidan suscribirlos con posterioridad. El acuerdo será certificado en acta.

Cuando la Administración General del Estado ejerza funciones de coordinación, de acuerdo con el orden constitucional de distribución de competencias del ámbito material respectivo, el Acuerdo que se adopte en la Conferencia Sectorial, y en el que se incluirán los votos particulares que se hayan formulado, será de obligado cumplimiento para todas las Administraciones públicas integrantes de la Conferencia Sectorial, con independencia del sentido de su voto, siendo exigibles conforme a lo establecido en la Ley 29/1998, de 13 de julio. El acuerdo será certificado en acta.

Las Conferencias Sectoriales podrán adoptar planes conjuntos, de carácter multilateral, entre la Administración General del Estado y la de las Comunidades Autónomas, para comprometer actuaciones conjuntas para la consecución de los objetivos comunes, que tendrán la naturaleza de Acuerdo de la conferencia sectorial y se publicarán en el «Boletín Oficial del Estado».

El acuerdo aprobatorio de los planes deberá especificar, según su naturaleza, los siguientes elementos, de acuerdo con lo previsto en la legislación presupuestaria:

1.º Los objetivos de interés común a cumplir.

2.º Las actuaciones a desarrollar por cada Administración.

3.º Las aportaciones de medios personales y materiales de cada Administración.

4.º Los compromisos de aportación de recursos financieros.

5.º La duración, así como los mecanismos de seguimiento, evaluación y modificación.

b) Recomendación: tiene como finalidad expresar la opinión de la Conferencia Sectorial sobre un asunto que se somete a su consulta. Los miembros de la Conferencia Sectorial se comprometen a orientar su actuación en esa materia de conformidad con lo previsto en la Recomendación salvo quienes hayan votado en contra mientras no decidan suscribirla con posterioridad. Si algún miembro se aparta de la Recomendación, deberá motivarlo e incorporar dicha justificación en el correspondiente expediente.

71. a) Deberá motivarlo e incorporar dicha justificación en el correspondiente expediente.

Dispone el artículo 151.2 de la Ley 40/2015, de 1 de octubre, de Régimen Jurídico del Sector Público que las decisiones que adopte la Conferencia Sectorial podrán revestir la forma de:

a) Acuerdo: supone un compromiso de actuación en el ejercicio de las respectivas competencias. Son de obligado cumplimiento y directamente exigibles de acuerdo con lo previsto en la Ley 29/1998, de 13 de julio, reguladora de la Jurisdicción Contencioso-administrativa, salvo para quienes hayan votado en contra mientras no decidan suscribirlos con posterioridad. El acuerdo será certificado en acta.

Cuando la Administración General del Estado ejerza funciones de coordinación, de acuerdo con el orden constitucional de distribución de competencias del ámbito material respectivo, el Acuerdo que se adopte en la Conferencia Sectorial, y en el que se incluirán los votos particulares que se hayan formulado, será de obligado cumplimiento para todas las Administraciones públicas integrantes de la Conferencia Sectorial, con independencia del sentido de su voto, siendo exigibles conforme a lo establecido en la Ley 29/1998, de 13 de julio. El acuerdo será certificado en acta.

Las Conferencias Sectoriales podrán adoptar planes conjuntos, de carácter multilateral, entre la Administración General del Estado y la de las Comunidades Autónomas, para comprometer actuaciones conjuntas para la consecución de los objetivos comunes, que tendrán la naturaleza de Acuerdo de la conferencia sectorial y se publicarán en el «Boletín Oficial del Estado».

El acuerdo aprobatorio de los planes deberá especificar, según su naturaleza, los siguientes elementos, de acuerdo con lo previsto en la legislación presupuestaria:

1.º Los objetivos de interés común a cumplir.

2.º Las actuaciones a desarrollar por cada Administración.

3.º Las aportaciones de medios personales y materiales de cada Administración.

4.º Los compromisos de aportación de recursos financieros.

5.º La duración, así como los mecanismos de seguimiento, evaluación y modificación.

b) Recomendación: tiene como finalidad expresar la opinión de la Conferencia Sectorial sobre un asunto que se somete a su consulta. Los miembros de la Conferencia Sectorial se comprometen a orientar su actuación en esa materia de conformidad con lo previsto en la Recomendación salvo quienes hayan votado en contra mientras no decidan suscribirla con posterioridad. Si algún miembro se aparta de la Recomendación, deberá motivarlo e incorporar dicha justificación en el correspondiente expediente.

72. b) La Comisión Sectorial.

Dispone el artículo 152.1 de la Ley 40/2015, de 1 de octubre, de Régimen Jurídico del Sector Público que la Comisión Sectorial es el órgano de trabajo y apoyo de carácter general de la Conferencia Sectorial, estando constituida por el Secretario de Estado u órgano superior de la Administración General del Estado designado al efecto por el ministro correspondiente, que la presidirá, y un representante de cada Comunidad Autónoma, así como un representante de la Ciudad de Ceuta y de la Ciudad Melilla. El ejercicio de las funciones propias de la secretaría de la Comisión Sectorial corresponderá a un funcionario del ministerio correspondiente.

73. a) Está constituida por el Secretario de Estado u órgano superior de la Administración General del Estado designado al efecto por el ministro correspondiente.

Dispone el artículo 152.1 de la Ley 40/2015, de 1 de octubre, de Régimen Jurídico del Sector Público que la Comisión Sectorial es el órgano de trabajo y apoyo de carácter general de la Conferencia Sectorial, estando constituida por el Secretario de Estado u órgano superior de la Administración General del Estado designado al efecto por el ministro correspondiente, que la presidirá, y un representante de cada Comunidad Autónoma, así como un representante de la Ciudad de Ceuta y de la Ciudad Melilla. El ejercicio de las funciones propias de la secretaría de la Comisión Sectorial corresponderá a un funcionario del ministerio correspondiente.

74. d) El Secretario de Estado u órgano superior de la Administración General del Estado designado al efecto por el ministro correspondiente.

Dispone el artículo 152.1 de la Ley 40/2015, de 1 de octubre, de Régimen Jurídico del Sector Público que la Comisión Sectorial es el órgano de trabajo y apoyo de carácter general de la Conferencia Sectorial, estando constituida por el Secretario de Estado u órgano superior de la Administración General del Estado designado al efecto por el ministro correspondiente, que la presidirá, y un representante de cada Comunidad Autónoma, así como un representante de la Ciudad de Ceuta y de la Ciudad Melilla. El ejercicio de las funciones propias de la secretaría de la Comisión Sectorial corresponderá a un funcionario del ministerio correspondiente.

75. a) A un funcionario del ministerio correspondiente.

Dispone el artículo 152.1 de la Ley 40/2015, de 1 de octubre, de Régimen Jurídico del Sector Público que la Comisión Sectorial es el órgano de trabajo y apoyo de carácter general de la Conferencia Sectorial, estando constituida por el Secretario de Estado u órgano superior de la Administración General del Estado designado al efecto por el ministro correspondiente, que la presidirá, y un representante de cada Comunidad Autónoma, así como un representante de la Ciudad de Ceuta y de la Ciudad Melilla. El ejercicio de las funciones propias de la secretaría de la Comisión Sectorial corresponderá a un funcionario del ministerio correspondiente.

76. c) De la Comisión Sectorial.

Dispone el artículo 152.2 de la Ley 40/2015, de 1 de octubre, de Régimen Jurídico del Sector Público que la Comisión Sectorial ejercerá las siguientes funciones:

a) La preparación de las reuniones de la Conferencia Sectorial, para lo que tratará los asuntos incluidos en el orden del día de la convocatoria.

b) El seguimiento de los acuerdos adoptados por la Conferencia Sectorial.

c) El seguimiento y evaluación de los Grupos de trabajo constituidos.

d) Cualquier otra que le encomiende la Conferencia Sectorial.

77. c) De la Comisión Sectorial.

Dispone el artículo 152.2 de la Ley 40/2015, de 1 de octubre, de Régimen Jurídico del Sector Público que la Comisión Sectorial ejercerá las siguientes funciones:

a) La preparación de las reuniones de la Conferencia Sectorial, para lo que tratará los asuntos incluidos en el orden del día de la convocatoria.

b) El seguimiento de los acuerdos adoptados por la Conferencia Sectorial.

c) El seguimiento y evaluación de los Grupos de trabajo constituidos.

d) Cualquier otra que le encomiende la Conferencia Sectorial.

78. c) De la Comisión Sectorial.

Dispone el artículo 152.2 de la Ley 40/2015, de 1 de octubre, de Régimen Jurídico del Sector Público que la Comisión Sectorial ejercerá las siguientes funciones:

a) La preparación de las reuniones de la Conferencia Sectorial, para lo que tratará los asuntos incluidos en el orden del día de la convocatoria.

b) El seguimiento de los acuerdos adoptados por la Conferencia Sectorial.

c) El seguimiento y evaluación de los Grupos de trabajo constituidos.

d) Cualquier otra que le encomiende la Conferencia Sectorial.

79. b) Podrán crear Grupos de trabajo.

Dispone el artículo 152.3 de la Ley 40/2015, de 1 de octubre, de Régimen Jurídico del Sector Público que las Conferencias Sectoriales podrán crear Grupos de trabajo, de carácter permanente o temporal, formados por Directores Generales, Subdirectores Generales o equivalentes de las diferentes Administraciones públicas que formen parte de dicha Conferencia, para llevar a cabo las tareas técnicas que les asigne la Conferencia Sectorial o la Comisión Sectorial. A estos grupos de trabajo podrán ser invitados expertos de reconocido prestigio en la materia a tratar.

80. d) Todas las respuestas anteriores son correctas.

Dispone el artículo 152.3 de la Ley 40/2015, de 1 de octubre, de Régimen Jurídico del Sector Público que las Conferencias Sectoriales podrán crear Grupos de trabajo, de carácter permanente o temporal, formados por Directores Generales, Subdirectores Generales o equivalentes de las diferentes Administraciones públicas que formen parte de dicha Conferencia, para llevar a cabo las tareas técnicas que les asigne la Conferencia Sectorial o la Comisión Sectorial. A estos grupos de trabajo podrán ser invitados expertos de reconocido prestigio en la materia a tratar.

81. a) Será un representante de la Administración General del Estado.

Dispone el artículo 152.3 de la Ley 40/2015, de 1 de octubre, de Régimen Jurídico del Sector Público que el director del Grupo de trabajo, que será un representante de la Administración General del Estado, podrá solicitar con el voto favorable de la mayoría de sus miembros, la participación en el mismo de las organizaciones representativas de intereses afectados, con el fin de recabar propuestas o formular consultas.

82. a) Podrá solicitar con el voto favorable de la mayoría de sus miembros, la participación en el mismo de las organizaciones representativas de intereses afectados.

Dispone el artículo 152.3 de la Ley 40/2015, de 1 de octubre, de Régimen Jurídico del Sector Público que el director del Grupo de trabajo, que será un representante de la Administración General del Estado, podrá solicitar con el voto favorable de la mayoría de sus miembros, la participación en el mismo de las organizaciones representativas de intereses afectados, con el fin de recabar propuestas o formular consultas.

83. a) Las Comisiones Bilaterales de Cooperación.

Dispone el artículo 153.1 de la Ley 40/2015, de 1 de octubre, de Régimen Jurídico del Sector Público que las Comisiones Bilaterales de Cooperación son órganos de cooperación de composición bilateral que reúnen, por un número igual de representantes, a miembros del Gobierno, en representación de la Administración General del Estado, y miembros del Consejo de Gobierno de la Comunidad Autónoma o representantes de la Ciudad de Ceuta o de la Ciudad de Melilla.

84. c) Están representadas la Administración General del Estado, la Comunidad Autónoma y la Ciudad de Ceuta o de la Ciudad de Melilla.

Dispone el artículo 153.1 de la Ley 40/2015, de 1 de octubre, de Régimen Jurídico del Sector Público que las Comisiones Bilaterales de Cooperación son órganos de cooperación de composición bilateral que reúnen, por un número igual de representantes, a miembros del Gobierno, en representación de la Administración General del Estado, y miembros del Consejo de Gobierno de la Comunidad Autónoma o representantes de la Ciudad de Ceuta o de la Ciudad de Melilla.

85. a) Las Comisiones Bilaterales de Cooperación.

Dispone el artículo 153.2 de la Ley 40/2015, de 1 de octubre, de Régimen Jurídico del Sector Público que las Comisiones Bilaterales de Cooperación ejercen funciones de consulta y adopción de acuerdos que tengan por objeto la mejora de la coordinación entre las respectivas Administraciones en asuntos que afecten de forma singular a la Comunidad Autónoma, a la Ciudad de Ceuta o a la Ciudad de Melilla.

86. a) Crear Grupos de trabajo.

Dispone el artículo 153.3 de la Ley 40/2015, de 1 de octubre, de Régimen Jurídico del Sector Público que para el desarrollo de su actividad, las Comisiones Bilaterales de Cooperación podrán crear Grupos de trabajo y podrán convocarse y adoptar acuerdos por videoconferencia o por medios electrónicos.

87. c) Acuerdos.

Dispone el artículo 153.3 de la Ley 40/2015, de 1 de octubre, de Régimen Jurídico del Sector Público que las decisiones adoptadas por las Comisiones Bilaterales de Cooperación revestirán la forma de Acuerdos y serán de obligado cumplimiento, cuando así se prevea expresamente, para las dos Administraciones que lo suscriban y en ese caso serán exigibles conforme a lo establecido en la Ley 29/1998, de 13 de julio.

88. c) Serán certificados en acta.

Dispone el artículo 153.3 de la Ley 40/2015, de 1 de octubre, de Régimen Jurídico del Sector Público que las decisiones adoptadas por las Comisiones Bilaterales de Cooperación revestirán la forma de Acuerdos y serán de obligado cumplimiento, cuando así se prevea expresamente, para las dos Administraciones que lo suscriban y en ese caso serán exigibles conforme a lo establecido en la Ley 29/1998, de 13 de julio.

89. c) Comisiones Territoriales de Coordinación.

Dispone el artículo 154.1 de la Ley 40/2015, de 1 de octubre, de Régimen Jurídico del Sector Público que cuando la proximidad territorial o la concurrencia de funciones administrativas así lo requiera, podrán crearse Comisiones Territoriales de Coordinación, de composición multilateral, entre Administraciones cuyos territorios sean coincidentes o limítrofes, para mejorar la coordinación de la prestación de servicios, prevenir duplicidades y mejorar la eficiencia y calidad de los servicios.

90. a) Son de composición multilateral, entre Administraciones cuyos territorios sean coincidentes o limítrofes.

Dispone el artículo 154.1 de la Ley 40/2015, de 1 de octubre, de Régimen Jurídico del Sector Público que cuando la proximidad territorial o la concurrencia de funciones administrativas así lo requiera, podrán crearse Comisiones Territoriales de Coordinación, de composición multilateral, entre Administraciones cuyos territorios sean coincidentes o limítrofes, para mejorar la coordinación de la prestación de servicios, prevenir duplicidades y mejorar la eficiencia y calidad de los servicios.

91. d) Todas las respuestas anteriores son correctas.

Dispone el artículo 154.1 de la Ley 40/2015, de 1 de octubre, de Régimen Jurídico del Sector Público que cuando la proximidad territorial o la concurrencia de funciones administrativas así lo requiera, podrán crearse Comisiones Territoriales de Coordinación, de composición multilateral, entre Administraciones cuyos territorios sean coincidentes o limítrofes, para mejorar la coordinación de la prestación de servicios, prevenir duplicidades y mejorar la eficiencia y calidad de los servicios.

92. c) Acuerdos.

Dispone el artículo 154.2 de la Ley 40/2015, de 1 de octubre, de Régimen Jurídico del Sector Público que las decisiones adoptadas por las Comisiones Territoriales de Cooperación revestirán la forma de Acuerdos, que serán certificados en acta y serán de obligado cumplimiento para las Administraciones que lo suscriban y exigibles conforme a lo establecido en la Ley 29/1998, de 13 de julio.

93. c) Serán certificados en acta.

Dispone el artículo 154.2 de la Ley 40/2015, de 1 de octubre, de Régimen Jurídico del Sector Público que las decisiones adoptadas por las Comisiones Territoriales de Cooperación revestirán la forma de Acuerdos, que serán certificados en acta y serán de obligado cumplimiento para las Administraciones que lo suscriban y exigibles conforme a lo establecido en la Ley 29/1998, de 13 de julio.

94. b) Serán de obligado cumplimiento para las Administraciones que lo suscriban.

Dispone el artículo 154.2 de la Ley 40/2015, de 1 de octubre, de Régimen Jurídico del Sector Público que las decisiones adoptadas por las Comisiones Territoriales de Cooperación revestirán la forma de Acuerdos, que serán certificados en acta y serán de obligado cumplimiento para las Administraciones que lo suscriban y exigibles conforme a lo establecido en la Ley 29/1998, de 13 de julio.

95. b) Corresponde al ministro que la presida.

Dispone el artículo 154.3 de la Ley 40/2015, de 1 de octubre, de Régimen Jurídico del Sector Público que el régimen de las convocatorias y la secretaría será el mismo que el establecido para las Conferencias Sectoriales en los artículos 149 y 150, salvo la regla prevista sobre quién debe ejercer las funciones de secretario, que se designará según su reglamento interno de funcionamiento.

96. d) Al menos, una vez al año.

Dispone el artículo 154.3 de la Ley 40/2015, de 1 de octubre, de Régimen Jurídico del Sector Público que el régimen de las convocatorias y la secretaría será el mismo que el establecido para las Conferencias Sectoriales en los artículos 149 y 150, salvo la regla prevista sobre quién debe ejercer las funciones de secretario, que se designará según su reglamento interno de funcionamiento.

97. b) Siempre que lo soliciten al menos una tercera parte de sus miembros.

Dispone el artículo 154.3 de la Ley 40/2015, de 1 de octubre, de Régimen Jurídico del Sector Público que el régimen de las convocatorias y la secretaría será el mismo que el establecido para las Conferencias Sectoriales en los artículos 149 y 150, salvo la regla prevista sobre quién debe ejercer las funciones de secretario, que se designará según su reglamento interno de funcionamiento.

98. c) La solicitud deberá incluir la propuesta de orden del día.

Dispone el artículo 154.3 de la Ley 40/2015, de 1 de octubre, de Régimen Jurídico del Sector Público que el régimen de las convocatorias y la secretaría será el mismo que el establecido para las Conferencias Sectoriales en los artículos 149 y 150, salvo la regla prevista sobre quién debe ejercer las funciones de secretario, que se designará según su reglamento interno de funcionamiento.

99. c) En la misma no se pueden examinar asuntos que no figuren en el orden del día, salvo que todos los miembros de la Conferencia Sectorial manifiesten su conformidad.

Dispone el artículo 154.3 de la Ley 40/2015, de 1 de octubre, de Régimen Jurídico del Sector Público que el régimen de las convocatorias y la secretaría será el mismo que el establecido para las Conferencias Sectoriales en los artículos 149 y 150, salvo la regla prevista sobre quién debe ejercer las funciones de secretario, que se designará según su reglamento interno de funcionamiento.

100. d) Son correctas las respuestas a) y b).

Dispone el artículo 154.3 de la Ley 40/2015, de 1 de octubre, de Régimen Jurídico del Sector Público que el régimen de las convocatorias y la secretaría será el mismo que el establecido para las Conferencias Sectoriales en los artículos 149 y 150, salvo la regla prevista sobre quién debe ejercer las funciones de secretario, que se designará según su reglamento interno de funcionamiento.

101. b) Podrá efectuarse por medios electrónicos, telefónicos o audiovisuales, que garanticen la intercomunicación entre ellos y la unidad de acto.

Dispone el artículo 154.3 de la Ley 40/2015, de 1 de octubre, de Régimen Jurídico del Sector Público que el régimen de las convocatorias y la secretaría será el mismo que el establecido para las Conferencias Sectoriales en los artículos 149 y 150, salvo la regla prevista sobre quién debe ejercer las funciones de secretario, que se designará según su reglamento interno de funcionamiento.

102. c) Pueden realizarse a través de medios electrónicos.

Dispone el artículo 154.3 de la Ley 40/2015, de 1 de octubre, de Régimen Jurídico del Sector Público que el régimen de las convocatorias y la secretaría será el mismo que el establecido para las Conferencias Sectoriales en los artículos 149 y 150, salvo la regla prevista sobre quién debe ejercer las funciones de secretario, que se designará según su reglamento interno de funcionamiento.

103. c) Pueden realizarse a través de medios electrónicos.

Dispone el artículo 154.3 de la Ley 40/2015, de 1 de octubre, de Régimen Jurídico del Sector Público que el régimen de las convocatorias y la secretaría será el mismo que el establecido para las Conferencias Sectoriales en los artículos 149 y 150, salvo la regla prevista sobre quién debe ejercer las funciones de secretario, que se designará según su reglamento interno de funcionamiento.

104. d) Puede acudir a las reuniones sin voz y pero con voto.

Dispone el artículo 154.3 de la Ley 40/2015, de 1 de octubre, de Régimen Jurídico del Sector Público que el régimen de las convocatorias y la secretaría será el mismo que el establecido para las Conferencias Sectoriales en los artículos 149 y 150, salvo la regla prevista sobre quién debe ejercer las funciones de secretario, que se designará según su reglamento interno de funcionamiento.

105. a) El secretario.

Dispone el artículo 154.3 de la Ley 40/2015, de 1 de octubre, de Régimen Jurídico del Sector Público que el régimen de las convocatorias y la secretaría será el mismo que el establecido para las Conferencias Sectoriales en los artículos 149 y 150, salvo la regla prevista sobre quién debe ejercer las funciones de secretario, que se designará según su reglamento interno de funcionamiento.

106. a) El secretario.

Dispone el artículo 154.3 de la Ley 40/2015, de 1 de octubre, de Régimen Jurídico del Sector Público que el régimen de las convocatorias y la secretaría será el mismo que el establecido para las Conferencias Sectoriales en los artículos 149 y 150, salvo la regla prevista sobre quién debe ejercer las funciones de secretario, que se designará según su reglamento interno de funcionamiento.

107. a) El secretario.

Dispone el artículo 154.3 de la Ley 40/2015, de 1 de octubre, de Régimen Jurídico del Sector Público que el régimen de las convocatorias y la secretaría será el mismo que el establecido para las Conferencias Sectoriales en los artículos 149 y 150, salvo la regla prevista sobre quién debe ejercer las funciones de secretario, que se designará según su reglamento interno de funcionamiento.

108. a) El Esquema Nacional de Interoperabilidad.

Dispone el artículo 156.1 de la Ley 40/2015, de 1 de octubre, de Régimen Jurídico del Sector Público que el Esquema Nacional de Interoperabilidad comprende el conjunto de criterios y recomendaciones en materia de seguridad, conservación y normalización de la información, de los formatos y de las aplicaciones que deberán ser tenidos en cuenta por las Administraciones públicas para la toma de decisiones tecnológicas que garanticen la interoperabilidad.

109. a) El Esquema Nacional de Interoperabilidad.

Dispone el artículo 156.2 de la Ley 40/2015, de 1 de octubre, de Régimen Jurídico del Sector Público que el Esquema Nacional de Seguridad tiene por objeto establecer la política de seguridad en la utilización de medios electrónicos en el ámbito de la presente Ley, y está constituido por los principios básicos y requisitos mínimos que garanticen adecuadamente la seguridad de la información tratada.

110. b) Podrán acordar la repercusión del coste de adquisición o fabricación de las aplicaciones cedidas.

Dispone el artículo 157.1 de la Ley 40/2015, de 1 de octubre, de Régimen Jurídico del Sector Público que las Administraciones pondrán a disposición de cualquiera de ellas que lo solicite las aplicaciones, desarrolladas por sus servicios o que hayan sido objeto de contratación y de cuyos derechos de propiedad intelectual sean titulares, salvo que la información a la que estén asociadas sea objeto de especial protección por una norma. Las Administraciones cedentes y cesionarias podrán acordar la repercusión del coste de adquisición o fabricación de las aplicaciones cedidas.

111. c) Podrán ser declaradas como de fuentes abiertas.

Dispone el artículo 157.2 de la Ley 40/2015, de 1 de octubre, de Régimen Jurídico del Sector Público que las aplicaciones a las que se refiere el apartado anterior podrán ser declaradas como de fuentes abiertas, cuando de ello se derive una mayor transparencia en el funcionamiento de la Administración pública o se fomente con ello la incorporación de los ciudadanos a la Sociedad de la información.

112. a) Deberán consultar en el directorio general de aplicaciones, dependiente de la Administración General del Estado, si existen soluciones disponibles para su reutilización, que puedan satisfacer total o parcialmente las necesidades, mejoras o actualizaciones que se pretenden cubrir, y siempre que los requisitos tecnológicos de interoperabilidad y seguridad así lo permitan.

Dispone el artículo 157.3 de la Ley 40/2015, de 1 de octubre, de Régimen Jurídico del Sector Público que las Administraciones públicas, con carácter previo a la adquisición, desarrollo o al mantenimiento a lo largo de todo el ciclo de vida de una aplicación, tanto si se realiza con medios propios o por la contratación de los servicios correspondientes, deberán consultar en el directorio general de aplicaciones, dependiente de la Administración General del Estado, si existen soluciones disponibles para su reutilización, que puedan satisfacer total o parcialmente las necesidades, mejoras o actualizaciones que se pretenden cubrir, y siempre que los requisitos tecnológicos de interoperabilidad y seguridad así lo permitan.

113. c) Constarán tanto las aplicaciones disponibles de la Administración General del Estado como las disponibles en los directorios integrados de aplicaciones del resto de Administraciones.

Dispone el artículo 157.3 de la Ley 40/2015, de 1 de octubre, de Régimen Jurídico del Sector Público que las Administraciones públicas, con carácter previo a la adquisición, desarrollo o al mantenimiento a lo largo de todo el ciclo de vida de una aplicación, tanto si se realiza con medios propios o por la contratación de los servicios correspondientes, deberán consultar en el directorio general de aplicaciones, dependiente de la Administración General del Estado, si existen soluciones disponibles para su reutilización, que puedan satisfacer total o parcialmente las necesidades, mejoras o actualizaciones que se pretenden cubrir, y siempre que los requisitos tecnológicos de interoperabilidad y seguridad así lo permitan.

En este directorio constarán tanto las aplicaciones disponibles de la Administración General del Estado como las disponibles en los directorios integrados de aplicaciones del resto de Administraciones.

114. a) Las Administraciones públicas estarán obligadas a su uso, salvo que la decisión de no reutilizarla se justifique en términos de eficiencia.

Dispone el artículo 157.3 de la Ley 40/2015, de 1 de octubre, de Régimen Jurídico del Sector Público que las Administraciones públicas, con carácter previo a la adquisición, desarrollo o al mantenimiento a lo largo de todo el ciclo de vida de una aplicación, tanto si se realiza con medios propios o por la contratación de los servicios correspondientes, deberán consultar en el directorio general de aplicaciones, dependiente de la Administración General del Estado, si existen soluciones disponibles para su reutilización, que puedan satisfacer total o parcialmente las necesidades, mejoras o actualizaciones que se pretenden cubrir, y siempre que los requisitos tecnológicos de interoperabilidad y seguridad así lo permitan.

En este directorio constarán tanto las aplicaciones disponibles de la Administración General del Estado como las disponibles en los directorios integrados de aplicaciones del resto de Administraciones.

En el caso de existir una solución disponible para su reutilización total o parcial, las Administraciones públicas estarán obligadas a su uso, salvo que la decisión de no reutilizarla se justifique en términos de eficiencia conforme al artículo 7 de la Ley Orgánica 2/2012, de 27 de abril, de Estabilidad Presupuestaria y Sostenibilidad Financiera.

115. a) Deberán ser plenamente interoperables con el directorio general de la Administración General del Estado, de modo que se garantice su compatibilidad informática e interconexión.

Dispone el artículo 158.1 de la Ley 40/2015, de 1 de octubre, de Régimen Jurídico del Sector Público que las Administraciones públicas mantendrán directorios actualizados de aplicaciones para su libre reutilización, de conformidad con lo dispuesto en el Esquema Nacional de Interoperabilidad. Estos directorios deberán ser plenamente interoperables con el directorio general de la Administración General del Estado, de modo que se garantice su compatibilidad informática e interconexión.

116. a) Las Diputaciones Forales y las Administraciones institucionales de ellas dependientes o vinculadas.

Recoge la Disposición adicional primera de la Ley 40/2015, de 1 de octubre, de Régimen Jurídico del Sector Público que en la Comunidad Autónoma del País Vasco, a efectos de lo dispuesto en el artículo segundo, se entenderá por Administraciones públicas las Diputaciones Forales y las Administraciones institucionales de ellas dependientes o vinculadas.

117. c) Existirá un Delegado del Gobierno que representará al Gobierno de la Nación en su territorio.

Recoge la Disposición adicional segunda uno de la Ley 40/2015, de 1 de octubre, de Régimen Jurídico del Sector Público que en las Ciudades de Ceuta y Melilla existirá un Delegado del Gobierno que representará al Gobierno de la Nación en su territorio.

118. c) Se deberán entender también referidas a los Delegados del Gobierno en las Ciudades de Ceuta y Melilla.

Recoge la Disposición adicional segunda dos de la Ley 40/2015, de 1 de octubre, de Régimen Jurídico del Sector Público que en las disposiciones contenidas en la presente Ley que hagan referencia a los Delegados del Gobierno en las Comunidades Autónomas se deberán entender también referidas a los Delegados del Gobierno en las Ciudades de Ceuta y Melilla.

119. d) Todas las respuestas anteriores son correctas.

Recoge la Disposición adicional segunda tercera de la Ley 40/2015, de 1 de octubre, de Régimen Jurídico del Sector Público que en las Ciudades de Ceuta y Melilla existirá una Comisión de asistencia al Delegado del Gobierno, presidida por él mismo e integrada por el Secretario General y los responsables de los servicios territoriales. A sus sesiones deberán asistir los titulares de los órganos y servicios territoriales, tanto integrados como no integrados que el Delegado del Gobierno considere oportuno.

120. c) Seis meses a contar desde su entrada en vigor.

Recoge la Disposición adicional sexta de la Ley 40/2015, de 1 de octubre, de Régimen Jurídico del Sector Público que en todas las entidades y organismos públicos que en el momento de la entrada en vigor de esta ley tengan la condición de medio propio en el ámbito estatal deberán adaptarse a lo previsto en esta ley en el plazo de seis meses a contar desde su entrada en vigor.

121. b) Será dependiente de la Secretaría de Estado de Administraciones Públicas.

Recoge la Disposición adicional séptima una de la Ley 40/2015, de 1 de octubre, de Régimen Jurídico del Sector Público que en la Administración General del Estado mantendrá actualizado un registro electrónico de los órganos de cooperación en los que participa ella o alguno de sus organismos públicos o entidades vinculados o dependientes y de convenios celebrados con el resto de Administraciones públicas. Este registro será dependiente de la Secretaría de Estado de Administraciones públicas.

122. c) Cinco días desde que ocurra el hecho inscribible.

Recoge la Disposición adicional séptima dos de la Ley 40/2015, de 1 de octubre, de Régimen Jurídico del Sector Público que en la creación, modificación o extinción de los órganos de cooperación, así como la suscripción, extinción, prórroga o modificación de cualquier convenio celebrado por la Administración General del Estado o alguno de sus organismos públicos o entidades vinculados o dependientes deberá ser comunicada por el órgano de esta que lo haya suscrito, en el plazo de cinco días desde que ocurra el hecho inscribible, al Registro Electrónico estatal de Órganos e Instrumentos de Cooperación.

123. b) Antes del 30 de enero de cada año los órganos de cooperación que hayan extinguido.

Recoge la Disposición adicional séptima tres de la Ley 40/2015, de 1 de octubre, de Régimen Jurídico del Sector Público que en los Departamentos Ministeriales que ejerzan la Secretaría de los órganos de cooperación deberán comunicar al registro antes del 30 de enero de cada año los órganos de cooperación que hayan extinguido.

124. c) Anualmente.

Recoge la Disposición adicional séptima cuarto de la Ley 40/2015, de 1 de octubre, de Régimen Jurídico del Sector Público que en el ministro de Hacienda y Administraciones Públicas elevará anualmente al Consejo de Ministros un informe sobre la actividad de los órganos de cooperación existentes, así como sobre los convenios vigentes a partir de los datos y análisis proporcionados por el Registro Electrónico estatal de Órganos e Instrumentos de Cooperación.

125. d) Que no se hayan reunido en un plazo de cinco años desde su creación o en un plazo de cinco años desde la entrada en vigor de esta ley.

Recoge la Disposición adicional séptima seis de la Ley 40/2015, de 1 de octubre, de Régimen Jurídico del Sector Público que en los órganos de cooperación que no se hayan reunido en un plazo de cinco años desde su creación o en un plazo de cinco años desde la entrada en vigor de esta ley quedarán extinguidos.

Cómo acceder al Curso

Ley 40/2015, de 1 de octubre, de Régimen Jurídico del Sector Público
Test comentados para oposiciones volumen 2

El uso de los códigos **es exclusivo de los compradores de los productos de Editorial MAD**. Cada producto posee un código único y de un solo uso. Es personal e intransferible y da acceso a servicios y contenidos adicionales. Editorial MAD se reserva el derecho de hacer cuantas comprobaciones sean necesarias para identificar al legítimo poseedor del código y dejar de dar servicio a quien haga uso fraudulento del mismo, además de emprender cuantas acciones legales estime oportunas según la legislación vigente.

Deberás acceder a:

mad.es/registro-campus

Si una vez aceptadas las condiciones de uso del Campus decides hacer uso del mismo, necesitarás del siguiente código de acceso junto con los códigos del resto de títulos que se exigen (si fuera el caso):

KFL9D46C1Q